DESIGN PRINCIPLES OF LONG SPAN REINFORCED CONCRETE ARCH BRIDGE ON HIGH SPEED RAILWAY

高速铁路  钢筋混凝土拱桥设计原理

陈 列 徐 勇 谢海清 赵人达 著

Lie Chen, Yong Xu, Haiqing Xie and Renda Zhao

人民交通出版社股份有限公司

北 京

内容提要

本书针对大跨度劲性骨架钢筋混凝土拱桥设计，为满足高速铁路运输要求的变形条件，对设计方法、结构构造、应力和变形分析、非线性稳定分析、抗风性能试验分析进行了系统论述。全书共分 11 章，第 1 章介绍国内外钢筋混凝土拱桥的发展历程；第 2 章论述大跨度钢筋混凝土拱桥结构设计方法、总体构造、细部构造和建造方案；第 3 章论述劲性骨架钢筋混凝土拱桥结构分析、变形控制和评价方法；第 4~9 章和第 11 章，结合室内试验、现场模型试验和测试，对大跨度劲性骨架钢筋混凝土拱桥的钢管混凝土劲性骨架与外包混凝土受力机理、收缩徐变计算模型及其对应力和变形的影响、温度效应和结构抗风性能进行论述；第 10 章介绍满足峡谷地区全天候运营需要的桥上导风栏杆设计研究及风洞试验。

本书内容丰富、图文并茂、可读性强，将设计分析理论与工程实践紧密结合，对提高工程技术人员的技术水平、扩充高等院校学生的专业技术知识具有促进作用。可供从事桥梁设计、研究、工程建设的工程技术人员和科研工作者，以及高等院校相关专业师生借鉴和参考。

BRIEF INTRODUCTION

The design and construction methods, the stress and deformation analysis, the nonlinear stability analysis and the wind resistance investigation are systematically discussed in this book, aiming at design of long-span stiffened skeleton reinforced concrete arch bridges to meet the requirements of high-speed railway transportation. Chapter 1 introduces the development and the application of reinforced concrete arch bridges at home and abroad. Chapter 2 discusses the structural design method, the overall structure, the detailed structure and the construction scheme of long-span reinforced concrete arch bridges. Chapter 3 discusses the structural analysis, the deformation control and evaluation of stiffened skeleton reinforced concrete arch bridges. Chapters 4 to 9 and 11 discuss structural behaviors of long-span stiffened skeleton reinforced concrete arch bridges, including mechanical mechanism of the stiffened skeleton and the externally clad concrete, creep and shrinkage calculation models and their influence on the stress and deformation, temperature effects and the structural wind resistance. All discussions are combined with the field model tests, indoor tests and related measuring data. Chapter 10 discusses the design and research of the bridge wind guide rail to meet the all-weather operation needs in the canyon area.

This book is rich in content, well-illustrated and readable, which combines the design analysis theory and the engineering practice and will be very helpful to improve the technical level of engineering technicians and expand the professional technical knowledge of college students and postgraduates. The book can be used for reference by engineers and technicians of bridge design, research and construction, scientific researchers, as well as teachers and students in colleges and universities.

作者简介

陈列，工学博士，正高级工程师，长期从事桥梁和高速铁路设计研究工作。主持近20条干线铁路桥梁设计，3条国内外高速铁路设计，10余条高速铁路咨询，10余项省部级科研课题研究。发表论文70余篇，撰写专著5本，参编专著2本、教材1本、中外文词典4本、专业画册1本，译著1本，主编论文集1本，起草行业标准3部、地方标准1部，拥有国家专利70余项。获"全国五一劳动奖章"，"火车头奖章"，"新中国成立70周年中国中铁典型人物"称号。

徐勇，工学学士，正高级工程师，主要从事铁路、公路、城市轨道交通及市政工程的桥梁勘察设计工作，主持多座大型桥梁的设计及相关研究工作。获国家科技进步二等奖1项、省部级科技进步一等奖1项，国家优秀设计银奖1项、省部级优秀设计一等奖4项，国务院特殊津贴，"火车头奖章"，省级有突出贡献的优秀专家称号，"詹天佑青年奖"，省级"青年科技奖"。

作者简介

谢海清，工学博士，正高级工程师，主要从事铁路桥梁及高速铁路大跨度混凝土拱桥结构设计与研究工作，主持多项省部级科研课题。获省部级科技进步奖3项、省部级优秀设计一等奖2项。发表论文30余篇，参编学术专著3本、行业规程及技术标准3部，拥有国家专利20余项。获四川省"杰出青年科技人才"，中铁二院工程集团有限公司"技术带头人"等称号。

赵人达，工学博士，教授，博士生导师，主要从事现代桥式及桥梁结构设计理论与工程实践、混凝土桥梁结构非线性分析和钢-混凝土组合结构行为及工程应用研究。主持完成70项国家及省部级科研项目研究，获省部级及以上科技进步奖5项，国家教学成果奖2项、省部级教学成果奖5项。发表论文300余篇，主编和参编教材6本，参编专著1本，译著1本，拥有国家专利10余项，软件著作权2项。

前 言

　　拱桥跨越能力强，结构刚度大，与高速铁路"变形小、刚度大"的技术要求相适应。当高速铁路跨越深沟峡谷时，大跨度上承式钢筋混凝土拱桥，因其与地形契合良好，成为具有竞争力的桥梁方案之一。但是应该看到，在斜拉桥、悬索桥跨度不断创造新纪录的同时，自1997年我国建成万州长江大桥后的近20年时间内，钢筋混凝土拱桥跨度一直没有突破，这说明要建造更大跨度的钢筋混凝土拱桥，无论是工程技术和建造风险，还是应力与变形控制都对设计和施工构成十分严峻的挑战。

　　本书结合作者在主持设计目前世界最大跨度的钢筋混凝土拱桥——上海至昆明高速铁路北盘江大桥中所开展的系统研究和创新成果，围绕采用劲性骨架法设计建造目前世界最大跨度钢筋混凝土拱桥，以及满足高速铁路运营要求的变形条件，对大跨度上承式钢筋混凝土拱桥建造方案，增强结构整体性和平顺性措施，钢管-高强混凝土拱收缩徐变特性、稳定性、应力和变形控制等结构设计分析方法和原理进行了较为详细的分析和论述。

　　全书共分11章。第1章介绍国内外钢筋混凝土拱桥的发展和应用；第2章论述大跨度钢筋混凝土拱桥结构设计方法、总体构造、细部构造和施工方案；第3章论述劲性骨架钢筋混凝土拱桥结构分析、变形控制和评价；4章，结合室内试验，论述钢管混凝土劲性骨架混凝土结构的破坏准则、钢管初应力对结构受力的影响，简化计算方法；第5章论述悬臂拼装钢管骨架期间和外包混凝土完成后的非线性稳定性分析方法。第6章和第7章，结合现场试验，论述收缩徐变计算模型及其对拱圈变形以及钢管、钢管内混凝土和外包混凝土应力的影响，推导出收缩徐变计算参数，基于现场试验创新提出通过调整混凝土强度、相对湿度和弹性模量的 CEB-FIP (MC90) 收缩徐变修正模型以及评价拱圈压应力储备水平的概率性分析方法；第8章，结合现场测试，论述温度效应分析方法；第9章，结合风洞试验，论述悬臂拼装钢管骨架期间和外包混凝土完成后的结构抗风性能；第10章论述满足峡谷地区全天候运营需要的桥上导风栏杆设计选型及风洞试验；第11章，结合现场缩尺模型试验，论述施工步骤划分精度与结构分析的关系，收缩徐变对钢管与混凝土应力重分布的影响。书中收集有大量国内外工程技术资料和图片，图文并茂，资料丰富，可读性强。本书的出版发行，可丰富和完善我国大跨度拱桥和高速铁路桥梁学术文献，展示我国桥梁和高速铁路的建设成就，进一步提高工程技术人员的技术水平，丰富和扩大高等院校大学生、研究生的专业视野。

马庭林和朱颖两位全国工程勘察设计大师在跨度445m的上海至昆明高速铁路北盘江大桥设计、研究和建造，以及本书编写过程中，给予了大力的指导和支持。中国国家铁路集团有限公司吴克非、张红旭两位专家在高速铁路大跨度混凝土拱桥总体方案研究和北盘江大桥工程方案审定中，提出了建设性意见。书中引用了陈宝春、李小珍、高芒芒、向天宇、赵雷、邵长江、任伟、胡京涛、游励晖、何庭国、黄毅、杨国静、韩国庆、胡玉珠、黄卿维、占玉林、徐腾飞等专家学者参与高速铁路大跨度混凝土拱桥关键技术研究的部分成果，中铁二院高格公司王浪等绘制了部分插图，在此表示衷心的感谢。本书的出版也得到了中铁二院科技图书出版基金的支持，在此一并表示深深的感谢。

需要说明的是，从北盘江大桥设计研究到本书完稿的10年间，相关的设计、施工技术标准都有了较大的更新。虽然设计大多采用更新前的技术标准，但书中所列技术标准尽可能按照现行的技术标准名称和编号，以方便读者阅读和使用。

大跨度钢筋混凝土拱桥和高速铁路桥梁设计涉及车辆动力学、结构静力和动力学、结构稳定性分析、空气动力学、机车和轨道、结构设计原理、温度作用、工务工程等，专业性强、学科门类多、技术新颖、实施难度大，加之作者水平所限，书中不当之处，敬请读者指正，以便更正和完善。

作 者
2019 年 6 月于四川成都

目 录

第1章 钢筋混凝土拱桥的发展 / 1

1.1 引言 / 3

1.2 国外钢筋混凝土拱桥的发展 / 5

1.3 我国钢筋混凝土拱桥的发展 / 11

1.4 钢筋混凝土拱桥建造方法 / 17

1.5 总结 / 26

第2章 总体设计与建造方案 / 27

2.1 总体布置及拱上结构形式 / 29

2.2 拱圈结构形式 / 39

2.3 拱圈总体设计 / 43

2.4 拱圈构造 / 56

2.5 钢管混凝土劲性骨架 / 60

2.6 拱座结构 / 66

2.7 拱上结构 / 74

2.8 拱圈施工方案 / 77

2.9 北盘江大桥施工步骤 / 81

第3章　结构设计分析　/　93

3.1　概述　/　95

3.2　计算方法　/　95

3.3　钢管混凝土劲性骨架检算　/　97

3.4　拱圈截面应力检算　/　107

3.5　桥梁变形及相关检算　/　126

第4章　钢管初应力对拱圈承载力的影响　/　141

4.1　概述　/　143

4.2　试验研究　/　143

4.3　试验结果与分析　/　147

4.4　有限元分析方法　/　151

4.5　剥落承载力影响参数的有限元分析　/　157

4.6　简化计算　/　163

第5章　拱圈非线性稳定性分析　/　167

5.1　概述　/　169

5.2　稳定计算理论　/　169

5.3　主拱圈非线性静力稳定性分析　/　179

5.4　主要计算阶段结构失稳状态分析　/　187

第6章　拱圈收缩徐变现场试验及参数拟合　/　195

6.1　概述　/　197

6.2　试验方法及材料基本特性　/　197

6.3　C60外包混凝土收缩徐变试验分析　/　204

6.4　C80 钢管内混凝土收缩徐变试验分析　/　214

　　6.5　钢管混凝土收缩徐变试验分析　/　225

　　6.6　收缩徐变修正模型　/　230

第 7 章　拱圈收缩徐变分析　/　237

　　7.1　概述　/　239

　　7.2　混凝土收缩徐变预测模型简介　/　240

　　7.3　基于预测模型的计算分析　/　254

　　7.4　基于预测模型的概率分析　/　262

　　7.5　基于修正模型的静力仿真分析　/　276

第 8 章　温度作用效应分析　/　285

　　8.1　概述　/　287

　　8.2　拱圈温度场观测与分析　/　287

　　8.3　拱圈温度效应分析　/　296

　　8.4　施工阶段温度效应分析　/　311

第 9 章　劲性骨架抗风性能分析试验　/　317

　　9.1　概述　/　319

　　9.2　桥址处风速参数　/　319

　　9.3　结构动力特性　/　322

　　9.4　静力节段模型风洞试验　/　324

　　9.5　拱肋节段模型驰振试验　/　326

　　9.6　拱肋节段模型涡振试验　/　330

　　9.7　施工状态全桥气弹性模型风洞试验　/　333

9.8 抖振响应分析 / 343

第 10 章 减少峡谷风对高速运行影响的措施 / 345

10.1 概述 / 347

10.2 导风栏杆设计 / 347

10.3 风洞试验 / 349

10.4 风－车－桥耦合动力分析 / 354

第 11 章 现场缩尺模型试验 / 357

11.1 概况 / 359

11.2 模型设计与材料 / 359

11.3 模型施工顺序和试验工况 / 363

11.4 模型施工过程测试及控制 / 365

11.5 钢管和外包混凝土应力与位移测试 / 368

11.6 形成拱圈后控制截面应力和位移测试及分析 / 384

11.7 简化施工过程对试验模型结构受力的影响分析 / 395

参考文献 / 401

CONTENTS

Chapter 1 Development of reinforced concrete arch bridges / 1

1.1 Introduction / 3

1.2 Development of reinforced concrete arch bridges abroad / 5

1.3 Development of reinforced concrete arch bridges in China / 11

1.4 Construction methods of reinforced concrete arch bridges / 17

1.5 Summary / 26

Chapter 2 Overall design and construction scheme / 27

2.1 General layout and spandrel structural form / 29

2.2 Arch ring structure / 39

2.3 Overall design of arch ring / 43

2.4 Arch ring makeup / 56

2.5 Concrete filled steel tube stiffened skeleton / 60

2.6 Abutment structure / 66

2.7 Spandrel structure / 74

2.8 Arch ring construction scheme / 77

2.9 Construction steps of the Beipanjiang River bridge / 81

Chapter 3 Structural design and analysis / 93

3.1 Overview / 95

3.2 Calculation method / 95

3.3 Check of concrete filled steel tube stiffened skeleton / 97

3.4 Check stress of arch ring section / 107

3.5 Bridge deformation and check / 126

Chapter 4 Influence of the initial stress of steel tube on the load bearing capacity of arch ring / 141

4.1 Overview / 143

4.2 Experimental study / 143

4.3 Test result and analysis / 147

4.4 Finite element analysis method / 151

4.5 Finite element analysis of the parameters affecting the spalling capacity / 157

4.6 Simplified calculation / 163

Chapter 5 Analysis of the nonlinear stability of arch ring / 167

5.1 Overview / 169

5.2 Theory of stability calculation / 169

5.3 Nonlinear static stability analysis of main arch ring / 179

5.4 Analysis of structural instability in the main calculation stage / 187

Chapter 6 Field test and parameter fitting of shrinkage and creep for the arch ring / 195

6.1 Overview / 197

6.2　Test methods and basic properties of materials　/　197

6.3　Experimental analysis of shrinkage and creep for externally clad concrete C60　/　204

6.4　Experimental analysis of shrinkage and creep for concrete C80 filled in steel tube　/　214

6.5　Experimental analysis of shrinkage and creep for concrete filled steel tube　/　225

6.6　Modified models of shrinkage and creep　/　230

Chapter 7　Analysis of shrinkage and creep for the arch ring　/　237

7.1　Overview　/　239

7.2　Introduction prediction models for concrete shrinkage and creep for concrete　/　240

7.3　Calculational analysis based on prediction models　/　254

7.4　Probabilistic analysis based on prediction models　/　262

7.5　Static simulating analysis based on modified models　/　276

Chapter 8　Analysis of temperature effect　/　285

8.1　Overview　/　287

8.2　Measuring and analysis of temperature field in arch ring　/　287

8.3　Temperature effect analysis of arch ring　/　296

8.4　Temperature effect analysis in construction stage　/　311

Chapter 9　Wind resistance test of stiffened skeleton　/　317

9.1　Overview　/　319

9.2　Wind speed parameters at the bridge site　/　319

9.3　Structural dynamic characteristics　/　322

9.4　Wind tunnel test of static segment model　/　324

9.5　Galloping vibration test of segmental model for arch rib　/　326

9.6 Vortex vibration test of segmental model of arch rib / 330

9.7 Wind tunnel test of full bridge aeroelastic model under construction condition / 333

9.8 Buffeting response analysis / 343

Chapter 10 Measures to reduce the impact of canyon winds on high-speed operation / 345

10.1 Overview / 347

10.2 Design of wind guide rail / 347

10.3 Wind tunnel test / 349

10.4 Wind – train – bridge coupling dynamic analysis / 354

Chapter 11 Field scale model test / 357

11.1 Overview / 359

11.2 Model design and building materials / 359

11.3 Model construction sequence and loading cases / 363

11.4 Measuring and controlling of model during construction / 365

11.5 Model stress and displacement measurement / 368

11.6 Test and analysis of the stress at critical sections and the displacement after forming arch ring / 384

11.7 The impact of the simplified construction process on the stress of the model structure / 395

Reference / 401

CHAPTER 1
第 1 章

钢筋混凝土拱桥的发展

DEVELOPMENT OF REINFORCED CONCRETE ARCH BRIDGES

DESIGN PRINCIPLES OF
LONG SPAN
REINFORCED CONCRETE ARCH BRIDGE ON HIGH SPEED RAILWAY

CHAPTER 1

1.1 引言

我国山区面积占全国总面积的 2/3，随着我国新时代西部大开发和"交通强国"战略的推进，铁路网逐步由平原丘陵地区向山区拓展。在峰峦叠嶂、地形崎岖的地区修建道路或铁路，通常采用大跨度桥梁跨越深沟峡谷，为线路提供更大的顺直度（图 1.1.1）。尤其是在高速铁路选线时，为克服由于线路平面曲线半径大所引起的展线困难、绕避复杂地形和不良地质能力差等问题，需要采用更大跨度的桥梁；同时，为确保高速铁路轨道的高稳定性和平顺性，要求桥梁具有足够的刚度和较小的变形。

图 1.1.1　山岭地形

作为四大桥型之一的拱桥，在竖向荷载作用下，拱的两端不仅有竖向反力，还有水平反力，或称拱端推力。由于水平反力的作用，以及水平反力与拱肋截面间的力臂，使拱内产生轴向压力，并使拱肋弯矩大为减小，使其成为偏心受压构件。与受弯梁的应力相比，拱的截面应力分布更为均匀，结构变形较小，因而可充分利用拱的材料强度，使跨越能力增大。

拱桥跨越能力强，结构刚度大，与高速铁路"变形小、刚度大"的技术要求相适应；其主拱圈可以采用化整为零、散件运输、分步吊装施工或现场浇筑施工（混凝土拱），能很好地适应山区较差的运输条件和狭窄的施工场地条件。大跨度上承式钢拱桥、混凝土拱桥和钢管混凝土拱桥具有以上与山区特征相契合的诸多优点，使其成为山区高速铁路跨越峡谷地形首选的桥型结构，见图1.1.2。

图1.1.2 V形峡谷建造的大跨度上承式钢筋混凝土拱桥

钢筋混凝土桥梁中，由于拱桥的拱肋弯矩小，其跨越能力比梁式桥大，因而是早期钢筋混凝土大跨度桥梁的最佳形式。与其他桥形相比，钢筋混凝土拱桥后期养护维修工作及费用最少，在500m跨度范围内具有经济性优势和可实施性。另外，由于混凝土材料热传导性差，环境气温变化引起的结构变形反应迟缓，变形明显小于上承式钢拱桥和上承式钢管混凝土拱桥，这一特点有利于满足高速铁路对桥面（轨道）的高平顺性要求，从而保证高速列车运行的安全性和舒适性。当然，钢筋混凝土拱桥必须有坚实的地基承受拱脚推力。另外，钢筋混凝土结构的收缩徐变是其不利的一面，需要十分慎重地研究和处理。

钢筋混凝土拱桥的发展 第 1 章

自古以来，拱桥就被普遍采用。到 19 世纪末，拱桥成为早期少有的大跨度桥梁形式之一，其中混凝土拱桥更成为大跨度圬工桥梁的代表。

已建成的大跨度拱桥，无论是混凝土拱桥还是钢拱桥，都具有适当的刚度，能够承受重型车辆，包括铁路列车。它的卓越性能来自于坚固的拱脚——只要基础条件良好，可采用多种材料建成，经济性好。

1.2 国外钢筋混凝土拱桥的发展

波特兰水泥出现后，混凝土材料逐渐在工程中推广使用。1855 年第一座混凝土拱桥由法国人 Joseph 和 Louis Vicat 建成，它是位于巴黎 Grenoble's Jardin 植物园内的一座步行桥。早期的混凝土拱内不配置钢筋，混凝土拱桥与石拱桥并无太大区别，因而发展极为缓慢，直到 1911 年混凝土拱桥跨度才达到 100m，它就是意大利罗马的复兴运动大桥（Ponte Risorgimento Bridge），该桥是一座实腹式钢筋混凝土箱形拱桥，如图 1.2.1 所示。

图 1.2.1 意大利罗马复兴运动大桥

1930 年，尤金·弗莱西奈（Eugène Freyssinet）建成了当时世界最大跨度的钢筋混凝土拱桥——法国鲁格斯藤桥（Plougastel Bridge）。该桥为公铁两用桥，上层为公路，下层为铁路。主桥为三跨连拱结构，跨度均为 180m，矢高为 31.5m，拱圈采用单箱双室截面。箱形混凝土拱圈在浮运就位、可重复使用的木制拱架上浇筑。

随着钢筋混凝土拱桥跨度的不断增大，浇筑混凝土拱圈时使用的支架或拱架规模也越来越大，临时工程的巨大投入成为制约钢筋混凝土拱桥进一步发展的重要因素。早在1898年，奥地利工程师约瑟夫·米兰（Josef Melan）发明了将钢骨架置入拱圈的新型混凝土结构，称为"米兰拱"。这种混凝土拱形结构的施工是依托钢骨架自身承载力承受后浇筑的拱圈混凝土重力，不再另设拱架或支架。约瑟夫·米兰采用米兰法修建的拱桥中最著名的是1929年建成的奥地利艾奇斯哈桥（Echelsbacher Brücke），跨度130m。在我国，米兰拱桥亦被称为劲性骨架混凝土拱桥，对应的施工方法"米兰法"亦被称为"劲性骨架法"。

1942年西班牙修建的马丁·吉尔高架桥（Viaduc de la Martín Gil）是混凝土拱桥发展史上的一个里程碑。该桥为双线铁路上承式拱桥，跨度为210m，是世界上首座跨度超过200m的钢筋混凝土拱桥，如图1.2.2所示。该桥拱圈采用米兰法施工，利用缆索架设钢骨架，采取纵向分段、横向分环的平衡浇筑法外包拱圈混凝土。

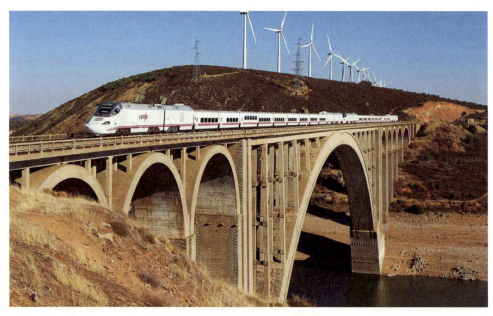

图1.2.2 西班牙马丁·吉尔高架桥

20世纪中叶，在米兰法推动混凝土拱桥实现跨度突破的同时，拱架法修建的混凝土拱桥跨度亦在不断提升。1943年建成的跨越瑞典安路曼河的桑多桥（Pont de Sandö）将混凝土拱桥跨度提升到了264m，该桥施工方法与法国鲁格斯藤桥相同，拱圈也在浮运就位的木质拱架上浇筑。

桑多桥的跨度纪录保持了 20 年之久，直到 1963 年葡萄牙在波尔图的杜罗河建成了主跨 270m 的阿拉比迪桥（Pont Arrabida），该桥拱圈在斜拉悬臂架设的钢制拱架上浇筑。但是仅隔一年，阿拉比迪桥跨度就又被澳大利亚悉尼格拉特斯维尔桥（Gladesville Bridge）超过。

格拉特斯维尔桥是世界上首座跨度超过 300m 的钢筋混凝土拱桥，跨度 305m，如图 1.2.3 所示。该桥拱圈总宽 24m，由 4 肢平行的钢筋混凝土箱形拱肋构成。每肢拱肋平行等宽，宽度为 6m，高度由拱脚 6.9m 渐变至拱顶 4.25m。拱肋采取预制拼装法施工，纵向每 3m 左右为一个预制节段，节段在陆地上预制后浮运至桥位，吊装至预先架设的钢支架上进行拼接，合龙时拱顶采用千斤顶加压实现拱肋落架。

图 1.2.3 澳大利亚格拉特斯维尔桥

在我国重庆万州长江大桥建成以前，1980 年修建的克罗地亚克尔克桥（Krk Bridge）是世界上最大跨度的钢筋混凝土拱桥，目前它也是除我国以外世界上最大跨度的钢筋混凝土拱桥。该桥总长 1430m，由跨度 390m（克罗地亚大陆至圣马尔科岛）的 1 号桥（图 1.2.4），与跨度 244m（圣马尔科岛至克尔克岛）的 2 号桥两座拱桥组成。两桥拱圈均采用等高等宽单箱三室截面，宽度分别为 13m 和 8m，高度分别为 5.5m 和 4m。

图 1.2.4　克罗地亚克尔克 1 号桥

克尔克桥施工方法较为独特，其拱圈箱体采用预制钢筋混凝土板，分环拼装而成。首先拼装中箱并合龙，然后再依托合龙后中箱拼装两侧边箱。中箱拼装采用桁式伸臂法，即采用拱、墩与临时斜拉杆、临时梁部拉杆组成的稳定桁架结构向跨中逐步伸臂拼装，如图 1.2.5 所示。中箱采用 4 片厚 15cm 的钢筋混凝土预制板组拼而成，板件拼装依托放置于中箱内的可移动支架完成。在拱顶合龙口剩下约 50m 时，采用钢结构将两个悬臂的半拱临时锁定，再继续拼装剩余的中箱。中箱合龙后，再拼装边箱板件，从而形成完整的单箱三室拱圈。

图 1.2.5　克罗地亚克尔克 1 号桥伸臂施工

混凝土拱桥在欧美地区铁路上应用历史悠久，目前有很多铁路混凝土拱桥服役已超过百年。例如1914年修建的瑞士兰格威高架桥（Langwieser Viadukt）和格罗托高架桥（Gründjitobel Viaduct），其中，兰格威高架桥跨度100m，格罗托高架桥跨度86m。

目前国外最大跨度的钢筋混凝土铁路拱桥，是2013年建成的西班牙阿尔蒙特河高架桥（Viaducto LAV sobre el Río Almonte），跨度384m，如图1.2.6所示。该桥是一座高速铁路桥梁，设计行车速度为300km/h，桥上铺设有砟轨道。拱圈呈提篮形，下部为双箱，至拱顶双箱并拢为单箱。拱脚部位两箱外侧总宽为19m，高度为6.3m，拱顶部位箱宽度为6m，高度为4.2m。拱圈采取斜拉悬臂挂篮浇筑法施工。

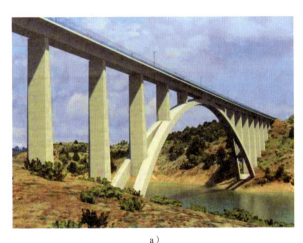

a) b)

图1.2.6 西班牙阿尔蒙特河高架桥

在德国"纽伦堡—埃尔福特"高速铁路上，也建有两座大跨度钢筋混凝土拱桥，即福西格莱斯高架桥（Talbrücke Froschgrundsee），以及格莱朋高架桥（Grümpentalbrücke），如图1.2.7所示。两桥跨度均为270m，设计行车速度为300km/h，桥上铺设无砟轨道，分别于2011年和2009年建成。

福西格莱斯高架桥和格莱朋高架桥主桥拱圈和拱上结构形式及尺寸均相同。拱圈均采用单箱单室截面，矢高56m，宽度由拱顶5.9m渐变至拱脚7.4m，拱圈高度由拱顶4.5m渐变至拱脚6.5m。拱上墩采用直坡，横向宽度5.8m，纵向宽度2.7m。桥面全宽14.3m，箱梁底宽4.8m，顶宽13.3m，高3.6m。

a）福西格莱斯高架桥

b）格莱朋高架桥

图 1.2.7　德国高速铁路钢筋混凝土拱桥

福西格莱斯高架桥全长 798m，引桥及拱上结构孔跨布置为 5×44m 预应力混凝土连续梁＋（44+9×30+44）m 预应力混凝土连续梁＋5×44m 预应力混凝土连续梁。主桥拱圈采取斜拉悬臂浇筑施工，引桥及拱上预应力混凝土连续梁采用顶推法施工，如图 1.2.8 所示。

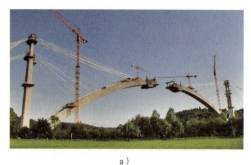 

a）　　　　　　　　　　　　　　　　b）

图 1.2.8　德国福西格莱斯高架桥拱圈和梁部施工

格莱朋高架桥桥梁全长1104m，桥面宽度14.3m，引桥及拱上结构孔跨布置为（43+4×44）m连续梁+（2×44+9×30+2×44）m连续梁+（9×44+43）m连续梁。主桥拱圈采取"临时支墩+移动模架"现浇施工，引桥及拱上预应力混凝土连续梁采取移动模架现浇施工，如图1.2.9所示。

a）

b）

图1.2.9 德国格莱朋高架桥拱圈及梁部施工

1.3 我国钢筋混凝土拱桥的发展

我国混凝土圬工拱桥最早出现在20世纪初。新中国成立前，据统计我国铁路有混凝土拱桥339孔。拱圈结构都是实腹式板拱，拱轴线多为半圆或圆弧。跨度最大为净跨40m，分别是粤汉线珠韶段的碓硇冲桥、省界桥和燕塘桥。

新中国成立后，最初建造的拱桥仍以实腹式板拱为主，跨度不超过20m。1956年，在包头至兰州铁路上建成的东岗镇黄河桥，发展了跨度和结构形式。该桥位于兰州市郊，主桥为3孔53m上承式钢筋混凝土肋拱桥。东港镇黄河桥建成后，从1958年至1966年，又相继建成了跨度53m的兰新线大通河桥、跨度88m的太焦线丹河桥（上、下行各一座）、跨度53m的宝成线清江二号桥、跨度150m的丰沙线永定河7号桥、跨度64m的刘家峡专用线黄河溢洪桥共6座13孔较大跨度的钢筋混凝土肋拱桥。

永定河7号桥位于北京丰台至沙城铁路下行线，跨越永定河，桥梁全长217.98m，主跨为一孔150m装配式钢筋混凝土中承式肋拱桥，1966年建成，如

图 1.3.1 所示。大桥孔跨布置为 (1×8+150+2×12+1×16)m，引桥采用钢筋混凝土 Π 形梁。拱肋矢高 40m，两肋中心距 7.5m，拱轴线为节点在二次抛物线上的折线。混凝土箱肋高 4m，宽 2m，两肋间设 10 肢横撑。吊杆间距 10.2m。拱肋为 500 号钢筋混凝土预制构件，吊杆为 400 号先张法预应力混凝土构件，拱肋风撑、纵梁及横梁为 350 号钢筋混凝土预制构件。主桥采用预制吊装法施工，全桥预制构件一共 227 块，在工地预制并实施吊装。拱肋拼装采用钢拱架，钢拱架跨度 142.48m，矢高 36.99m，由 8 片常备式 W 形桁架组拼而成，总质量近 700t。钢拱架采用悬臂拼装，先将中间两片合龙，再外拼边片，8 片全部合龙后，在拱顶处用千斤顶加压，然后在拱架顶部安装上下联拼接板和联结系，形成两铰拱。丰沙线永定河 7 号桥很长时间保持着我国铁路混凝土拱桥的最大跨度纪录，直到 2010 年才被跨度 178m 的宜万铁路落步溪大桥超过。

图 1.3.1　丰沙线永定河 7 号桥

新中国成立后很长一段时间里，混凝土拱桥是我国公路桥梁的主力桥型。20 世纪 60 年代以后，为节约圬工和钢材，同时方便施工，建设者对混凝土拱桥轻型化技术进行了不懈的探索，陆续出现了"双曲拱桥""桁式拱桥"和"刚架拱桥"由于这些中小跨度混凝土拱桥施工方便，造价低廉，都曾经在我国公路交通上大量推广使用。

在中国公路钢筋混凝土拱桥轻型化发展史上，最具代表性的是 1993 年建成的贵州省江界河大桥，该桥为贵州省交通厅推出的"桁式组合拱桥"桥式。江界河桥跨度 330m，在万州长江大桥建成之前一度是中国最大跨度的钢筋混凝土拱桥，如图 1.3.2 所示。受江界河大桥的影响，国内曾一度掀起了桁式组合拱桥修建热，不过由于钢筋混凝土桁架节点容易开裂，在使用一段时间后此类桥梁病害大量显现，目前已很少修建。

图 1.3.2　贵州省江界河大桥

在探索混凝土拱桥轻型化的同时，我国也修建了大量的箱形混凝土拱桥，此类拱桥占据了公路大跨度混凝土拱桥的多数。如 1979 年建成的跨度 150m 的四川省宜宾市马鸣溪大桥、1982 年建成的跨度 170m 的四川省攀枝花市宝鼎大桥、1989 年建成的跨度 200m 的四川涪陵乌江大桥、1990 年建成的跨度 240m 的四川省宜宾市小南门金沙江大桥、1996 年建成的跨度 312m 的广西南宁邕宁邕江大桥，以及 1997 年建成的跨度 420m 的重庆万州长江大桥。

1979 年建成的四川省宜宾市马鸣溪大桥，是中国钢筋混凝土薄壁小箱拱的典型代表，如图 1.3.3 所示。大桥主跨为 150m，桥长为 245m，桥面宽度为 10m。拱圈高度为 2m，宽度为 7.6m，由 5 片矩形薄壁小箱拱构成。小箱拱轴向分成 5 段预制、吊装（俗称"5 段法"）。

5 片小箱的吊装顺序大致如下：吊装中箱→两侧小箱→边箱。吊装中箱时，为保持拱圈的横向稳定，两侧小箱随后跟进吊装，并保持只落后中箱一个节段。中箱先合龙，然后再合龙两侧小箱，在中间的三片小箱拱合龙后，再吊装两侧的边箱。拱圈悬臂吊装时采用斜向钢丝绳拉索扣挂，空中运输采用缆索吊，最大吊装质量为 70t。

图 1.3.3　宜宾马鸣溪大桥

1983 年建成的四川攀枝花宝鼎大桥，桥长为 392m，是一座双层桥梁，上层通汽车，下层输送原煤，如图 1.3.4 所示，目前该桥已经被拆除。主桥为钢筋混凝土拱桥，跨度 170m，矢跨比 1/5，采用钢筋混凝土箱形拱。拱圈为单箱三室截面，宽 10.6m，高 2.8m。上层桥面总宽 12.5m，其中行车道宽 9m，下层为原煤运输走廊，宽度 3.2m。引桥南岸为 2 孔 35m 预应力梁和 2 孔 30m 钢筋混凝土 T 形梁，北岸为 2 孔 35m 预应力梁和 1 孔 16m 钢筋混凝土 T 形梁。宝鼎大桥在钢制拱架上浇筑钢筋混凝土箱形拱圈，是我国采用钢拱架施工的最大跨度混凝土拱桥。

图 1.3.4　攀枝花宝鼎大桥

1985 年建成的涪陵乌江大桥，主跨为 200m，矢跨比 1/4，采用钢筋混凝土箱形拱。全长 351.83m，拱上建筑为 13 孔 15.8m 钢筋混凝土简支板梁，双柱式柔性排架，如图1.3.5所示。拱圈为单箱三室截面，宽度9m，高度3m，顶、底、腹板厚度均为20cm，C40混凝土。桥面宽12.5m，桥高84m。涪陵乌江大桥采取无平衡重转体施工，构思巧妙。无平衡重转体施工是在有平衡重转体的基础上进一步创新的施工方法。该桥以拱圈两边箱为转体对象，借助转体三大系统相互作用达到同步对称转体。两岸半跨边箱（各100m）同步对称转体是由设置在4号、5号墩顶的上转轴与两拱脚的下转轴之间偏心距产生的自转力矩推动，使半跨边箱自动向河心转动；转体过程中同步施放缆风绳，直至合龙；两边箱合龙后，再浇筑中央小箱。

a)

b)

图1.3.5　涪陵乌江大桥

1990年建成的四川宜宾小南门金沙江大桥，是一座中承式钢筋混凝土箱形肋拱桥，大桥主跨为240m，矢高48m，矢跨比1/5，如图1.3.6所示。全长387m，桥宽19.5m，桥面系分两部分，中部180m范围为钢筋混凝土连续桥面，预制横梁及空心板组成"飘浮式"桥面系，用12根柔性吊杆将桥面悬挂于拱肋。两端各30m为钢筋混凝土门式框架。该桥拱圈采取米兰法（型钢劲性骨架）施工，混凝土分环浇筑采取由拱脚向拱顶依次推进，浇筑过程中为调节骨架内力，减小骨架变形，劲性骨架拱顶部使用了水箱压重。

2000年11月7日该桥靠近两边拱肋的吊杆发生破断，造成了严重的事故。2002年6月28日修复后再通车。

1996年建成的广西南宁市邕宁邕江大桥，是一座中承式钢筋混凝土箱形肋拱桥，主跨为312m，矢高52m，如图1.3.7所示。拱肋为截面变高变宽，拱顶宽3m，高5m，拱脚宽为4m，高为6.8m。全长为458.4m，桥宽为18.9m，孔跨布置为（4×16+312+4×16）m。拱圈采用米兰法（钢管混凝土劲性骨架）施工，混凝土分环浇筑总体上采取由拱脚向拱顶依次推进，浇筑时采用了3组斜拉扣索调节骨架内力和变形。

图1.3.6　宜宾小南门金沙江大桥

图1.3.7　南宁邕宁邕江大桥

1997年建成的万州长江大桥，是钢筋混凝土拱桥发展史上的一个里程碑。净跨度420m，净矢高84m，净矢跨比1/5，拱轴线采用$m=1.6$的悬链线，如图1.3.8所示。在沪昆高速铁路北盘江大桥建成之前一直占据着钢筋混凝土拱桥跨度世界第一的位置。拱圈为单箱三室截面，高为7m，宽为16m，其中，中室宽为7.6m，边室宽为3.8m，采用C60混凝土。拱圈除中腹板厚度0.3m不变外，拱脚至第一个拱上立柱间的30m段为顶、底板和边腹板变厚段，顶、底板厚由0.8m渐变至0.4m，边腹板厚由0.6m渐变至0.3m。拱圈每15m设置一道横隔板，厚0.25m。桥长856m，桥面宽24m。拱圈采取米兰法（钢管混凝土劲性骨架）施工，拱圈混凝土浇筑采取六工作面、分环平衡浇筑。

第 1 章 钢筋混凝土拱桥的发展

图 1.3.8 万州长江大桥

1.4 钢筋混凝土拱桥建造方法

1.4.1 支架法和拱架法

钢筋混凝土拱桥的施工方法主要指拱圈的施工方法。在混凝土拱桥出现的初期，拱圈多采取支架浇筑，支架有木制，有钢制，也有钢-木混合结构。随着拱桥跨度的增大，支架投入越大，结构形式也越复杂，而且在一些特殊条件下（高桥或跨河桥）支架法很难施行，这就引出了拱架法。拱架法所采用的拱架依据使用材料的不同，亦分为木制、钢制及钢-木混合结构。拱架架设方法主要有脚手架上拼装、缆索吊拼装和斜拉悬臂拼装三种。支架法和拱架法是钢筋混凝土拱桥较为传统，也是使用最多的施工方法，目前仍在使用。

1940 年建成的黑山共和国（前南斯拉夫）契日契威卡·塔拉桥（Djurdjevica Tara bridge），桥长 365m，由 5 孔上承式钢筋混凝土连拱构成，其中跨越峡谷的主桥跨度为 116m，桥高 150m，如图 1.4.1 所示。主跨拱圈在一座巨型高耸木支架上浇筑，支架结构最高处达 141m，是迄今为止为修建混凝土拱桥而搭建的最高支架。该桥是著名的战争电影《桥》的原型，1942 年为延缓意大利军队的推进，游击队炸毁了其第三孔，第二次世界大战后桥梁被修复。

a) b)

图 1.4.1 黑山契日契威卡·塔拉桥和该桥拱圈施工的巨型木支架

采用支架法施工的最大跨度混凝土拱桥为澳大利亚的格拉特斯维尔桥，跨度为305m，该桥支架横向倒用，以满足拱肋分片拼装，如图 1.4.2 所示。在我国，混凝土拱桥采用支架法施工的最大跨度为220m，是 2001 年建成的河南省义马市许沟大桥。

图 1.4.2 悉尼格拉特斯维尔桥拱圈支架拼装

1.4.2 转体法

转体法是将拱圈或整个上部结构分成两个半跨，分别在两岸利用地形或简单支架灌筑或预制装配成半拱。然后，利用动力装置将两半拱转动至桥轴线位置上或设计标高合龙成拱的施工方法。转体法一般在中等跨度的拱桥中使用，可按转动方向分为竖转、平转和平竖结合转三种。

混凝土拱桥竖转施工最早出现在 20 世纪 50 年代。竖转施工首先将两个半拱在接近竖直的体位上浇筑，然后通过逐步放松牵引索，半拱沿拱脚附近的水平转动铰竖向转动，使两个半拱的拱顶逐渐下降直至到达设计高程并合龙的施工方法。竖向转体还有另外一种情况，即拱圈首先在河谷上低位浇筑，然后通过牵引索将两个半拱拉起来实现合龙。

1986 年建成的德国阿根托贝桥（Argentobel brücke），跨度 145m，是竖转施工混凝土拱桥中跨度最大的一座，如图 1.4.3 所示。该桥拱圈为单箱双室截面，宽度为 8.5m，高度从拱脚 3.5m 渐变至拱顶 3.0m。施工时两个半拱首先在拱座上方接近竖直的体位浇筑，然后在背索的拉持下，拱圈沿拱脚缓慢转动，拱顶逐渐下降、靠拢直至合龙。

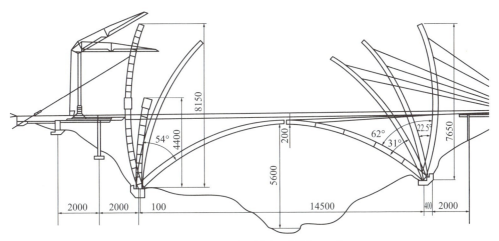

图 1.4.3 德国阿根托贝桥（尺寸单位：cm）

我国至今未见有混凝土拱桥采用竖向转体施工的报道，但平面转体桥梁却有不少。平面转体施工时，首先在两岸易于搭设脚手架的山坡上浇筑两个半拱，然后在牵引索的推动下，以拱脚附近转动铰为中心实施平面转动，使两个半拱到达预定位置实现合龙。由于悬臂的半拱会产生较大的前倾弯矩，所以在转动铰的后方必须设置数倍于拱圈重力的压重才能维持转体系统的平衡，因而，在较为轻型的钢筋混凝土拱桥中使用，跨度也不能太大。

混凝土拱桥平面转体施工最早出现于20世纪70年代。1975年我国桥梁工作者开始进行拱桥转体施工工艺的研究，并于1977年，首次采用平转施工法建成主跨70m的四川遂宁建设桥，并使平转法在山区钢筋混凝土拱桥中得到推广应用。目前，我国采用平面转体施工的混凝土拱桥最大跨度为130m，即1993年建成的一座混凝土刚架拱桥——江西德兴太白桥。该桥拱圈施工首先在两岸拼装钢管混凝土劲性骨架，劲性骨架完成后浇筑拱肋底板；转体时，拱肋为带底板的钢管混凝土组合结构；转体合龙后，再浇筑拱箱的腹板和顶板。图1.4.4中，巨大的桥台其实就是转体时的后平衡压重。

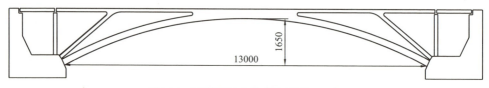

图1.4.4　江西德兴太白桥（尺寸单位：cm）

为解决大跨度拱桥转体重力大的问题，20世纪80年代末我国桥梁工程师发明了无平衡重转体法。采用该方法施工的拱桥一般为三室箱拱或双肋箱拱，两个半拱的边箱或拱肋首先在两岸沿桥轴线对称的位置上浇筑，通过交界墩墩顶的拉索把半拱边箱或拱肋同时拉起来，对称同步地向河心转动，实现合龙。由于横向结构对称、横向位置对称，所以转体系统横向始终能保持平衡。拉索在交界墩顶产生的纵向力通过引桥的梁部和拉索传递至桥台及地基，使转体结构纵向也能保持平衡。

1987年在跨度122m的巫山龙门桥成功实施了世界上第一座采用无平衡重转体法施工的混凝土拱桥。该桥拱圈为三室箱拱，右岸半跨拱圈在山坡上全截面预制拼装，采用平衡转体法施工，转体自重4240kN。左岸半跨拱圈两个边箱分别在山坡的上、下游预制拼装，采取无平衡重转体法施工，转体重2120kN。

从混凝土拱桥转体施工实践来看，无论是竖转还是平转，有平衡重还是无平衡重，造价都很高，施工难度都大，工艺也较为复杂。近年来，转体法在混凝土拱桥中应用不多，在钢管混凝土拱桥、斜拉桥及梁桥上的应用相对较广泛。

1.4.3 斜拉悬臂法

斜拉悬臂法是拱桥施工较为传统的方法,在钢拱桥上运用最多。钢拱桥质量较轻,而且多为双铰拱体系(拱圈可以沿拱脚竖向自由转动),大多数采用斜拉悬臂法架设,经济易行。

钢筋混凝土拱桥斜拉悬臂法分为斜拉悬臂预制拼装和斜拉悬臂挂篮现浇两种。

钢筋混凝土拱桥多为无铰拱,采用斜拉悬臂施工,必须依托精确的结构计算和精准的线形控制,否则拱圈受力就达不到预期状态。所以混凝土拱桥的斜拉悬臂施工法,一直到现代斜拉桥出现以后的20世纪60年代才出现。

钢筋混凝土拱桥采用斜拉悬臂法施工的主要优势:一是成拱过程工艺简单,工作面仅在拼装节点或挂篮范围的小区域,需要的施工操作人员少;二是拱圈截面受力均匀,体系转换(合龙)前后拱圈受力变化小。主要缺点:一是需要数量较多的背索、扣索,而且一般需要强大的地锚系统,对桥址地质条件有一定的要求;二是施工过程中对扣索张拉、拱圈线形控制精度要求非常高,不过由于计算机有限元分析的普及和施工水平的提高,该不利因素现在基本可以被忽视。

1966年建成的克罗地亚希贝尼克桥(Pont de Šibenik),跨度为246m,是世界上首座采用斜拉悬臂法施工的混凝土拱桥,如图1.4.5所示。希贝尼克桥拱圈为单箱三室截面,全桥轴向分9段在挂篮上现浇,挂篮长27m。

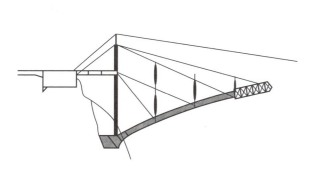
a)示意图

b)施工现场

图1.4.5 克罗地亚希贝尼克桥

2010年建成的迈克·奥卡拉汉-帕特·蒂尔曼纪念大桥（Mike O'Callaghan–Pat Tillman Memorial Bridge），跨度为323m，是美国最大跨度的混凝土拱桥。该桥位于著名的胡佛大坝下游，拱圈由两肢平行的钢筋混凝土箱形拱肋构成，两肋中心距为13.7m，拱肋高度为4.25m，宽度为6.1m。拱圈采用斜拉悬臂挂篮浇筑施工，如图1.4.6所示。

图1.4.6 美国迈克·奥卡拉汉-帕特·蒂尔曼纪念大桥施工

2005年建成的日本富士川大桥，跨度为265m，采取了一种较为独特的斜拉悬臂施工，如图1.4.7所示。拱圈拱脚段37.5m采取体内预应力悬臂浇筑。在河床上设置了两个临时支墩，当拱圈浇筑超过37.5m后，改为斜拉悬臂法浇筑直至合龙。由于在河中设置了临时支墩，斜拉悬臂浇筑水平长度由132.5m减少至95m，同时巧妙地把拱座作为斜拉悬臂施工的后锚点，不需要另行设置地锚。

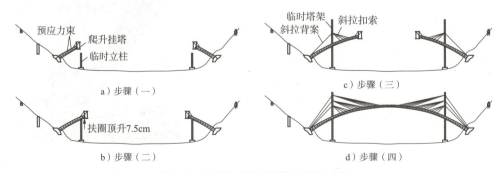

图1.4.7 日本富士川大桥及其主要施工步骤

1.4.4 伸臂法

伸臂法原本是桁式拱桥独有的施工方法，随着钢桁式拱桥的诞生而出现。该方法在上承式钢筋混凝土拱桥中使用，最早出现于20世纪70年代，依托拱圈或拱肋、墩柱、永久或临时性斜腹杆，以及永久或临时性梁体组成稳定的桁梁体系向跨中悬拼并实现拱桥合龙。伸臂法最突出的优点是充分发挥了拱上结构在施工中的作用，一定程度上实现了拱桥的自架设，所以该施工方法总体上是比较经济的。

伸臂法分为两种形式。一种是基于常规的上承式拱桥，拱圈（下弦）和墩柱（竖直腹杆）为永久结构，斜腹杆采用临时结构，上弦采用临时拉索或永久结构（梁部），永久结构和临时结构相结合组成桁式结构，例如，1980年建成的克罗地亚克尔克桥。另一种是拱桥自身为桁式结构，伸臂施工过程中全部利用永久结构，只在受拉的上弦补充设置纵向预应力。例如20世纪80年代，贵州省交通厅提出的"桁式组合拱桥"，只需要两台简易的扒杆起重机，就能够实现大跨度桁式拱桥的自架设，如图1.4.8所示。

a）

b）

c）

图 1.4.8　桁式组合拱桥的伸臂施工

1.4.5 米兰法

在 1.2 节中已简要讲述了"米兰法"的定义及国外发展概况。1983 年我国第一次采用米兰法建造了辽宁省丹东沙河口大桥，该桥净跨 156m，拱圈内置型钢骨架。1996 年建成的南宁邕宁邕江大桥及 1997 年建成的重庆万州长江大桥，也都采用米兰法施工，与沙河口大桥不同的是劲性骨架上、下弦采用了钢管混凝土结构，如图 1.4.9 所示。拱圈施工采用钢管混凝土劲性骨架，既节约钢材，又增大刚度，是我国桥梁工程师在钢筋混凝土拱桥领域里的重大创新。目前，米兰法是我国大跨度钢筋混凝土拱桥最常见施工方法，设计与施工技术都较为成熟。

图 1.4.9　万州长江大桥的钢管混凝土劲性骨架

采用米兰法修建钢筋混凝土拱桥，首先必须架设一座钢或钢管混凝土结构的劲性骨架拱，其次依托劲性骨架外挂模板，浇筑拱圈混凝土。拱圈外包混凝土浇筑有多种施工方式。最早，在劲性骨架架设完成以后，采用与拱圈混凝土重力相匹配的砂卵石对劲性骨架进行压重，然后再从拱脚向拱顶连续浇筑整个拱圈。浇筑混凝土的同时，将之前的砂卵石压重同步依次卸载，始终保持劲性骨架均匀受载和较小的变形。这种浇筑方法，劲性骨架必须能够承受拱圈结构全部重力，对劲性骨架承载力和刚度要求较高。事实上，采用传统的拱架法建造混凝土拱桥，拱圈也经常采用该方法进行浇筑，一般先压重，然后随着混凝土浇筑的推进，再依次卸载。

显然，对于较大跨度的钢筋混凝土拱桥，或拱圈体量较大的拱桥，若采用上述方法，需要将劲性骨架设计得非常强劲，用钢量很大。为减少用钢量，分层（或分环）浇筑法应运而生。劲性骨架架设完成后，首先浇筑拱圈的底层结构（一般为最容易实施浇筑的部分）并贯通，然后在已浇筑的结构上再浇筑拱圈上一层结构，直至形成整个拱圈结构。先形成的部分拱圈结构可以与劲性骨架一起承担新浇筑的下一部分拱圈自重，对劲性骨架的承载力要求降低，节约骨架钢材，施工过程的安全性也得以提升。

在拱圈分环浇筑中，依据加载方式的不同，分成两种。一种方式是遵循由下而上连续浇筑，这种浇筑方式混凝土质量更有保障，但是对劲性骨架受力不利，一般需要采取其他辅助手段控制劲性骨架受力和变形。例如1990年建成的四川宜宾小南门金沙江大桥，在拱圈混凝土分层连续浇筑时，对劲性骨架采取了悬吊水箱压重。另一种方式是多工作面平衡浇筑，即在劲性骨架上开设多个浇筑工作面，同步浇筑，是目前大跨度钢筋混凝土拱桥最常见的浇筑方式。多工作面平衡浇筑，劲性骨架加载较均匀，缺点是劲性骨架上开设的工作面多，且多为高空作业，施工风险点多。

1.4.6 组合法

组合法顾名思义，就是同时采用上述两种或两种以上的施工方法，组合完成混凝土拱桥的施工。实际上很多拱桥，并不仅仅使用单一方法完成施工，而是采用两种或多种方法组合完成的。

1953年，委内瑞拉采用组合施工法在首都加拉加斯附近修建了三座跨度分别为151.9m、145.8m、138.16m的钢筋混凝土拱桥。其施工步骤为，先在两拱脚处各修建一个塔架，利用塔架扣挂悬臂拼装钢桁架拱肋至四分之一跨处，利用固定在边跨桥墩的背索进行平衡；拱顶段的拱肋部分，在谷底利用少量支架拼装，然后用拉索提升，拼装到指定的位置进行合龙，其施工示意如图1.4.10所示。

法国米勒桥602m拱桥投标方案也采用了组合法施工，该方案施工示意如图1.4.11所示。

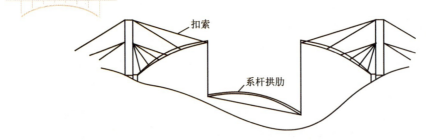

图 1.4.10 委内瑞拉加拉加斯拱桥组合法施工示意图

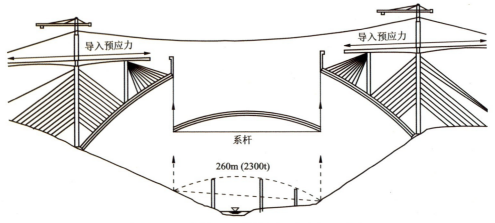

图 1.4.11 法国米勒 602m 拱桥方案组合法施工示意图

1.5 总结

由于混凝土连续梁桥,特别是连续刚构桥的跨度已超过 100m,甚至超过 200m,因此跨度 200m 以内的混凝土拱桥的技术经济优势逐步丧失。同时,随着混凝土拱桥建造方法、新材料、计算机技术的不断发展,混凝土拱桥跨径得以不断增大,使得这种古老的结构呈现出强劲的生命力。

由于特殊的地形环境条件,我国对大跨度混凝土拱桥建造需求大,使其跨度和建造技术长期处于国际领先地位。特别是具有中国特色的钢管混凝土劲性骨架建造技术,拓展了米兰法,不仅解决了劲性骨架的刚度和稳定性难题,大大提高了混凝土拱桥的跨越能力,而且安全可靠、经济合理,得到了广泛应用。本书结合沪昆高速铁路北盘江大桥设计和建造,较为详细和深入地介绍了钢管混凝土劲性骨架混凝土拱桥的设计原理。

CHAPTER 2
第 2 章

总体设计与建造方案
OVERALL DESIGN AND CONSTRUCTION SCHEME

DESIGN PRINCIPLES OF
LONG SPAN
REINFORCED CONCRETE ARCH BRIDGE ON HIGH SPEED RAILWAY

CHAPTER 2

2.1 总体布置及拱上结构形式

2.1.1 跨度与矢跨比

矢跨比是拱桥重要的特征参数，不但影响拱桥总体布局，还影响拱圈内力，以及拱圈的施工方法及与周围景观的协调性。决定拱桥跨度与矢跨比的主要因素有桥址的地形、地质和水文条件、桥面高程和桥下净空限值、技术和经济指标。

对于跨谷桥，地形条件及桥面高程是确定上承式拱桥跨度和矢跨比的决定性因素。对确定的地形和桥面高程，拱桥跨度与矢跨比主要取决于技术和经济指标。矢跨比不同跨度也不同，矢跨比与跨度成反比关系，但拱座位置确定后，矢跨比和跨度就确定了。

在相同跨度和荷载作用下，矢跨比越小，拱的推力越大，混凝土收缩和温度变化对拱圈内力的影响越大，拱脚基础尺寸也越大且对地基要求也就越高。由于较小矢跨比的拱桥在恒载和活载作用下，拱圈轴力较大，可适当减小其截面由于活载所产生的内力偏心。另外，较小矢跨比的拱桥，温度变化对拱圈竖向变形影响减小，这对满足高速铁路的平顺性要求是有利的，当然还可以减少拱上结构的工程数量。反之亦然。

钢筋混凝土拱桥的矢跨比通常在1/4~1/7，也有做到1/10或更低的。据调研，在2013年前建成的跨度250m以上的钢筋混凝土拱桥中，矢跨比最大为1/3，即跨度323m的美国迈克·奥卡拉汉 – 帕特·蒂尔曼纪念大桥，该桥采用1/3矢跨比为特殊的地形所致。矢跨比最小为1/11，即跨度280m的葡萄牙方特·德·恩里克桥；2013年前建成的跨度250m以上的钢筋混凝土拱桥矢跨比见表2.1.1。

世界跨度大于250m的混凝土拱桥矢跨比   表2.1.1

桥　　名	主拱跨度（m）	矢 跨 比	所在国家
迈克·奥卡拉汉 – 帕特·蒂尔曼纪念大桥	323	1/3	美国
方特·德·恩里克桥	280	1/11	葡萄牙
万州长江大桥	420	1/5	中国

续上表

桥　名	主拱跨度（m）	矢跨比	所在国家
克尔克1号桥	390	1/6.5	克罗地亚
昭化嘉陵江大桥	364	1/5	中国
阿尔蒙特河高架桥	384	1/5.69	西班牙
贵州江界河大桥	330	1/6	中国
塔霍河高架桥	324	1/4.62	西班牙
南宁邕宁邕江大桥	312	1/6	中国
格拉特斯维尔大桥	305	1/7	澳大利亚

沪昆高速铁路北盘江大桥桥位峡谷呈 V 字形，如图 2.1.1 所示。在地形和桥面高程确定的情况下，拱圈采用不同的矢跨比，拱桥的跨度也就不同。为降低北盘江大桥两端隧道处于岩溶水平渗流带的概率，北盘江大桥宜尽量抬高线路高程，以减低两端相邻岩溶隧道的施工和运营风险，因而总体布置倾向于选择较大的矢跨比，以获得更高的桥面高程。

图 2.1.1　沪昆高速铁路北盘江大桥及桥址地形图

依据线路高程和地形进行布跨，北盘江大桥主桥矢跨比若采用 1/4、1/5、1/6 时，对应一拱桥跨度分别为 430m、460m、490m 左右。北盘江大桥建成前，世界上钢筋混凝土拱桥最大跨度为 420m，考虑到技术上既有所突破和创新，又安全稳妥，将跨度范围限定在了 430~460m 之间，对应矢跨比在 1/4~1/5 之间。在两岸地质条件详勘完成，进一步细化大桥布置后，最终确定跨度采用 445m，矢高 100m，矢跨比 1/4.45，如图 2.1.2 所示。

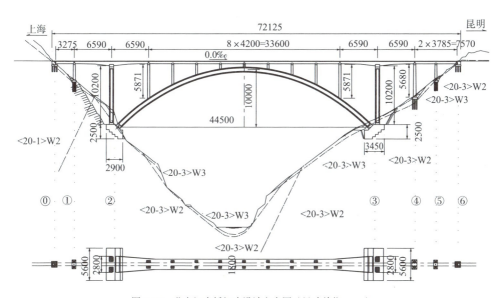

图 2.1.2　北盘江大桥初步设计方案图（尺寸单位：cm）

2.1.2　引桥孔跨布置

北盘江两岸岸坡陡峻，特别是上海岸拱座附近，综合坡率约为 50°，局部坡率达到 72°。拱座采用底部呈阶梯形的扩大基础，横向宽度约 55m，纵向长度约 30m。依据地层岩性及节理发育情况，为保证边坡稳定性，上海岸拱座基坑以上需按 1∶0.55 坡率刷坡（计入平台宽度后综合坡率为 1∶0.65），刷坡总高度接近 100m，线路水平向刷坡宽度约 80m，如图 2.1.3 所示。

若交界墩后方引桥采用小跨度梁，桥墩基础势必要落在拱座刷坡体以内。拱圈高达 100m，由拱座顶面至桥面高达 110m。倘若把拱圈也看成一座山坡，那么它与两岸自然山坡连在一起后，就又形成了两个深达 110m 的"陡峻深沟"，显而易见在这样的"地形条件"下，采用小跨度梁桥是不适宜的。故两岸拱脚交界墩采用 2×65m 预应力混凝土 T 形刚构，上海岸 1 号墩正好置于刷坡线以外，与桥台之间再布置一孔 32m 简支梁，昆明岸至桥台布置 2×37m 连续梁。引桥最高墩为交界墩，高度 102m；其次为 4 号墩，高度为 58.8m；拱上最高墩为拱上 1 号墩，高度为 58.71m。

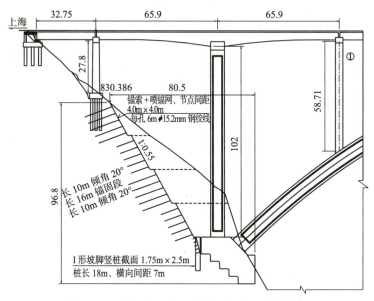

图 2.1.3　上海岸基坑开挖及刷坡线示意图（尺寸单位：m）

2.1.3　拱上结构孔跨布置

拱上结构是拱桥拱圈以上各部分结构的总称，其作用是将桥面系荷载传递到拱圈，并保证车辆安全和平顺运行。

大跨度上承式拱桥采用空腹式拱上结构设置有腹孔和支承腹孔的墩柱。腹孔的形式、构造、范围，应结合主拱圈的类型、构造、几何尺寸，以及施工方法和桥位处的具体情况综合考虑。

腹孔跨度的确定主要考虑主拱的受力需要。腹孔跨度过大，腹孔墩处的集中力就大，对主拱受力不利；腹孔跨度过小，对减小拱上结构质量不利，构造也较复杂。一般来讲，拱桥跨度越大，拱上墩柱高度越高，拱上结构跨度就越大。万州长江大桥跨度 420m，拱上采用 50m 跨度简支梁；德国福西格莱斯高架桥和格莱朋高架桥主拱跨度270m，拱上采用30m连续梁；西班牙阿尔蒙特河高架桥主拱跨度384m，拱上采用42m连续梁。

为平衡推力，大跨度上承式混凝土拱桥腹孔多采用较轻的梁式结构。梁式结构轻巧、美观，可降低拱轴系数，改善拱圈施工过程中的受力状况，获得更好的经济效果。梁式结构主要有简支梁和连续体系（连续梁或连续刚架）。

拱上结构我国以往较多采用简支梁，如万州长江大桥等。国外较少采用简支梁，克罗地亚克尔克大桥采用简支梁算是例外。拱上采用简支梁的优点是梁部可以预制架设，施工较为方便，缺点是结构较笨重，横向刚度弱，对行车和抗震均不利。

拱上连续刚架在早期钢筋混凝土拱桥中采用较多，墩和梁一般都采用钢筋混凝土结构，拱上采用连续刚架的主要原因是当时的拱桥跨度较小，连续刚架联长较短，温度作用引起的内力不大。1914年修建的跨度100m的瑞士兰格威铁路高架桥，拱上及引桥均采用连续刚架结构。1956年修建的包兰铁路东岗镇黄河桥，是我国第一座空腹式钢筋混凝土拱桥，主桥为3×53m钢筋混凝土连拱，拱圈为分离式拱肋，拱上结构采用小跨度钢筋混凝土连续刚架，靠近拱顶的刚架立柱为上下铰支。

拱上连续梁结构是现代拱桥的主要结构形式，与连续刚架相似，为超静定结构。采用连续梁结构，在提高行车道系结构刚度的同时，可降低设置活动支座的墩柱刚度要求，从而减小拱上墩柱的尺寸和重力，减小拱圈荷载。也就是说，选择拱上较矮的墩柱设置固定支座，选择拱上较高的墩柱设置活动支座，使得较高的墩柱尺寸不需过于增大，一般可使得高墩与矮墩的立面宽度基本一致，拱上结构既和谐美观又经济合理。拱上连续梁一般采用连续钢梁、钢混结合梁和预应力混凝土连续梁。德国"纽伦堡－埃尔福特"高速铁路线上两座跨度270m的钢筋混凝土拱桥，即福西格莱斯高架桥（Talbrücke Froschgrundsee）和格莱朋高架桥（Grümpentalbrücke），其拱上结构均采用预应力混凝土连续梁。

拱上墩一般为立柱式，是由立柱和盖梁组成的钢筋混凝土刚架（或排架）结构。为了使立柱传递给主拱圈的压力不至于过分集中，以往通常在立柱下面设置有底梁。立柱一般由2根或多根钢筋混凝土立柱组成，立柱较高时应在各立柱间设置横梁，以确保立柱的稳定。立柱和横梁一般采用矩形截面，截面尺寸及钢筋配置除了满足结构受力外，还应考虑与拱桥的外形及构造相互协调。

连续体系的优点是横向刚度大，行车条件较好，而且有利于拱上结构轻型化。

缺点是梁部必须采用现浇或顶推方式施工。北盘江大桥作为大跨高速铁路桥梁，尽可能提高承轨结构的刚度是设计的重要原则之一。因此，拱上结构优先选用连续体系。

按拱上最大墩高58.7m考虑，拱上结构较为合理的跨度在40~50m之间。扣除交界墩2×65m T构梁伸入拱桥部分长度以后，拱上结构剩余的缺口长度为336m。若布置7跨，跨度为48m，若布置8跨，跨度则为42m。考虑到在拱顶设置固定支座较为适宜，所以拱上结构采用了8跨，即8×42m连续梁。

综上所述，北盘江大桥初步设计时，推荐的引桥及拱上孔跨布置为：1×32m预应力混凝土简支梁+2×65m预应力混凝土T构梁+8×42m预应力混凝土连续梁+2×65m预应力混凝土T构梁+2×37m预应力混凝土连续梁，如图2.1.4所示。

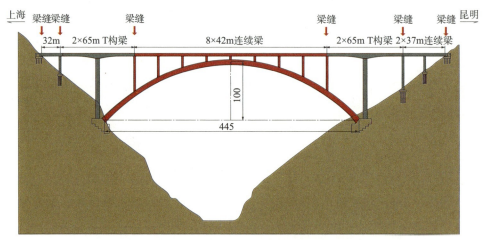

图2.1.4 初步设计方案的引桥及拱上梁跨布置图

2.1.4 引桥及拱上结构体系的进一步优化

随着设计计算和相关研究的深入，发现初步设计阶段的2×65m T构梁与拱上8×42m连续梁的共用边墩处，梁端转角过大，桥面平顺性欠佳。

1）梁端转角及行车舒适性检算

初步设计方案的拱上连续梁与两侧T构梁相接处，考虑拱圈整体升降温及长期收缩、徐变位移对梁缝转角的附加作用后，梁端转角为3.49‰，大于无砟轨道2‰和有砟轨道3‰的限值要求。

基于桥梁长期变形条件下的车－桥耦合动力分析表明，在收缩、徐变及温度变形叠加而成的桥面变形曲线上，降温15℃和17.5℃凹曲线条件下，CRH2动车组和国产高速列车通过时脱轨系数和轮重减载率出现超限。进一步分析发现，脱轨系数和轮重减载率超限的位置就在T构梁和拱上连续梁之间的梁缝处，该梁缝处过大的梁端转角使轨道出现了明显的折弯不平顺，从而致使行车时脱轨系数和轮重减载率超限。

为此，开展了将设计方案改为拱上连续梁与两侧T构梁相连接形成刚构－连续组合梁方案的分析研究，调整结构形式如图2.1.5所示。

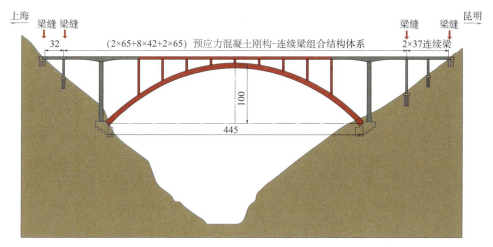

图2.1.5 北盘江大桥拱上刚构－连续组合梁（尺寸单位：m）

2）长联刚构－连续组合梁的轨道适应性分析

拱上8×42m连续梁与两侧2×65m T构梁相连接形成连续结构后，梁部温度联长增加，势必对轨道结构产生不利影响。设计分别对铺设有砟轨道和连续底座双块式无砟轨道进行无缝线路钢轨强度检算，结果见表2.1.2。

无缝线路钢轨强度检算表　　　　表2.1.2

轨道结构形式	连续底座双块式		有砟轨道	
	小阻力	常阻力	小阻力	常阻力
钢轨应力（MPa）	210.242	201.19	283.177	318.653

由上述检算结果可知,钢轨应力满足容许应力不大于 351.53MPa 的要求。

3)长联刚构 – 连续组合梁的桥梁结构适应性分析

拱上 8×42m 连续梁与 2×65m T 构梁相连接后,对交界墩受力影响较大。因为桥梁体系温度变形,以及梁部收缩、徐变变形,均会导致交界墩顶产生较大的纵向位移,在交界墩内产生次内力。刚构 – 连续组合梁的交界墩控制截面内力,如表 2.1.3 所示。

各工况下墩身关键截面内力汇总表 表 2.1.3

荷载	内 力	墩顶	墩底(空心)	墩底(实心)
恒载	轴力(kN)	−39163	−109890	−130143
	纵向弯矩(kN·m)	36752	108621	129156
	横向弯矩(kN·m)	−6280	9657	33976
主力	轴力(kN)	−44609	−113121	−133376
	纵向弯矩(kN·m)	70375	146855	177540
	横向弯矩(kN·m)	9827	9728	34134
主力+附加力	轴力(kN)	−45294	−113805	−134057
	纵向弯矩(kN·m)	94210	251957	300687
	横向弯矩(kN·m)	10577	9759	34149

交界墩墩顶纵向宽度 7.5m,竖向主筋采用 $\phi25$,间距为 10cm。最不利荷载组合下墩身截面检算成果如表 2.1.4 所示。

最不利工况下墩身截面配筋检算 表 2.1.4

	检算项目	墩顶	墩底(空心)	墩底(实心)
主+附组合	轴力(kN)	−45293	−113805	−134057
	纵向弯矩(kN·m)	94210	251957	300687
	横向弯矩(kN·m)	10577	9759	34149

续上表

检算项目		墩顶	墩底(空心)	墩底(实心)
截面配筋	φ25 钢筋	73 根 /44 根	73 根 /74 根	73 根 /83 根
	钢筋最大压应力（MPa）	48.3	78.72	64.49
	混凝土最大压应力（MPa）	4.87	7.93	6.52
	裂缝宽度（mm）	0.0	0.003	0.03

拱上 8×42m 连续梁与 2×65m T 构梁相连接后，在没有增强配筋的情况下，交界墩竖向钢筋及混凝土正应力均满足要求，最大裂缝宽度为 0.03mm，拱上连续梁与 T 构梁连通后对桥梁结构影响不大。

4）国外高速铁路拱桥拱上结构体系的调研

德国福西格莱斯高架桥（Talbrücke Froschgrundsee），跨度 270m，引桥及拱上结构孔跨布置为：（43＋5×44）m 连续梁＋（44＋9×30＋44）m 连续梁＋（4×44＋43）m 连续梁，如图 2.1.6 所示。主桥范围梁布置为（44＋9×30＋44）m 连续梁，拱上连续梁伸入两侧引桥各一孔，与北盘江大桥拱上连续梁与 T 构梁连通后的结构体系类似。

图 2.1.6　德国福西格莱斯高架桥拱上结构及引桥布置图

德国格莱朋高架桥（Grümpentalbrücke），跨度 270m，引桥及拱上结构孔跨布置为：（43＋4×44）m 连续梁＋（2×44＋9×30＋2×44）m 连续梁＋（9×44＋43）m 连续梁，如图 2.1.7 所示。主桥范围梁部为（2×44＋9×30＋2×44）m 连续梁，拱上连续梁伸入两侧引桥各两孔。

图 2.1.7　德国格莱朋高架桥拱上结构及引桥布置图

西班牙阿尔蒙特河高架桥（Viaducto LAV sobre el Río Almonte），跨度384m，引桥及拱上结构孔跨布置为(36+6×45+7×42+8×45+36)m连续梁，如图2.1.8所示，全桥梁部采用一联连续。

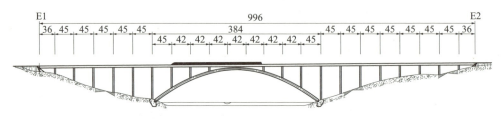

图2.1.8　西班牙阿尔蒙特河高架桥拱上结构及引桥布置图（尺寸单位：m）

可见，拱上采用连续梁且该连续梁伸入引桥，是目前国际上高速铁路大跨度拱桥的普遍做法。

为提高桥面平顺性，在对拱上结构体系深入分析后，北盘江大桥施工图设计时，优化了拱上结构体系布置，将拱上连续梁和两侧T构梁相连接，引桥及拱上结构布置改为：1×32m预应力混凝土简支梁+(2×65+8×42+2×65)m预应力混凝土刚构－连续组合梁+2×37m预应力混凝土连续梁，如图2.1.9所示。

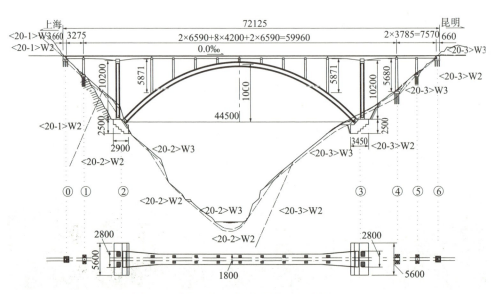

图2.1.9　北盘江大桥施工图设计方案（尺寸单位：cm）

2.2 拱圈结构形式

2.2.1 拱圈截面

上承式钢筋混凝土拱桥拱圈结构形式，总体上可以分为板拱、板肋拱、箱形拱和肋拱四大类，如图 2.2.1 所示。

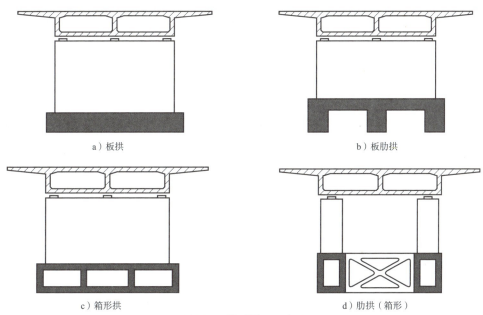

图 2.2.1 拱圈横断面示意图

板拱截面惯性矩小，多用在中小跨度钢筋混凝土拱桥中。

板肋拱是在板拱的上方或下方增加纵肋，以增大截面惯性矩，提高拱圈抗弯能力，不过其跨越能力也有限。

肋拱可采用实体截面，也可采用箱形或工字形截面。实体截面肋拱适用于中小跨度拱桥；箱形肋拱跨越能力较大，目前最大跨度已达到 384m；工字形肋拱截面惯性矩较大，较实体肋拱跨越能力有所提升，但由于扭转刚度较低，此类拱桥跨度目前都在 150m 以下。

箱形拱的竖向、横向抗弯及扭转刚度最大，所以跨越能力最强，在大跨度钢筋混凝土拱桥中使用最为普遍。

在 2013 年之前（含 2013 年）建成跨度大于 250m 的钢筋混凝土拱桥，总共有 22 座，如表 2.2.1 所示。

跨度超过 250m 的钢筋混凝土拱桥一览表（2013 年前建成）　　表 2.2.1

序号	桥　　名	跨度（m）	拱圈形式	建成年份	国家
1	万州长江大桥	420	整体箱形拱	1997	中国
2	克尔克桥（Krk Bridge）	390	整体箱形拱	1980	克罗地亚
3	阿尔蒙特河高架桥（Viaducto LAV sobre el Río Almonte）	384	箱形肋拱	2013	西班牙
4	昭化嘉陵江大桥	364	箱形肋拱	2012	中国
5	江界河大桥	330	桁式组合拱	1993	中国
6	塔霍河高架桥（Viaducto del Río Tajo）	324	整体箱形拱	2013	西班牙
7	迈克·奥卡拉汉－帕特·蒂尔曼纪念大桥（Mike O'Callaghan–Pat Tillman Memorial Bridge）	323	箱形肋拱	2010	美国
8	邕宁邕江大桥	312	箱形肋拱	1996	中国
9	格拉特斯维尔（Gladesville Bridge）	305	整体箱形拱	1964	澳大利亚
10	国际友谊桥（Pont international de l'Amitié）	290	整体箱形拱	1965	巴拉圭/巴西
11	方特·德·恩里克桥（Pont Infante D. Henrique）	280	板拱	2002	葡萄牙
12	布洛克兰斯桥（Pont de Bloukrans）	272	整体箱形拱	1984	南非
13	福西格莱斯高架桥（Talbrücke Froschgrundsee）	270	整体箱形拱	2010	德国

续上表

序号	桥　　名	跨度（m）	拱圈形式	建成年份	国家
14	阿拉比迪（Pont Arrabida）	270	箱形肋拱	1963	葡萄牙
15	福西格莱斯高架桥（Viaduc du Froschgrundsee）	270	整体箱形肋拱	2010	德国
16	富士川桥（富士川橋）	265	整体箱形拱	2005	日本
17	桑多桥（Pont de Sandö）	264	整体箱形拱	1943	瑞典
18	孔特雷拉斯水库铁路高架桥（Viaduc ferroviaire sur le lac de retenue de Contreras）	261	整体箱形拱	2009	西班牙
19	夏多布里昂桥（Pont Châteaubriand）	260	整体箱形拱	1991	法国
20	天翔大桥（天翔大橋）	260	整体箱形拱	2000	日本
21	狄楼西桥（Pont en arc des Tilos）	255	整体箱形拱	2004	西班牙
22	万尔德基拉高架桥（Talbrücke Wilde Gera）	252	整体箱形拱	2000	德国

由上表统计可知，全世界已建成的22座跨度超过250m的钢筋混凝土拱桥中，19座采用了箱形拱结构，占总数的86.4%，其中箱形肋拱4座，整体式箱拱15座。

2.2.2　整体式箱形拱与箱形肋拱比选

在北盘江大桥的初步设计阶段，对拱圈形式采用"箱形拱"和"箱形肋拱"进行了经济技术比选，方案如图2.2.2所示。

整体箱形拱方案为单箱三室截面，全拱等高度为9m，宽度变化，拱圈中部315m范围等宽度为20m，两侧各65m范围变宽度，由20m线性增加至30m。

箱形肋拱方案拱圈整体呈提篮形，上部并拢，下部叉开，拱脚处横向中心距为31m。下部叉开段拱肋为单箱单室截面，上部并拢段拱圈为单箱三室截面。拱肋采用变高度，由跨中8m渐变至拱脚的13m。

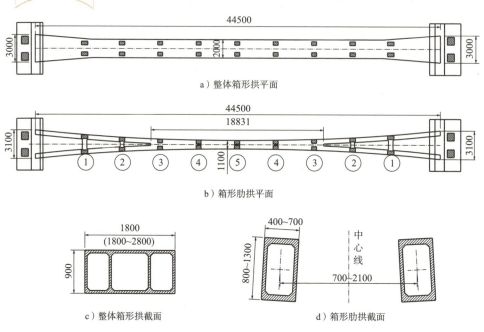

图 2.2.2　整体式箱形拱与箱形肋拱方案示意图（尺寸单位：cm）

两种拱圈方案的主要技术经济指标如表 2.2.2 所示。在控制主桥横向自振频率接近情况下，整体箱形拱比箱形肋拱要更费圬工，二者相差约 12%。两种方案的拱圈均考虑采用米兰法（钢管混凝土劲性骨架法）施工，箱形肋拱方案钢管劲性骨架的钢材用量要多一些。原因是二者拱圈外包混凝土过程存有一定差异，整体箱形拱劲性骨架整体性较好，拱圈混凝土浇筑时可以采取更多的分环；而箱形肋拱方案两个箱体的劲性骨架分离，协同受力差，因而需要骨架更强。

综合混凝土圬工和劲性骨架钢材两方面的材料费用，箱形肋拱与整体箱形拱总造价相差无几（表 2.2.2）。

整体箱形拱与箱形肋拱主要技术经济指标比较表　　表 2.2.2

结构方案	C60 混凝土 (m³)	钢筋 (t)	主桥自振周期 (s)	备　注
箱形拱	30300	4332	2.554	拱圈采取钢管混凝土劲性骨架施工（钢材 5167t）

续上表

结构方案	C60 混凝土 (m³)	钢筋 (t)	主桥自振周期 (s)	备 注
箱形肋拱	26800	4082	2.521	拱圈采取钢管混凝土劲性骨架施工（钢材 7521t）

另外从施工角度分析看，整体箱形拱方案较箱形肋拱方案整体性好，安全性高，而且施工灵活性及工艺选择面更大。综合资料调研及技术经济比选，北盘江大桥拱圈最终选用箱形拱。

2.3 拱圈总体设计

2.3.1 混凝土强度等级

拱圈混凝土强度等级是决定钢筋混凝土拱桥跨度极限的重要设计参数。《公路钢筋混凝土及预应力混凝土桥涵设计规范》（JTG 3362—2018）中，混凝土强度等级最高为 C80。《铁路桥涵混凝土结构设计规范》（TB 10092—2017）中，混凝土强度等级最高为 C60。

由于北盘江大桥跨度达 445m，拱圈混凝土压应力比较大，设计考虑混凝土材料突破现有铁路桥梁混凝土最高强度等级，初步设计时推荐采用了 C70 混凝土。然而，采用 C70 混凝土也存有如下诸多不利因素：

（1）拱圈混凝土接近 30000m³，数量较大，而桥址附近缺乏满足 C70 混凝土的粗集料（花岗岩或玄武岩）。满足要求的粗集料开采点最近为云南省曲靖地区，距离桥址大约 200km。

（2）北盘江大桥为时速 350km 的高速铁路桥梁，列车运营对桥梁变形非常敏感，各种变形必须能够有效控制，尤其是拱圈收缩、徐变变形控制尤为重要。而铁路缺乏足够的 C70 混凝土收缩、徐变的各种参数样本，若采取试验获得，时间会比较长，难以满足大桥建设需要。

（3）拱圈混凝土浇筑需要高空泵送运输，单级水平距离达 300m 以上，高差距离在 150m 以上，满足如此泵送运输条件的 C70 混凝土（配合比）研制比较困难。

通过设计对拱圈混凝土外包顺序的进一步优化,以及更为细致的结构计算,拱圈整体应力水平采用C60混凝土基本可行,施工图阶段遂将拱圈混凝土强度等级确定为C60。

2.3.2 拱圈高度

钢筋混凝土拱桥多为拱脚与拱座固结的无铰拱,拱圈既承受轴向压力,也承受弯矩。除拱脚轴向压力大于拱顶轴向压力外,正常情况下,拱脚弯矩绝对值也大于拱顶弯矩绝对值。因此,拱顶采用较小截面,拱脚采用较大截面。对实心截面而言,最合理有效的方法是根据拱顶至拱脚的轴向压力和弯矩变化,在增加拱圈宽度的同时增加拱圈高度。

需要注意的是,拱圈弯矩分布与拱轴线形选择密切相关。例如悬链线拱桥,改变拱轴系数即可改变拱圈的弯矩分布,通过选用合适的拱轴系数,可以将拱顶和拱脚弯矩绝对值调整到较为相近,从而可使拱脚、拱顶采用较为相近的截面高度。

对于箱形截面,可以通过拱圈顶、底板厚度的变化,在拱圈高度不变的情况下适应拱圈的受力要求。所以实际工程中,大跨度钢筋混凝土拱桥很多采用等高度拱圈,例如我国的万州长江大桥、克罗地亚克尔克桥拱圈都采用等高度。

北盘江大桥是一座高速铁路大跨度混凝土拱桥,相比公路桥来讲,由于铁路桥桥面宽度较窄,拱圈宽度不能太宽,特别是拱顶宽度不能过宽。另外,为满足高速铁路桥梁横向刚度要求,拱圈采用由拱顶至拱脚逐渐增加宽度的结构布局是最为适宜的。这样,即使拱圈按等高度设计,通过宽度变化、板厚变化,以及合理的拱轴系数选取,拱圈照样可以满足受力要求。综合上述因素,同时考虑到采用钢管混凝土劲性骨架法施工,为降低空间钢管桁架的制造、架设难度、方便施工,北盘江大桥采用了等高度拱圈。

依据以往的经验,铁路拱桥拱圈高度一般在 $L/40 \sim L/50$ 之间(L 为拱圈跨度)。例如,1942年建成的西班牙马丁·吉尔铁路高架桥(Viaduc de la Martín Gil),跨度210m,采用米兰法施工(施工方法与北盘江大桥类似),拱箱为单箱三室,宽度为7.5m,高度为4.5m,高度与跨度之比 $H/L=1/46.7$。又例如,2010年建成的德国福西格莱斯高架桥(Talbrücke Froschgrundsee),跨度270m,为时速300km的高速铁路桥梁,拱圈为单箱单室截面,拱圈高度由拱顶4.5m渐变至拱脚6.5m,平均高度5.5m,H/L 为1/49.1。因此,北盘江大桥拱圈高度与跨度之

比 H/L 在 1/45~1/50 之间比较合理。

在初步设计阶段,进行了三个拱圈高度方案的计算比选。方案一拱圈高度为 8.5m,H/L=1/52.4,稍小于 1/50。方案二拱圈高度为 9.0m,H/L=1/49.4。方案三拱圈高度为 9.5m,H/L=46.8。按一次成桥加载计算,在"恒载 + 活载"主力组合下拱圈最大压应力,方案一为 17.41MPa,方案二为 16.33MPa,方案三为 15.11MPa。拱圈 C60 混凝土在主力组合下的容许应力为 20MPa,由于方案比选计算未考虑劲性骨架拱圈外包混凝土过程的应力叠加效应,需要预留一定的富余量,研究后遂采用方案二,拱圈高度为 9.0m。

2.3.3 拱圈宽度

拱桥的拱圈宽度,主要由拱圈承载能力、横向稳定性及运营状态下横向刚度(或横向位移)要求确定。

公路行车道较宽,拱圈宽度一般根据拱上结构构造要求确定,不需要加宽处理。而且,公路拱桥正常使用状态对横向刚度要求不高,一般不控制设计。大跨度公路拱桥拱圈宽度主要由结构稳定性控制,其宽跨比可以较小。例如,跨度 420m 的万州长江大桥桥面宽 24m,拱圈宽 17m,拱圈宽跨比 B/L=1/24.7。跨度 390m 的克尔克桥桥面宽 11.4m,拱圈宽度 13m,拱圈宽跨比 B/L=1/30。

铁路桥梁一般由与列车运行安全性、舒适性密切相关的桥梁横向刚度控制设计。为确保铁路拱桥具备足够的横向刚度,《铁路桥涵设计规范》(TB 10002—2017)对中小跨度混凝土拱桥,限定拱圈宽度不宜小于 $L/20$。

大跨度混凝土拱桥不能简单套用中小跨度混凝土拱桥的宽跨比限值。随着跨度的加大,特别是混凝土拱桥,恒荷载增加使动荷载占比不断减少,动力作用效应也减少。因而铁路大跨度混凝土拱桥拱圈宽度主要是通过"车 – 桥"耦合动力仿真分析所得出的列车和桥梁的动力指标确定。

北盘江大桥为保证分析结果的可靠性,采用了两家单位、两种软件进行"车 – 桥"耦合动力仿真分析,以相互印证。

为满足横向刚度要求,北盘江大桥拱圈采用变宽度,桥面梁宽 13.4m,为方便施工,采取较为简洁的变宽方式。在拱脚段局部按照平面投影线形变宽,平面投影上,拱圈中部 315m 段采用等宽,两侧的 65m 段按直线变宽,为简便起见,拱圈长度均指平面投影长度,不再专门说明。变宽段水平长度与 65m 跨 T 构梁匹配,兼顾了拱圈、拱上墩柱及 T 构之间的整体协调。

确定北盘江大桥拱圈宽度的动力分析分为初步比选分析和深化比选分析两个步骤。

1) 拱圈宽度初步比选分析

初步比选分析拟定了三个宽度方案，如图 2.3.1 所示。

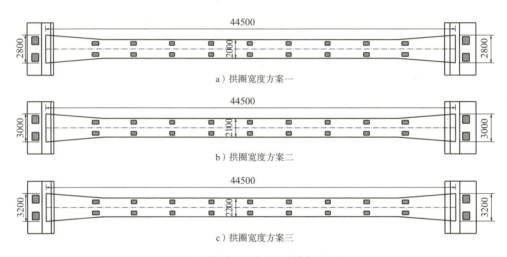

图 2.3.1　拱圈宽度方案（尺寸单位：cm）

方案一：拱圈中部 315m 段宽 20m，拱脚处宽 28m，加权平均宽度 21.17m。

方案二：拱圈中部 315m 段宽 21m，拱脚处宽 30m，加权平均宽度 22.31m。

方案三：拱圈中部 315m 段宽 22m，拱脚处宽 32m，加权平均宽度 23.46m。

如果按照《铁路桥涵设计规范》（TB 10002—2017）B/L 不小于 1/20 的要求，则 B 不小于 $L/20=22.5$m。以上三个方案中，方案二与规范要求基本相符，方案一略有不足，方案三略大。

中国铁道科学研究院（以下简称"铁科院"）对三组拱圈宽度方案进行了"车–桥"耦合动力仿真分析，其中，德国 ICE3 和国产高速列车计算车速为 250~420km/h，CRH2 动车组计算车速为 160~250km/h。主要结论如下：

（1）所有计算工况下，桥梁竖、横向振动加速度远小于限值，均满足要求。

（2）方案一的最大动力响应出现在列车速度 420km/h 时。与另外两个方案比较，桥梁竖、横向刚度最小，位移最大。引桥 T 构梁跨中最大动挠度 3.556mm，最大动力系数 1.870，最大横向位移 1.071mm。拱上连续梁跨中最大动挠度 10.943mm，最大动力系数 1.857，最大横向位移 1.292mm。拱圈最大动挠度 10.378mm，最大横向位移 0.883mm。拱上墩墩顶最大横向位移 1.204mm。

（3）方案三的最大动力响应出现在列车速度 420km/h 时。与另外两个方案比较，桥梁竖、横向刚度最大，位移最小。引桥 T 构梁跨中最大动挠度 3.328mm，最大动力系数 1.783，最大横向位移 0.996mm。拱上连续梁跨中最大动挠度 10.046mm，最大动力系数 1.825，最大横向位移 1.041mm。拱圈最大动挠度 9.477mm，最大横向位移为 0.674mm。拱上墩墩顶最大横向位移值 0.965mm。

（4）所有工况下轮重减载率、脱轨系数和轮轴横向力均满足要求，即行车安全性满足要求。

（5）采用德国低干扰谱样本作为不平顺输入时，三种拱圈宽度方案的车辆响应相差不大。旅客乘坐舒适度指标中，德国 ICE3 列车所有工况均为优或良；国产高速列车以车速 250~325km/h 通过桥梁时为优或良，以车速 350~420km/h 通过桥梁时为合格；CRH2 动车组以车速 160~220km/h 通过桥梁时为优或良，以车速 250km/h 通过桥梁时为合格。

综上所述，三个拱圈宽度方案均可满足行车要求，即使最窄的 18~28m 拱圈宽度方案一也尚有优化空间。为分析优化设计的可能性，增加 18~28m 拱圈宽度方案，重点与 20~28m 宽度方案进行深化比选分析。

2）拱圈宽度深化比选分析

拱圈宽度深化比选分析主要针对拱圈宽度 20~28m 和 18~28m 两个方案，铁科院与西南交通大学独立对二组拱圈宽度方案进行了"车－桥"耦合动力仿真分析，主要结论如下：

（1）铁科院分析检算

按照德国 ICE3 和国产高速列车计算车速为 250~420km/h，CRH2 动车组计算车速为 160~250km/h 进行分析检算，主要结论如下：

①所有计算工况下，桥梁竖向、横向振动加速度远小于限值，均满足要求。

②两方案的动力系数相近，引桥 32m 简支梁、2×65m T 构梁以及 2×37m 连续梁在所有工况下的动力系数均不大。最大动力系数发生在拱上连续梁和拱圈，CRH2 动车组通过时最大动力系数为 1.260，国产高速车通过时最大动力系数为 2.087，ICE3 高速车通过时最大动力系数为 1.918。为分析动力系数偏大的原因，表 2.3.1 列出了两方案的静位移与最大动位移对比。

两方案静位移与最大动位移对比（单位：mm）　　表 2.3.1

拱圈宽度（m）	车型	横向静位移		垂向静挠度		最大横向动位移		最大动挠度	
		拱上梁	3/4拱	拱上梁	3/4拱	拱上梁	3/4拱	拱上梁	3/4拱
18~28	国产高速车	1.413	0.460	8.086	7.481	1.930	0.704	16.076	15.461
	CRH2	0.968	0.297	7.793	7.231	1.203	0.400	9.678	9.023
	ICE3	1.619	0.525	9.373	8.671	2.229	0.826	17.048	16.473
20~28	国产高速车	1.210	0.411	7.562	6.982	1.583	0.580	15.012	14.427
	CRH2	0.831	0.268	7.290	6.751	1.020	0.365	9.019	8.395
	ICE3	1.386	0.469	8.765	8.093	1.821	0.682	15.937	15.367

由表中数值可知，列车通过时桥梁横向振动响应与静位移相比并没有显著增加，但在车速达到325km/h及以上后，桥梁动挠度显著增大，造成动力系数偏大。

③拱圈宽度18~28m方案横向动位移最大发生在拱上连续梁，其中，国产高速车通过时为1.930mm，CRH2动车组通过时为1.203mm，ICE3列车通过时为2.229mm；拱圈宽度20~28m方案横向动位移最大值也发生在拱上连续梁，其中，国产高速车通过时为1.583mm，CRH2动车组通过时为1.020mm，ICE3列车通过时为1.821mm。

④所有工况下轮重减载率、脱轨系数和轮轴横向力均满足要求，即行车安全性满足要求。

⑤采用德国低干扰谱样本作为不平顺输入时，所有工况下车体振动加速度满足要求。

⑥采用德国低干扰谱样本作为不平顺输入时，两种拱圈宽度方案车辆响应相差不大。德国ICE3列车在所有工况均能够满足乘坐舒适度优或良标准。国产高速车在车速250~325km/h范围内能够达到优或良，在车速350~420km/h范围内达到合格。CRH2动车组在车速160~220km/h范围内能够达到优或良，在车速250km/h时达到合格。

⑦在所有计算条件下，桥梁振动加速度小于限值，动力响应满足要求，但在车速达到325km/h及以上时，桥梁动力系数较大。列车的轮重减载率和脱轨系数小于限值，行车安全性满足要求。

⑧采用德国低干扰谱样本作为不平顺输入时，车体振动加速度满足要求。

旅客乘坐舒适度指标中，国产高速列车在车速 250~325km/h 范围内为优或良，在车速 350~420km/h 范围内为合格；CRH2 动车组在车速 160~220km/h 范围内为优或良，在车速 250km/h 时为合格。

（2）西南交通大学分析检算

按照国产 300km/h 动车组和 CRH2 动车组计算车速 250~420km/h 进行分析检算，主要结论如下：

①国产 300km/h 动车组和 CRH2 动车组以 250~420km/h 速度通过时，主拱、T 构梁、拱上连续梁的竖向振动位移均很小，两个方案桥梁均具有足够的竖向刚度，横向振动位移也较小。主拱的竖向振动加速度均较小，横向振动加速度更小。T 构梁和拱上连续梁的竖向振动加速度要明显大于主拱的相应值，但仍小于规范限值。T 构梁和拱上连续梁的横向振动加速度均不大，均在规范限值以内。

②国产 300km/h 动车组和 CRH2 动车组以 250~375km/h 速度通过时，动车与拖车的脱轨系数、轮重减载率、轮轨横向力等安全性指标均在限值以内，高速列车行车安全性可以得到保障。

③国产 300km/h 动车组以 250~350km/h 速度通过时，动车与拖车的竖向和横向舒适性能都达到"良"。以 375~420km/h 速度通过时，动车与拖车的竖向舒适性能达到"良"，横向舒适性为"合格"。

④国产 CRH2 动车组以 250~350km/h 速度通过时，动车与拖车的竖向和横向舒适性能都达到"良"。以 375~420km/h 速度通过时，动车与拖车的竖向舒适性能达到"良"，横向舒适性为"合格"。

（3）比选结论

"车 – 桥"耦合计算的成果揭示，两种拱宽方案均可满足列车在相应车速范围内安全、舒适运行要求，拱圈宽度尚有继续优化的空间。考虑到 18~28m 拱宽方案的加权平均宽度仅为 19.46m，$B/L=1/22.9$，为稳妥起见，最终选用拱圈宽度 18~28m 方案，不再进一步缩小拱圈宽度。

2.3.4 拱轴线线形

在坚固的基础上建造的拱桥，如果拱轴线与恒载推力线相符，拱圈中的恒载内力只有轴向压力，不产生局部拉应力和弯矩。在拱桥所承受的荷载中，如果活载比例不大，矢跨比和拱轴线选择恰当，即使拱桥全跨满载或半跨偏载，也可能在拱圈各截面保持合力多边形限于截面核心之内。

空腹拱可按矢跨比的大小确定拱轴线线形，如圆曲线、抛物线、悬链线或复合圆曲线等。矢跨比较小时，恒载较为均匀，拱轴线可选用二次抛物线。矢跨比较大时，拱轴线可选用近于二次抛物线的悬链线。悬链线是我国大、中跨度的拱桥最普遍采用的形式。拱上结构为刚架时，拱轴系数 m 在 1.347~2.24 之间。

实际工程中，矢跨比常受地形限制，加上拱轴线一般采用理想化的曲线，很难做到拱轴线与恒载推力线相符，只能尽量逼近拱的推力线。活载比重较大的铁路拱桥，难以也不必要使拱圈内完全没有拉应力。实际上，钢筋混凝土拱桥很容易适应拱圈截面上出现的一些拉应力，但应尽量避免和严格控制拱圈裂纹。需要特别说明的是，空腹式拱桥的恒载自拱顶向拱脚不是连续分布的，其空腹部分的荷载由两部分组成，即拱圈自重的分布荷载和拱上立柱（或横墙）传来的集中荷载。相应的恒载压力线，也不是一条平滑的悬链线，而是一条在腹孔墩处有转折的多段曲线。为使拱轴线上有更多的点与恒载压力线相重合，也有学者采用样条曲线等拟合拱轴线。

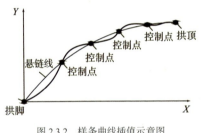

图 2.3.2　样条曲线插值示意图

采用样条曲线等拟合拱轴线时，需选取一些控制点，通过这些控制点用插值法拟合出样条曲线。为减少拟合过程中的曲线调整次数（即迭代次数），以某一拱轴系数的悬链线为基础，在悬链线选取一些控制点，如拱顶、立柱、拱脚等关键截面节点，以此来拟合出更为优化的拱轴线，如图 2.3.2 所示。

采用样条曲线等拟合拱轴线流程如下：

（1）通过建立有限元模型，输入初始的理想化的拱轴线（如：悬链线等），确定拱顶、立柱与拱脚等控制点的坐标和初始拱脚斜率 φ_0。

（2）用这些初始条件进行样条曲线的拟合，给出新的拱轴线坐标。

（3）将新的拱轴线重新导入有限元模型中进行内力分析计算，求出其拱脚的竖向反力 V 和水平反力 H，进而得到新的拱脚斜率 $\varphi_1 = V/H$。

（4）判断 $|\varphi_1 - \varphi_0|$ 是否满足设定精度，若无法满足，则重新迭代计算，若满足精度要求，则得到优化后的样条曲线坐标，并通过有限元模型计算，得到相应的内力和应力计算结果。

采用上述样条曲线的拟合方法可以直接考虑拱圈的弹性压缩，并可计算分析各种荷载组合工况下的最优拱轴线。

北盘江大桥采用 Midas 软件进行拱轴线选择和分析。拱轴线选用悬链线，按拱轴系数 m=2.0、1.9、1.87、1.8 进行有限元参数分析。并根据分析所确定的拱轴系数进行样条曲线的拟合分析。采用不同拱轴系数将引起立柱高度发生改变，有限元模型通过保持立柱放坡的坡度进行相应的增高或缩短。在"恒载＋活载"组合作用下，不同拱轴系数的拱圈内力和应力包络图如图 2.3.3 所示。

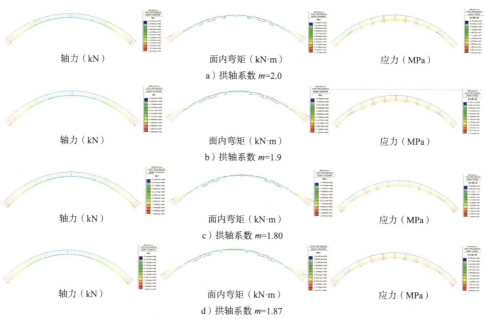

图 2.3.3　"恒载＋活载"作用下主拱圈内力与应力包络图

拱轴线取不同拱轴系数时，主拱圈最大压应力如图 2.3.4 所示。

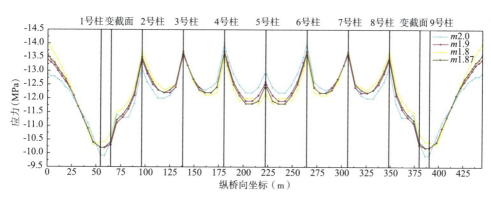

图 2.3.4　"恒载＋活载"作用下不同拱轴系数时主拱圈最大压应力分布图

由图 2.3.4 可以发现，随着拱轴系数的减小，拱脚最大压应力逐渐减小，拱顶最大压应力逐渐增大。$m=1.87$ 时，拱脚截面为 -13.6MPa，最大压应力截面 3 号柱截面与 4 号柱截面应力均为 -13.7MPa。$m=1.9$ 时，最大压应力截面 4 号柱截面，应力为 -13.7MPa。虽然拱轴系数 $m=1.9$ 和 $m=1.87$ 的最大压应力相同，均为 -13.7MPa，但 $m=1.87$ 的应力分布较为均匀，即在只考虑结构自重作用下，拱圈选取拱轴系数 $m=1.87$ 时的截面受力更为合理。

在上述选取的拱轴系数 $m=1.87$ 基础上，选取如图 2.3.5 所示的 3 组控制点得到 3 组样条曲线。

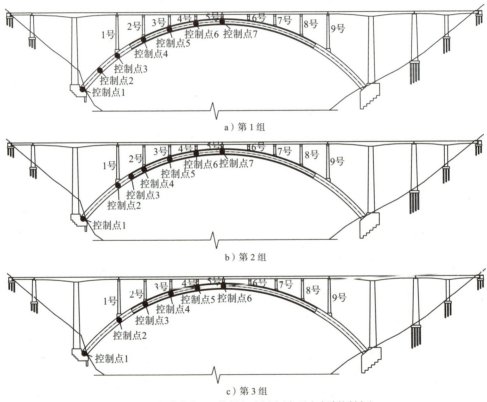

图 2.3.5 样条曲线 3 组控制点示意图（仅示出半跨控制点）

样条曲线优化后的拱圈截面的应力如图 2.3.6 所示。

由图 2.3.6 可以发现，样条曲线经过两次迭代可得出优化线形。然而，优化后的样条曲线的拱圈应力值与悬链拱轴线相差不大，仅在拱脚段获得一定程度的优化。

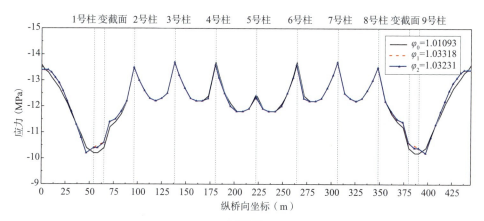

a）第1组

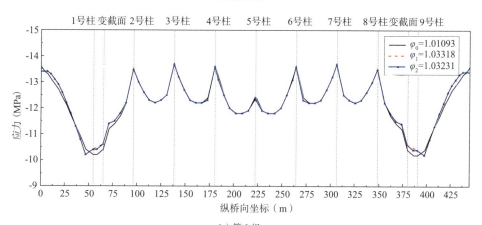

b）第2组

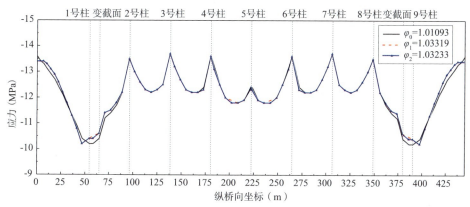

c）第3组

图 2.3.6 $m=1.87$ 基础上的 3 组样条曲线的拱圈应力比较图

图 2.3.7 和图 2.3.8 分别给出了 $m=1.87$ 悬链线拱轴线和第 1 组样条曲线的拱圈在恒载+活载组合作用下的轴力和弯矩所产生截面应力。

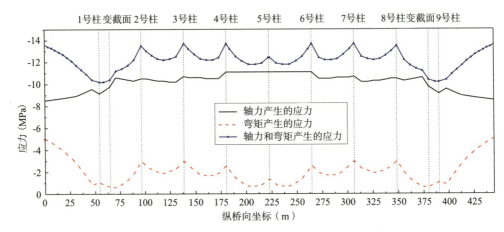

图 2.3.7 "恒载+活载"作用下 $m=1.87$ 悬链拱轴线拱圈应力分项图

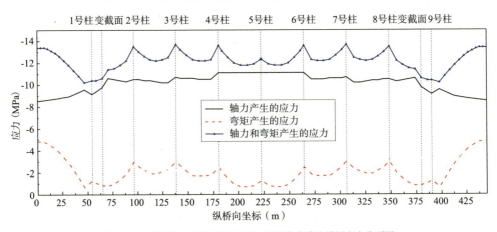

图 2.3.8 "恒载+活载"作用下第 1 组样条曲线的拱圈应力分项图

由图 2.3.7 和图 2.3.8 可以发现，弯矩所产生的应力占总应力的比例较小，其最大比值仅为 30%左右（拱脚段），说明拱圈截面的应力值主要由轴力控制，弯矩的影响较小，这也是样条曲线优化结果对结构受力改善并不显著的原因。

图 2.3.9 和图 2.3.10 给出了 $m=1.87$ 悬链线拱轴线和第 1 组样条曲线的拱圈线形与竖向坐标差值图。

由图 2.3.9 和图 2.3.10 可以发现，样条曲线主要在拱脚区段对悬链线进行了局部修正，二者竖向坐标的最大差值为153mm，从外形上对拱的曲线没有肉眼可见的视觉影响。

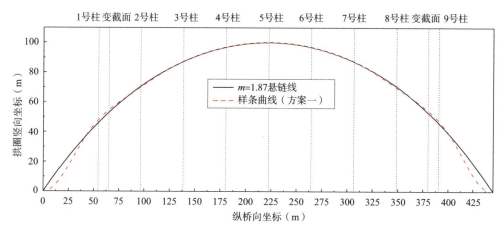

图 2.3.9　m=1.87悬链线与样条曲线拱圈线形比较图（竖向坐标差值放大50倍）

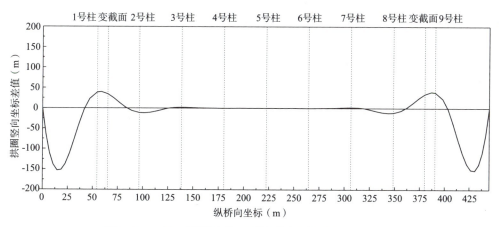

图 2.3.10　m=1.87悬链线与第1组样条曲线的拱圈竖向坐标差值图

图 2.3.11 给出了在"恒载+活载"组合作用下，悬链线 m=2、m=1.87和第1组样条曲线的应力比较图。

由图 2.3.11 可以发现，悬链线拱轴系数 m=1.87 与 m=2.0 相比较，拱圈的总体受力明显改善，最大应力值从 m=2.0时的 -14MPa 减小为 m=1.87时的 -13.7MPa，而且应力分布也较为均匀。

样条曲线可以用来调节拱圈局部受力状态，但对拱圈应力的优化效果较小，仅在拱脚段较为明显，说明对于北盘江大桥这类大跨度铁路混凝土拱桥，由于结构自重所占的比例较大，轴力产生的应力占截面总应力的比例较大，弯矩比例较小，样条曲线对拱轴线形的优化效果并不明显。因此，北盘江大桥拱轴线形选用了相对简单的悬链线。

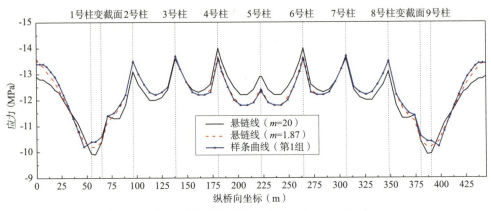

图 2.3.11　恒载＋活载组合作用下不同拱轴线的拱圈应力比较图

采用分环外包方式施工的大跨度钢筋混凝土拱桥施工中，先期浇筑的混凝土的压应力不断累积，并往往控制设计。因此，拱轴系数的选取还应考虑拱圈施工过程的影响。北盘江大桥 $m=2.0\sim1.6$ 范围的主拱施工全过程仿真分析表明，随着拱轴系数减小，边箱底板混凝土压应力在拱脚、拱顶处逐渐增大，在变宽点附近逐渐减小；边箱顶板混凝土压应力在拱脚、拱顶处逐渐减小，在变宽点附近逐渐增大，顶、底板混凝土应力呈相反的趋势；随着拱轴系数减小，主力作用下主拱变宽处底板应力由 18.0MPa 降至 16.1MPa。考虑到拱脚底板混凝土的压应力可通过全断面外包并辅助张拉斜拉扣索的工法来调整，因此，拱轴系数选取了变宽处的底板混凝土压应力作为主要控制点，采用应力稍低的拱轴系数 $m=1.6$。

2.4　拱圈构造

2.4.1　拱圈构造

北盘江大桥拱圈拱轴线跨度为 445m，矢高 100m，矢跨比 100/445=1/4.45。拱圈采用悬链线，拱轴系数为 1.6。拱圈采用单箱三室，等高、变宽箱形截面。

拱圈高 9.0m，拱跨中部 315m 段为 18m 等宽，拱脚 65m 段为 18~28m 变宽，拱圈变宽由左右两个边室的宽度变化来实现。拱圈内外腹板上均布置两层通风孔。拱圈立面和拱圈顶平面如图 2.4.1 所示。

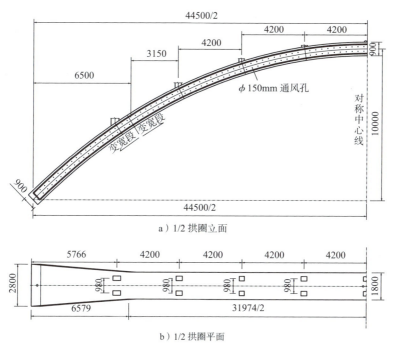

图 2.4.1 拱圈立面和拱圈顶平面图（尺寸单位：cm）

拱圈中间箱室为 980cm 等宽，左右两个边箱室为 350~850cm 变宽。由拱顶至拱脚，边箱室顶板厚度 65~90cm，底板厚度 85~110cm，边腹板厚度 50~65cm。中箱室顶、底板厚度 60cm。中腹板厚度 50cm。拱顶截面和拱脚截面分别如图 2.4.2 和图 2.4.3 所示。拱圈采用 C60 混凝土。

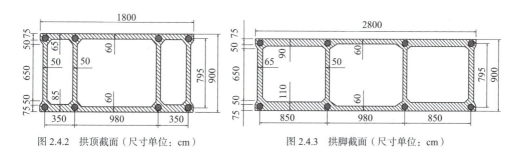

图 2.4.2 拱顶截面（尺寸单位：cm）　　图 2.4.3 拱脚截面（尺寸单位：cm）

拱上墩柱位置的拱圈内设横隔板，全桥共设有 11 道横隔板，板厚为 100cm，横隔板与拱轴线垂直，并设置过人洞。拱脚处拱圈设 5.0m 实体段，实体段与箱室过渡设 1：3 梗肋。拱圈立面和平面的剖面如图 2.4.4 所示。

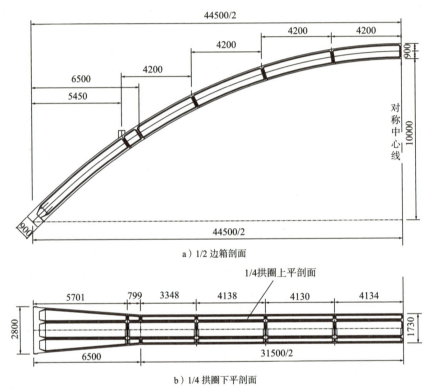

图 2.4.4 拱圈立面和平面剖面图（尺寸单位：cm）

2.4.2 横向预应力设计

拱圈沿轴向均处于高应力受压状态，根据弹性力学原理，其横向必然处于受拉状态。由于拱圈浇筑需要经历多次分环外包，截面上一共有 12 道混凝土浇筑缝，其中顶、底板共有 4 道沿轴向拉通的竖直接缝，进一步加剧了沿轴向发生拉通裂缝的风险。为此，在拱圈的顶、底板设置了横向预应力。横向预应力束布置在劲性骨架上、下弦钢管外侧，采用 4 根 7ϕ5 钢绞线，扁锚，单端张拉。横向预应力束沿轴向每 0.5m 间距布置一束。拱圈横向预应力布置如图 2.4.5 所示。

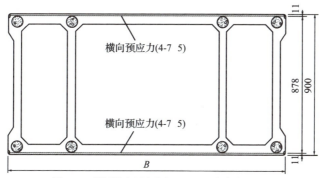

图 2.4.5 拱圈横向预应力布置图（尺寸单位：cm）

2.4.3 普通钢筋布置

经过拱轴系数及外包混凝土顺序的优化，北盘江大桥施工过程及长期运营状态下，拱圈各截面基本处于受压状态，拉应力非常小。普通钢筋原则上按构造配筋要求布设。拱圈箱形截面顶板、底板及外腹板外圈轴向主筋均布置 $\phi25$ 钢筋，内圈轴向主筋布置 $\phi20$ 钢筋，中腹板轴向钢筋采用 $\phi16$ 钢筋。拱圈箱形截面横向主筋采用 $\phi16$ 钢筋，拱圈顶、底板及腹板联系筋采用 $\phi10$ 钢筋。轴向主筋布置间距采用10cm，横向主筋布置间距采用15cm。拱圈截面钢筋布置如图2.4.6所示。

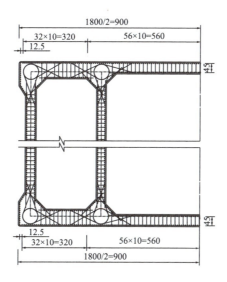

图 2.4.6 拱圈截面钢筋布置图（尺寸单位：cm）

为加强钢管劲性骨架与外包混凝土之间的连接性，确保二者协同受力，在钢管劲性骨架上设置了领结形环形抱箍钢筋，抱箍钢筋采用$\phi16$螺纹钢筋，沿钢管轴向的布置间距为15cm。抱箍钢筋与钢管间断点焊，端头与拱圈钢筋骨架点焊。边腹板钢管采用竖向和横向（单向）双向抱箍，中间钢管采用竖向和横向（双向）三向抱箍，如图2.4.7所示。

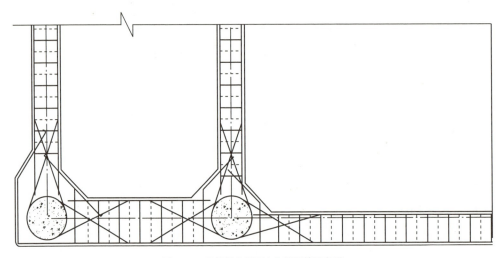

图2.4.7 钢管领节形环向抱箍钢筋示意图

2.5 钢管混凝土劲性骨架

2.5.1 总体构造

拱圈钢管混凝土劲性骨架由钢管骨架悬臂拼装形成钢管骨架拱后，在钢管内压注C80高强度混凝土成形。钢管混凝土劲性骨架跨度为445m，矢高100m，矢跨比为1/4.45。拱轴线采用悬链线，拱轴系数为$m=1.6$。钢管骨架为等高、变宽的空间桁架结构，由四片主桁及其横向连接系构成，如图2.5.1所示。

桁架上、下弦采用钢管，中心桁高8m。拱中部315m段为16.8m等宽，如图2.5.2所示。拱脚65m段为16.8~26.8m变宽，如图2.5.3所示。四片主桁横向对应拱圈四道腹板位置布置，两片中主桁为平行布置，变宽由上、下游边主桁外倾来实现，边主桁水平外倾角为3.429°。

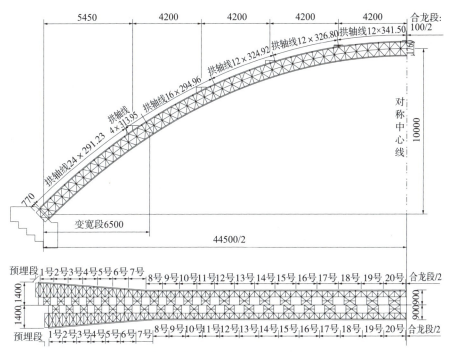

图 2.5.1 钢管骨架立面及平面示意图（尺寸单位：cm）

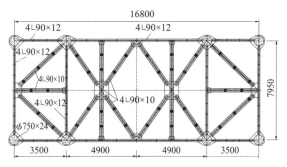

图 2.5.2 等宽度段钢管混凝土劲性骨架断面（尺寸单位：mm）

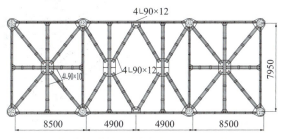

图 2.5.3 拱脚钢管混凝土劲性骨架断面（尺寸单位：mm）

钢管混凝土劲性骨架弦管为外径750mm、壁厚24mm钢管，钢管内压注C80混凝土。腹杆及所有连接系杆件为等边角钢由缀板连接而成的组合杆件，角钢型号有⌐110×110×14、⌐90×90×12、⌐90×90×10三种，如图2.5.4所示。部分受力较大杆件（拱肋腹杆、拱肋平连斜杆）考虑稳定性要求点焊 $\phi 20$ 普通钢筋（HRB335）。

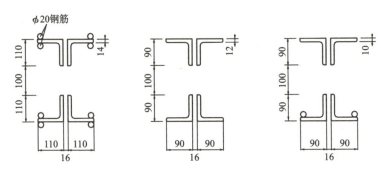

图2.5.4　骨架腹杆及连接系杆件截面（尺寸单位：mm）

钢管骨架弦管采用Q370qD钢材，腹杆及连接系角钢、节点板件均采用Q345C钢材，节段内弦杆、腹杆、横连均采用焊接。

钢管骨架拱沿轴向划分为40个吊装节段，节段平面构造如图2.5.5所示，节段三维构造如图2.5.6所示。加上2个拱脚预埋段和1个合龙段，全桥合计43个节段。节段长度不均，约12m，合龙段长度1m，其中合龙口长度0.3m。每个吊装单元由两个主桁单元和一品横向连接系单元构成，吊装时可在拼装场先焊接然后整体吊装，也可三个单元分别吊装然后再空中焊接。

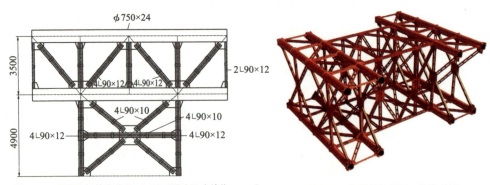

图2.5.5　钢管骨架等宽节段1/2平面图（尺寸单位：mm）　　图2.5.6　钢管骨架节段三维构造图

2.5.2 节段间钢管接头连接设计

由于施工过程及成桥后骨架上、下弦钢管应力很大,钢管接头必须焊接,见图 2.5.7。现场施工时,先采用螺栓进行临时定位,然后通过收紧或放松扣索,微调弦管螺栓连接长度及垫板厚度的方法对拱肋线形进行微调,调整完毕后必须将垫板垫好,拧紧螺栓,然后再施行钢管接缝熔透焊,完成节段之间弦管的焊接作业。

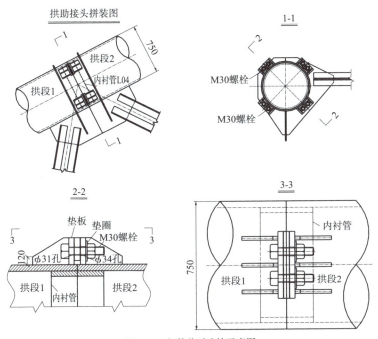

图 2.5.7 钢管临时连接示意图

2.5.3 合龙段设计

1)外包钢管抱箍合龙方案

合龙段钢管根据设计提供值下料,其上、下弦长度有一定的差别。合龙之前,适当加大两侧悬臂钢管骨架的扣索力,使合龙口距离较设计稍大。安装合龙段钢管,用夹板紧固槽口的两个半圆管嵌固合龙段钢管,两端与上、下弦钢管对接,如图 2.5.8 所示。适当放松扣索,使上、下弦钢管与合龙段钢管自动密贴,实现合龙。该方案由于两组悬臂钢管骨架间可能存在的长度差，使部分嵌填管受力不均匀。

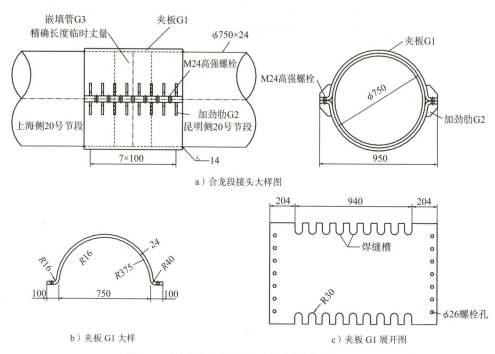

图 2.5.8　外包钢管抱箍合龙段示意图（尺寸单位：mm）

该合龙方式，需事先确定合龙口长度，与合龙温度没有关系，主要考虑制造下料温度与设计温度之差。设计合龙段长度应为，骨架无应力状态合龙段长度与骨架拼装受力后缩短值之和，后者根据计算确定。

2）花篮螺栓锁定合龙方案

合龙之前，适当加大两侧悬臂钢管骨架的扣索力，使合龙口距离较设计稍大。安装两侧悬臂钢管骨架弦管内花篮螺栓，花篮螺栓的长度为设计合龙段长度。放松扣索时，配合旋转花篮螺栓，使花篮螺栓顶死。通过花篮螺栓实现骨架临时合龙后，精确丈量合龙口每个钢管长度，并按照每个钢管长度下料加工出两个半圆形钢管，将两个半圆形钢管安装和焊接，实现合龙，见图 2.5.9。

这种合龙方式，需事先确定合龙口长度，与合龙温度没有关系，主要考虑制造下料温度与设计温度之差。设计合龙段长度应为骨架无应力状态合龙段长度与骨架拼装受力后缩短值之和，后者根据计算确定。

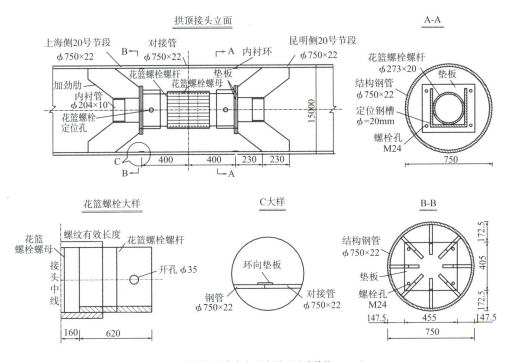

图 2.5.9 花篮螺栓合龙段示意图（尺寸单位：mm）

3）配切合龙方案

合龙之前，在日最低温度时，调整两侧悬臂钢管骨架的扣索力，使合龙口距离与设计基本相符。精确丈量合龙口每个钢管长度，按照每个钢管长度下料加工完成。合龙选择在日最低温度时进行，适当加大两侧悬臂钢管骨架的扣索力，使合龙口距离较设计稍大。安装合龙段钢管，适当放松扣索，使上、下弦钢管与合龙段钢管密贴，焊接钢管，实现合龙。北盘江大桥实际施工采用了本合龙方案。

该合龙方式，需事先确定合龙口长度，与合龙温度没有关系，主要考虑制造下料温度与设计温度之差。设计合龙段长度应为骨架无应力状态合龙段长度与骨架拼装受力后缩短值之和，后者根据计算确定。

与外包钢管抱箍合龙法相比，该合龙方式对扣索力和两侧悬臂钢管骨架稳定性的控制要求要高，现场高空作业难度也较大。与花篮螺栓锁定合龙法相比，该合龙方式施工精度较低，对扣索力和两侧悬臂钢管骨架稳定性的控制要求较高，现场高空作业难度也较大。

2.5.4 预拱度设置

钢管混凝土劲性骨架预拱度设置考虑全部恒载、混凝土收缩、徐变及 1/2 静活载作用下结构的竖向变形。北盘江大桥施工中将施工过程、成桥及活载引起的计算位移相叠加后,发现拱顶需要向上预抬高 596mm,故对拱肋制造轴线采用最小二乘法再次进行拟合悬链线分析,按照矢高 100.596m,拱脚与原设计线形重合,其余各点保证拟合后预拱度值与结构变形量差值的绝对值平方和 Σ_{yi}^2 最小,求得拟合悬链线拱轴系数 m=1.617,如图 2.5.10 所示。

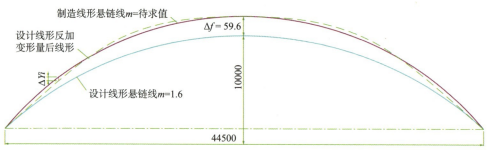

图 2.5.10　拱肋预拱度设置示意图（尺寸单位：cm）

2.6　拱座结构

上承式混凝土拱桥的拱座基本都坐落于岩体上,是承受拱圈巨大推力和弯矩的关键结构。由于拱圈与拱座固结,使拱座承受交界墩和拱圈传来的各种力的空间作用。拱座设计除整体分析外,还应进行局部受力分析,以保证拱桥结构的安全性和耐久性。因此,拱座构造形式需要根据桥址的地形、地质条件,结合拱座的受力特点确定。

北盘江大桥两岸地形和地质条件良好,其中,基岩地基承载力上海岸为 0.85MPa,昆明岸为 0.80MPa,拱座可以采用明挖扩大基础形式,用基础底部和背部抵抗交界墩和拱圈传递的巨大内力,如图 2.6.1 所示。根据两岸地形、拱脚内力和地基承载力估算,拱座纵向宽度 30m,横向宽度 55m,高度 25m。由于拱座体积大,不仅工程量大,而且自重也增大基底应力。为进一步优化拱座设计,对拱座形式和形状进行深入分析。

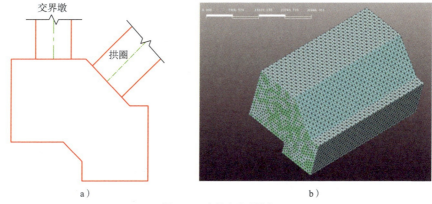

图 2.6.1 实体台阶式拱座

2.6.1 结构形式选择

1) 空心式拱座

在拱座内部设蜂窝状立方体空腔,以减少拱座圬工量和重力,如图 2.6.2 所示。空间实体有限元分析表明该空心拱座受力上可以满足要求,基底应力也较同尺寸的实体拱座有所减小。空心拱座采用 C40 钢筋混凝土结构。

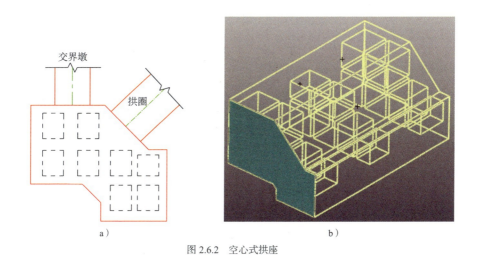

图 2.6.2 空心式拱座

从图 2.6.3 可以发现,空腹式拱座的基底应力比实体式拱座的基底应力稍小,其受力更为有利。

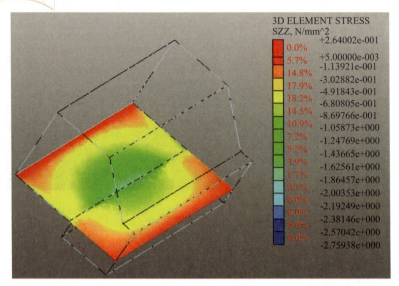

a）实体台阶式拱座

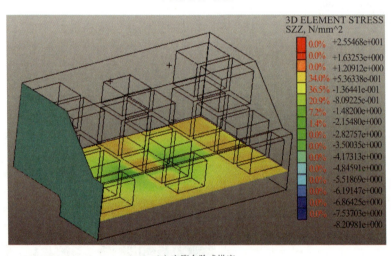

b）空腹台阶式拱座

图 2.6.3　实体台阶式拱座与空腹台阶式拱座基底应力分布图

2）多台阶式实体拱座

减小拱座圬工量的另外一条途径是增加拱座底部的台阶数量，减薄拱圈方向的拱座厚度，减少基础圬工量。同时，可以根据地质情况在拱座前缘设置一排或多排桩基础，既能增强拱座基础的承载能力，又可有效保持一定的岩体襟边宽度，如图 2.6.4 所示。拱座采用 C30 素混凝土结构（表面布置护面钢筋）。

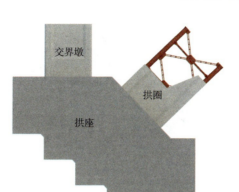

图 2.6.4 多台阶实体拱座

3）分析结论

两种拱座结构形式的优缺点见表 2.6.1。

两种拱座形式的优缺点比较表 表 2.6.1

拱座形式	优　　点	缺　　点
空心式	圬工数量较少，拱座自重轻	基坑开挖量大，结构复杂，使用钢筋多，施工烦琐，后期需要进入拱座内部进行维护保养操作
实体式	结构整体性好，施工方便，后期免维护	圬工量较大

经过比选，北盘江大桥设计采用了施工比较方便、后期免维护的复合式多台阶实体圬工拱座。由于拱座混凝土体量非常大，为降低混凝土水化热的不利影响，减小开裂风险，将拱座分成三个大块体，总体上呈"品"字形状，如图 2.6.5 所示。

各块体间竖向缝通过钢模板隔离，水平缝则通过弱化混凝土浇筑界面处理达到。上部中央块体与拱圈和交界墩相连，是拱座应力最大的部分，采用 C40 钢筋混凝土。拱座下部块体承受上部块体的压力，应力较小，采用 C30 素混凝土（设护面钢筋）。拱座混凝土采取分块、分层，每次混凝土浇筑量控制在 1000m³ 左右。分层浇筑过程中，采用冷却水降低水化热，冷却管外径为 50mm。

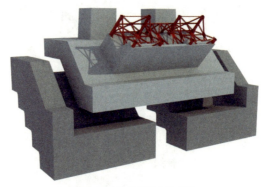

图 2.6.5　品字形拱座示意图

2.6.2　拱座构造

由于承载力差异，上海岸拱座与昆明岸拱座构造尺寸略有不同，上海岸拱座横向宽度56m，纵向长度29m，高度25m，如图2.6.6所示。昆明岸拱座横向宽度56m，纵向长度34m，高度25m，如图2.6.7所示。两岸拱座基坑开挖后，前端均发现有不同程度的溶槽发育，设计使用桩基进行了地基加固。

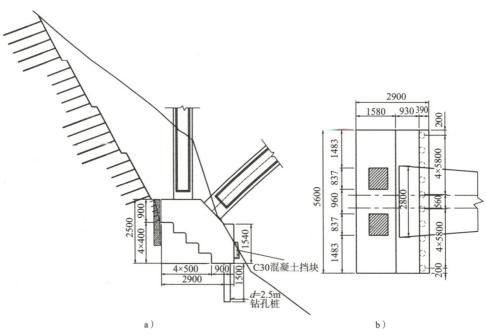

图 2.6.6　上海岸拱座构造图（尺寸单位：cm）

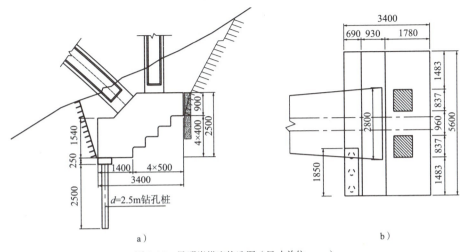

图 2.6.7 昆明岸拱座构造图（尺寸单位：cm）

2.6.3 拱座基底及后背应力检算

拱座基础在拱脚和交界墩力系的作用下，不仅有向下和向后的位移趋势，还有整体转动的趋势。拱座基底及后背应力计算时，假定拱座刚度无限大，且拱座背面与底面的地基压缩特性相同。拱座受力如图 2.6.8 所示，拱座底面地基在竖向力和弯矩作用下的应力在 R 点和 K 点分别记为 σ_1 和 σ_2，拱座背面地基在水平力和弯矩作用下的应力在 A 和 R 点分别记为 σ_3 和 σ_4。因拱座刚体无限大，外力作用下的拱座转动趋势，在底面 RFK 和侧面 ABR 上转角相同；根据文可尔假定，σ_1、σ_2 之间线性变化的斜率与 σ_3、σ_4 之间线性变化的斜率也相同。

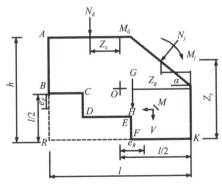

图 2.6.8 台阶形拱座受力示意图

将所有外力转换为作用于拱座形心 O 处的水平力 H、竖向力 V 和弯矩 M：

$$H = H_j = N_j \sin\alpha \tag{2.6.1}$$

$$V = V_j + G = N_j \cos\alpha + N_d + G \tag{2.6.2}$$

$$M = M_j + M_d - (N_j \sin\alpha)\left(Z_y - \frac{h}{2}\right) + (N_j \cos\alpha)\left(\frac{l}{2} - Z_x\right) + G\left(\frac{l}{2} - Z_g\right) - N_d Z_{x'} \tag{2.6.3}$$

根据力的平衡条件和基础底面、背面变形协调条件，可得：

$$\begin{cases} \dfrac{\sigma_1 + \sigma_2}{2} \cdot l = V \\[4pt] \dfrac{\sigma_3 + \sigma_4}{2} \cdot h = H \\[4pt] M = \dfrac{\sigma_2 - \sigma_1}{2} \cdot l \cdot \dfrac{l}{6} + \dfrac{\sigma_4 - \sigma_3}{2} \cdot h \cdot \dfrac{h}{6} \\[4pt] \dfrac{\sigma_1 - \sigma_2}{l} = \dfrac{\sigma_3 - \sigma_4}{h} \end{cases} \tag{2.6.4}$$

将以上方程组联立，可以解得 σ_1、σ_2、σ_3、σ_4。

$$\begin{cases} \sigma_1 = \dfrac{V}{l} - \dfrac{6Ml}{l^3 + h^3} \\[4pt] \sigma_2 = \dfrac{V}{l} + \dfrac{6Ml}{l^3 + h^3} \\[4pt] \sigma_3 = \dfrac{H}{h} - \dfrac{6Mh}{l^3 + h^3} \\[4pt] \sigma_4 = \dfrac{H}{h} + \dfrac{6Mh}{l^3 + h^3} \end{cases} \tag{2.6.5}$$

基础底面和背面的合力偏心距 e_R、e_F 可以利用基底应力图形求得：

$$e_R = \frac{\sigma_2 - \sigma_1}{6(\sigma_1 + \sigma_2)} l \tag{2.6.6}$$

$$e_F = \frac{\sigma_4 - \sigma_3}{6(\sigma_3 + \sigma_4)} h \tag{2.6.7}$$

如果 σ_1、σ_2、σ_3、σ_4 当中出现应力小于 0 的情况，那么基底应力需考虑重分布。但发生变化的只是应力图形本身，而基底的合力和合力矩没有变化，这样便不难求解最大压应力。重分布后的 σ_2、σ_4 为：

$$\sigma_2 = \frac{2V}{3\left(\dfrac{l}{2} - e_R\right)} \tag{2.6.8}$$

$$\sigma_4 = \frac{2H}{3\left(\dfrac{h}{2} - e_F\right)} \tag{2.6.9}$$

拱座形状和尺寸拟定是采用上述方法不断试算的过程，只有当基底和背面应力分布非常均匀，且地基承载能力被充分利用时，拱座结构才会最合理、圬工量才会最小。前述的拱座构造尺寸即是反复优化的结果，采用上述方法最终的检算结果：上海岸拱座基础底面前端竖向应力 0.833MPa，后端竖向应力 0.839MPa；基础背面上端水平应力 0.434MPa，下端水平应力 0.430MPa；地基容许承载力为 0.85MPa。昆明岸拱座底面前端竖向应力 0.797MPa，后端竖向应力 0.791MPa；基础背面上端水平应力 0.382MPa，下端水平应力 0.386MPa；地基容许承载力为 0.80MPa。

2.6.4　横向预应力布置

拱座上部中央块体采用 C40 钢筋混凝土，厚度 6~7m，纵向宽度 29m，横向宽度 46m，是拱座应力最大也是最复杂的部位。该块体结构薄、宽度大，若浇筑工艺控制不好，容易发生开裂；而且，该块体又直接与拱圈相连，若发生裂缝势必有向拱圈延伸的风险。

为增强该块体结构的横向抗裂性能，设置了横向预应力钢束，如图 2.6.9 所示。其中，上海岸拱座设 15-ϕ15.2 钢绞线 110 根，使用钢绞线 85.0t；昆明岸拱座设 15-ϕ15.2 钢绞线 123 根，使用钢绞线 95.0t。通过设置预应力，C40 混凝土块体横向压应力储备为 0.8~1.0MPa。

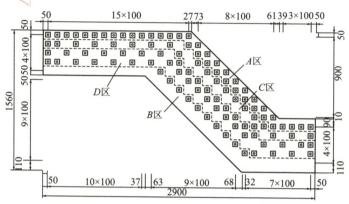

图 2.6.9　上海岸拱座横向预应力布置图（尺寸单位：cm）

2.7　拱上结构

2.7.1　拱上墩柱

拱上墩柱一共9个，从拱脚至拱顶依次排序为1、2、3、4、5号墩。拱上1号墩最高，为58.71m，如图2.7.1所示。拱上5号墩最矮，为4.80m，如图2.7.2所示。刚度和景观两方面的综合比选，拱上墩采用竖直双柱刚架墩，两肢竖直墩柱中心距为9.8m。根据各墩高度，1、2、3号墩采用空心墩，4、5号墩柱采用实体墩。墩柱顶设帽梁。双柱间设横撑，约15m高度布置一道。墩柱纵、横向均为直坡，墩柱横向宽度均为3.0m，纵向宽度除1号墩采用4m外，其余均为3.5m。

由于墩顶盖梁长度大于箱宽，在帽梁的两侧设置耳墙，既具有地震防落梁挡块作用，又从景观上弥补了盖梁长度与箱宽不一致的问题，使墩梁衔接更为协调。拱上梁均采用可调高支座。顶帽设计充分考虑了未来支座调高时操作空间要求，两侧耳墙均设计为中空，以备更换支座时操作人员站立。墩柱与拱圈之间未设置墩座，为此该位置加强了配筋。

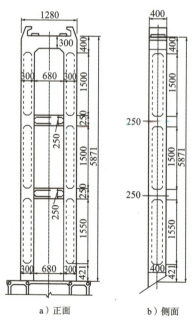

a）正面　　　b）侧面

图 2.7.1　拱上1号墩构造图（尺寸单位：cm）

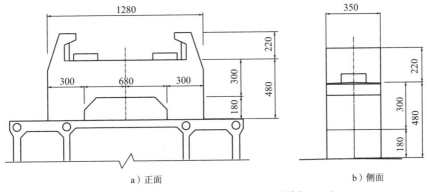

a) 正面　　　　　　　　　b) 侧面

图 2.7.2　拱上 5 号墩构造图（尺寸单位：cm）

2.7.2　刚构 - 连续组合梁

为提高桥面的平顺性，拱上结构采用一联 2×65m+8×42m+2×65m 刚构 - 连续组合梁。刚构 - 连续组合梁先分成 2×65m T 构梁和 8×42m 连续梁两部分进行施工，二者均施工完成后，再将拱上 1 号墩上梁体的缺口封闭，张拉纵向预应力，实现体系转换。

1）2×65m T 构梁

2×65mT 构梁梁体为单箱单室、变高度、变截面箱梁，梁体全长 131.5m，两端 9.75m 梁段为等高梁段，梁高 4.0m；中墩处梁高为 7.5m，其余梁段梁底下缘按二次抛物线 $Y=4.0+X^2/780.0$m 变化，截面如图 2.7.3 所示。8×42m 连续梁梁体为单箱单室、等高度变截面箱梁，梁体全长 335.70m，梁高 4.0m。

箱梁顶板宽 13.4m，底板宽 8.0m。顶板厚 45cm，梁端顶板厚由 45cm 渐变至 60cm。梁端底板厚由 45cm 渐变至 70cm，中墩两侧底板厚由 45cm 渐变至 100cm，其余底板厚 45cm。梁腹板厚度由 45cm 渐变至 60cm，中墩两侧腹板厚由 45cm 渐变至 90cm，其余腹板厚为 45cm。

交界墩高度为 102m，也采用双柱式空心刚架墩，如图 2.7.4 所示。与拱上竖直墩柱不同的是，交界墩两墩柱横向进行了放坡。与拱上墩柱净距相同，两墩柱墩顶横向净距也为 6.8m，两墩柱内侧叉开坡率为 80∶1，至墩底两墩柱横向净距为 9.60m。两墩柱外侧横向采用两个坡率，上陡下坦，墩底以上 52m 范围坡率为 15∶1，再以上坡率为 25∶1。交界墩纵向采用直坡，宽度为 7.5m。墩顶设横梁，与箱梁固结，横梁与箱梁底板混凝土一次浇筑。为与拱上墩柱外形

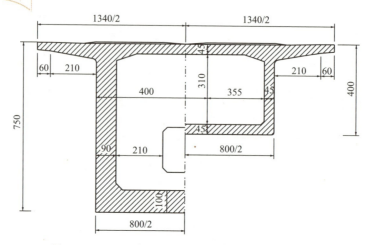

图 2.7.3　2×65m T 构梁根部及跨中截面图（尺寸单位：cm）

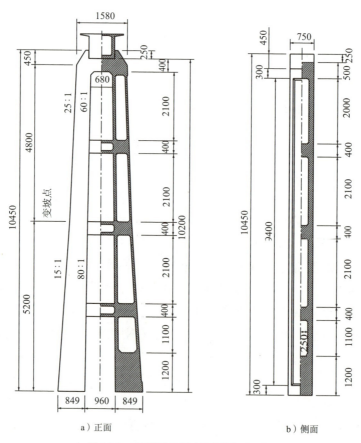

a）正面　　　　　　　　b）侧面

图 2.7.4　交界墩构造图（尺寸单位：cm）

呼应，墩顶箱梁外侧也设置了装饰性的耳墙。交界墩每隔21m高度设置一道横撑，全墩设3道横撑。横撑采用空心截面，宽度5.0m，高度4.0m。为了与拱圈侧面形状视觉上呼应，交界墩外侧面设置了一道25cm深凹槽，由墩底一直延伸至墩顶。

2）8×42m连续梁

8×42m连续箱梁顶板宽13.4m，箱宽8.0m。顶板厚35cm，梁端部及中间支点处顶板厚由35cm渐变至45cm。梁端及中间支点处底板厚由35cm渐变至65cm，其余底板厚35cm。腹板厚为45cm，梁端及中间支点处腹板厚度由50cm渐变至110cm，如图2.7.5所示。8×42m连续梁采取先简支、后连续法施工。

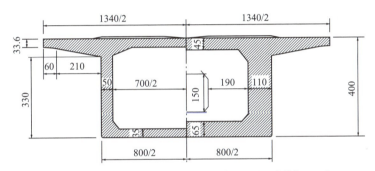

图2.7.5 拱上8×42m连续梁梁端及跨中截面图（尺寸单位：cm）

2.8 拱圈施工方案

对于跨度445m、拱圈混凝土圬工达28000m³、质量达73000多吨的混凝土拱桥，混凝土拱圈如何施工是一个重大技术问题。通过调研，北盘江大桥拱圈施工较为可行的方法有斜拉悬臂法、米兰法（钢管混凝土劲性骨架法）及这两种方法的组合。

2.8.1 "斜拉悬臂法"施工方案

拱圈若采用斜拉悬臂法一次成形，质量太大。为方便施工，可以采用斜拉悬臂法先浇筑拱圈的两个边箱，在边箱合龙后再浇筑中箱。两个边箱混凝土合计约22000m³，采用4个斜向爬升挂篮同步对称浇筑，直至合龙。边箱合龙后再分4个工作面分别浇筑中箱顶、底板混凝土，施工顺序如图2.8.1所示。

77

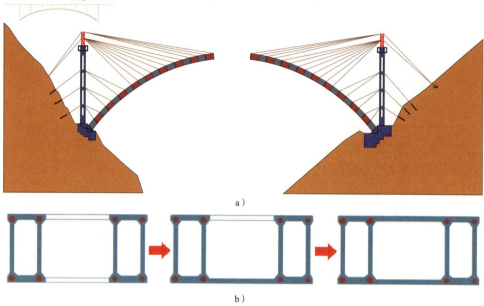

图 2.8.1 斜拉悬臂灌注法方案图

半侧拱分为 40 个节段进行斜拉悬臂法浇筑，每个节段长度约 6m，最大节段重量 4100kN。主要临时工程有：4 套斜向爬升挂篮、起吊能力 400kN 的缆索起重机、扣背索系统、地锚（岩锚）、交界墩顶临时塔架等。

2.8.2 "米兰法"施工方案

"米兰法"施工方案以钢管混凝土桁架拱作为施工劲性骨架，再依托该骨架外包拱圈混凝土。

钢管桁架拱轴向分成 43 个节段进行预制和吊装。每个节段轴向长度约 12m，最大吊装节段重量 1500kN。钢管桁架拱杆件在工厂制造加工，通过火车转汽车运至工地附近的拼装场，在拼装场组拼焊接成钢管桁架节段。钢管桁架节段通过轨道拖拉或汽车运输至桥位正下方，使用缆索起重机悬臂拼装，直至合龙，形成受力稳定的钢管骨架拱。为提升其承载力和刚度，向钢管内顶升压注混凝土，形成钢管混凝土劲性骨架拱。并以钢管混凝土劲性骨架拱为支撑，外包拱圈混凝土。

外包混凝土横断面上一共分 6 环，拱轴线方向分 6 个工作面同步进行浇筑，如图 2.8.2 所示。钢管混凝土桁拱的桁片和上、下平联，最终分别包裹在箱形拱圈的腹板和顶、底板内，成为拱圈结构的一部分而参与受力。

总体设计与建造方案 第 2 章

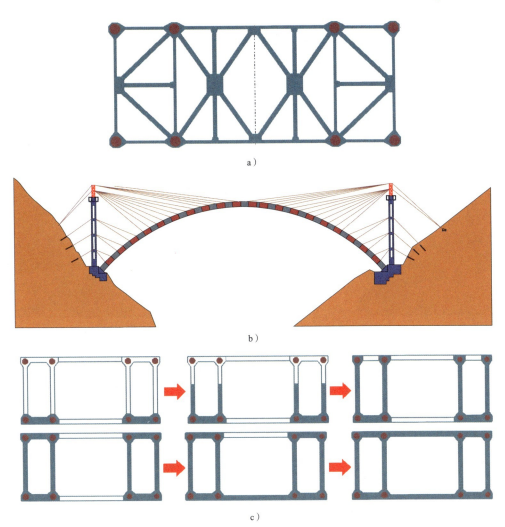

图 2.8.2　米兰法施工方案图

米兰法的主要施工措施有：钢管混凝土劲性骨架、缆索起重机系统（起吊能力 1500kN）、钢结构现场预拼场以及边箱全覆盖的底模等，与"斜拉悬臂法"施工方案相比，主要临时工程费用略有增加，拱圈施工工期约增加 25%。

2.8.3　"斜拉悬臂 + 劲性骨架"组合法

"斜拉悬臂灌注 + 米兰法"组合法即拱脚段拱圈采取斜拉悬臂灌注法施工，拱顶段利用钢管混凝土劲性骨架为支撑灌注拱圈混凝土。

首先悬臂灌注拱圈的两个边箱，同时拼装拱跨中部125m段钢管桁架，两岸悬臂灌注到160m后，采用连续张拉千斤顶将钢管桁架一次提升就位，提升重量约10000kN。钢管桁架安装完毕后，压注钢管内混凝土。然后用挂篮沿钢管混凝土劲性骨架爬升，浇筑拱圈底板，直至合龙。再依次浇筑拱圈腹板及顶部混凝土，完成拱圈混凝土浇筑，如图2.8.3所示。

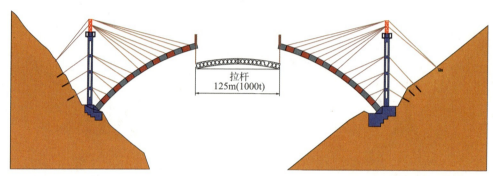

图2.8.3 斜拉悬臂灌注＋米兰法组合施工法方案图

组合法主要的施工措施有：扣背索、岩锚工程、缆索式起重机（40t）、爬升挂篮、劲性骨架、栈桥平台、整体提升设备等。

与"斜拉悬臂法"施工方案相比，主要临时工程费用约增加30%，拱圈施工工期基本相同。

2.8.4 方案比选结论

主拱施工方法的选择在遵循切实可行，安全有效的原则下，应综合考虑桥位施工场地的自然条件（自然环境、地形地质条件及交通运输条件）、现有的施工技术、经济性、施工速度及施工的安全性等因素进行选定。虽然先进的施工方法能带来良好的经济效益，但选择时也应充分考虑缺乏新技术的相关经验而带来的施工风险。所以施工方法的选择必须综合考虑各种因素的影响，通过比选确定一种最佳的施工方法，以节约投资、提高结构施工的安全度为前提。

主拱圈恒载受力状态与施工方法密切相关。三个施工方案中，虽然"斜拉悬臂法"无论在工期、经济性上和主拱圈受力都具有明显优势，但是北盘江大桥设计时我国采用悬臂浇筑施工的最大跨度为仅150m(白沙沟大桥)，如进行400m以上混凝土拱桥的悬臂施工，我国尚无相关的施工设备（大吨位爬升挂篮系统）和施工经验。

"悬臂浇筑＋劲性骨架"组合的成拱方法，虽然可以使主拱快速合龙，从而降低主拱悬臂施工的安全风险，但是该工法同时需要大吨位爬升挂篮系统和劲性骨架两套施工系统和工序，施工费用增加较多，且悬臂浇筑段与劲性骨架结合部的构造和受力复杂。

虽然"米兰法"主拱混凝土外包工序多达200多道，施工工期长，但是我国采用该方法成功建成了主跨达420m的万州长江公路大桥，其跨度保持世界第一长达20年之久，积累了丰富的经验，施工风险可控。

因此，北盘江大桥主拱施工方法选择工程经验最丰富、工期较长、费用居中的"米兰法"。

2.9 北盘江大桥施工步骤

北盘江大桥共有4个大的施工阶段，分别是基础及交界墩施工、拱圈施工、拱上结构施工和桥面系施工。

2.9.1 基础及交界墩施工

分别在两岸进行拱座基础、墩（台）基础和锚碇施工。拱座施工时预埋劲性骨架钢管预埋段，墩（台）基础和锚碇施工时安装相关预埋件。架设缆索起重机，安装塔式起重机。施工交界墩并完成T构梁0号块施工，在0号块顶面安装扣塔。

2.9.2 拱圈施工

拱圈施工流程划分为9个施工阶段，共计75个施工步骤。其中，9个施工阶段分别为钢管骨架安装、灌注钢管内混凝土、边箱底板外包混凝土施工、拱脚外包混凝土施工、边箱腹板（含边箱横隔板）外包混凝土施工、边箱顶板外包混凝土施工、中箱底板外包混凝土施工、中箱顶板外包混凝土施工、形成拱圈结构。

北盘江大桥以钢管混凝土桁架拱作为施工劲性骨架。劲性骨架采用预制钢管骨架节段悬臂拼装，形成钢管骨架拱后，在钢管内压注混凝土，形成钢管混凝土劲性骨架拱。钢管骨架拱轴向分成2个拱座基础内预埋段、两岸各20个悬拼节段、1个合龙段共计43个节段。每个悬拼节段轴向长约12m，最大吊装节段重量1500kN。钢管和骨架构件在工厂加工，通过火车、汽车运输至工地，在桥址附近的拼装场组拼焊接成钢管骨架节段。钢管骨架节段通过平板车运至桥梁正下方，采用缆索吊和扣索进行斜拉悬臂拼装施工。

拱圈混凝土浇筑依托钢管混凝土劲性骨架拱挂设模板，横截面分环、轴向分段、多工作面同步依次浇筑拱圈底板、腹板及顶板混凝土，逐步形成完整的箱形拱圈。先浇筑部分与钢管混凝土劲性骨架拱一起，共同承受后浇筑部分的结构恒载。该工法的主要缺点是截面受力不均匀，对于接近450m跨度的大跨度混凝土拱桥，拱圈最先浇筑的结构压应力很大，致使混凝土强度等级提高。

混凝土拱桥箱形拱圈底板是最先浇筑的部分，因此，制定拱圈混凝土浇筑方案的关键是如何控制处于负弯矩区的拱圈底板内力，也就是拱脚附近的拱圈底板内力。

通过对多种拱圈浇筑顺序的计算比选发现，拱脚部分先全断面浇筑完成后，再分环平衡浇筑拱圈中部比较合理，即，将拱圈分6个工作面浇筑混凝土，每个工作面沿拱圈方向边箱底板分7个节段浇筑混凝土，中箱底板、腹板和顶板分5个节段浇筑混凝土，6工作面平衡浇筑相应节段混凝土并贯通。其中，在拱脚水平投影长度45m段浇筑边箱底板混凝土的同时浇筑中箱底板混凝土，以降低拱脚段边箱底板的压应力水平。然后，将拱脚水平投影长度45m段分为5个节段，分次浇筑每节段的腹板和顶板混凝土形成整体箱形混凝土结构，每浇筑形成1个整箱节段张拉一次扣、背索，最终形成拱脚水平投影长度45m段混凝土拱圈，如图2.9.1所示。然后分6个工作面依次平衡浇筑剩余的腹板、边箱顶板、中箱底板、中箱顶板，形成全部拱圈。

图2.9.1　拱脚水平投影长度45m段混凝土拱圈

钢管骨架安装节段划分如图 2.9.2 所示。

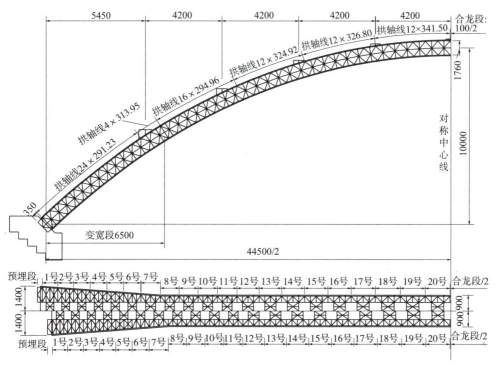

图 2.9.2　钢管骨架安装节段划分（尺寸单位：cm）

钢管骨架安装及灌注钢管内混凝土施工工况如表 2.9.1 所示。其中，钢管合龙前，先测量合龙口距离，选择合适时机并采取措施调整合龙口至可合龙状态；吊装合龙口锁定装置并锁定；吊装合龙段钢管并焊接，完成钢管骨架合龙；钢管骨架合龙形成钢管骨架拱后，由上到下依次拆除扣、背索，最后拆除交界墩 T 构梁 0 号块顶的扣塔；灌注钢管内混凝土按照先上弦、后下弦，先外侧、后内侧的顺序，采用顶升法压注钢管内 C80 混凝土，形成钢管混凝土劲性骨架拱。

钢管骨架安装及灌注钢管内混凝土施工工况　　　　表 2.9.1

施工阶段	施工步骤	施工内容描述
钢管骨架安装	1	安装钢管骨架 1 号
	2	安装钢管骨架 2 号，安装并张拉 1 号骨架索
	3	安装钢管骨架 3 号

续上表

施工阶段	施工步骤	施工内容描述
钢管骨架安装	4	安装钢管骨架4号，安装并张拉2号骨架索
	5	安装钢管骨架5号
	6	安装钢管骨架6号，安装并张拉3号骨架索
	7	安装钢管骨架7号
	8	安装钢管骨架8号，安装并张拉4号骨架索
	9	安装钢管骨架9号
	10	安装钢管骨架10号，安装并张拉5号骨架索
	11	安装钢管骨架11号
	12	安装钢管骨架12号，安装并张拉6号骨架索
	13	安装钢管骨架13号
	14	安装钢管骨架14号，安装并张拉7号骨架索
	15	安装钢管骨架15号
	16	安装钢管骨架16，安装并张拉8号骨架索
	17	安装钢管骨架17号
	18	安装钢管骨架18号，安装并张拉9号骨架索
	19	安装钢管骨架19号
	20	安装钢管骨架20号，安装并张拉10号骨架索
	21	钢管骨架合龙
	22	拆除1号、2号、3号、4号、5号、6号骨架索
	23	拆除10号、9号、8号、7号骨架索
灌注钢管内混凝土	24	灌注下弦外侧钢管内混凝土
	25	灌注下弦内侧钢管内混凝土
	26	灌注上弦外侧钢管内混凝土
	27	灌注上弦内侧钢管内混凝土

边箱底板外包混凝土施工节段划分如图 2.9.3 所示。

边箱底板外包混凝土施工工况如表 2.9.2 所示。依托钢管混凝土劲性骨架拱立模，对 6 个工作面同步浇筑边箱底板混凝土，直至边箱底板贯通。在拱脚水平投影长度 45m 段范围，浇筑边箱底板的同时，浇筑中箱底板。

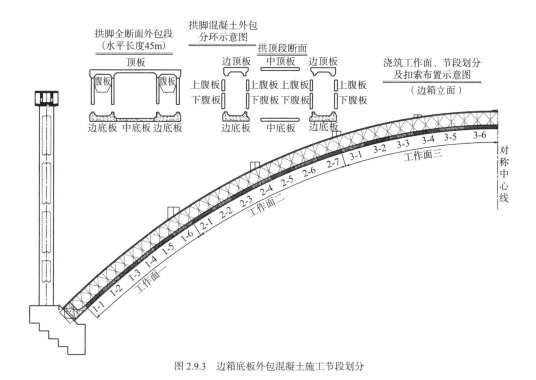

图 2.9.3　边箱底板外包混凝土施工节段划分

边箱底板外包混凝土施工工况　　表 2.9.2

施工阶段	施工步骤	施工内容描述
边箱底板外包混凝土	28	外包拱脚 5m 实心段混凝土
	29	外包底板 6 个工作面的第 1 段（其中 1、6 工作面含中箱底板）
	30	外包底板 6 个工作面的第 2 段（其中 1、6 工作面含中箱底板）
	31	外包底板 6 个工作面的第 3 段（其中 1、6 工作面含中箱底板）
	32	外包底板 6 个工作面的第 4 段（其中 1、6 工作面含中箱底板）
	33	外包底板 6 个工作面的第 5 段

续上表

施工阶段	施工步骤	施工内容描述
边箱底板外包混凝土	34	外包底板6个工作面的第6段
	35	外包底板2、5工作面的第7段（边箱底板合龙）

拱脚水平投影45m段全断面外包混凝土施工节段划分如图2.9.4所示。

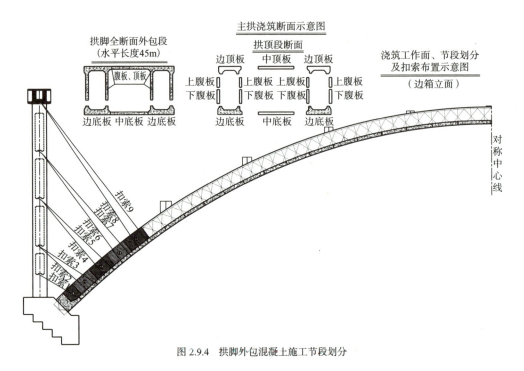

图 2.9.4 拱脚外包混凝土施工节段划分

拱脚水平投影45m段全断面外包混凝土施工工况如表2.9.3所示。

拱脚水平投影45m段全断面外包混凝土施工工况　　表2.9.3

施工阶段	施工步骤	施工内容描述
拱脚水平投影45m段全断面外包混凝土	36	拱脚第1段腹板、顶板
	37	安装并张拉1号外包扣索，索力1700kN/根
	38	拱脚第2段腹板、顶板

续上表

施工阶段	施工步骤	施工内容描述
拱脚水平投影45m段全断面外包混凝土	39	安装并张拉2号、3号外包扣索,索力分别为1843kN/根、2042kN/根
	40	拱脚第3段腹板、顶板
	41	安装并张拉4号、5号外包扣索,索力分别为1555kN/根、1713kN/根
	42	拱脚第4段腹板、顶板
	43	安装并张拉6号、7号外包扣索,索力分别为1381kN/根、1469kN/根
	44	拱脚第5段腹板、顶板
	45	安装并张拉8号、9号外包扣索,索力分别为1219kN/根、1260kN/根

中间水平投影355m段边箱外包腹板(含边箱横隔板)混凝土施工节段划分如图2.9.5所示。

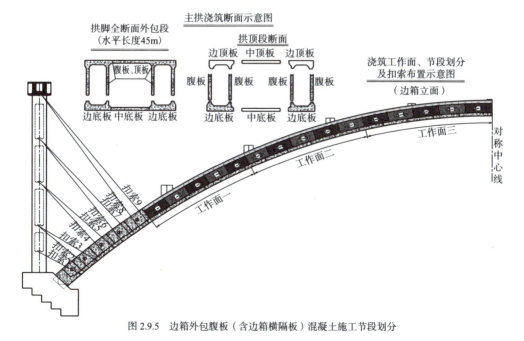

图2.9.5 边箱外包腹板(含边箱横隔板)混凝土施工节段划分

中间水平投影355m段边箱外包腹板（含边箱横隔板）混凝土施工工况如表2.9.4所示。

边箱外包腹板（含边箱横隔板）混凝土施工工况　　　表2.9.4

施工阶段	施工步骤	施工内容描述
中间水平投影355m段边箱腹板（含横隔板）外包混凝土	46	中段边箱外包腹板6个工作面的第1段
	47	中段边箱外包腹板6个工作面的第2段
	48	中段边箱外包腹板6个工作面的第3段
	49	中段边箱外包腹板6个工作面的第4段
	50	中段边箱外包腹板6个工作面的第5段（腹板合龙）

中间水平投影355m段边箱顶板外包混凝土施工节段划分如图2.9.6所示。

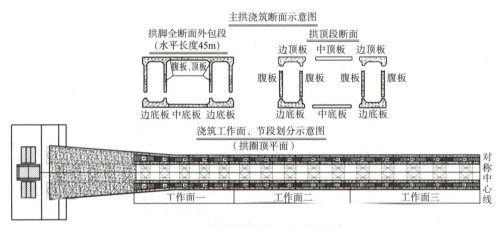

图2.9.6　边箱顶板外包混凝土施工节段划分

中间水平投影355m段边箱顶板外包混凝土施工工况如表2.9.5所示。

中间水平投影355m段边箱顶板外包混凝土施工工况　　　表2.9.5

施工阶段	施工步骤	施工内容描述
中间水平投影355m段边箱顶板外包混凝土	51	中段边箱外包顶板6个工作面的第1段
	52	中段边箱外包顶板6个工作面的第2段

续上表

施 工 阶 段	施工步骤	施工内容描述
中间水平投影355m段边箱顶板外包混凝土	53	中段边箱外包顶板6个工作面的第3段
	54	中段边箱外包顶板6个工作面的第4段
	55	中段边箱外包顶板6个工作面的第5段（边箱顶板合龙）
	56	拆除9号外包扣索
	57	拆除8号外包扣索
	58	拆除7号外包扣索
	59	拆除6号外包扣索
	60	拆除5号外包扣索
	61	拆除4号外包扣索
	62	拆除3号外包扣索
	63	拆除2号外包扣索
	64	拆除1号外包扣索

中间水平投影355m段中箱底板外包混凝土施工节段划分如图2.9.7所示。

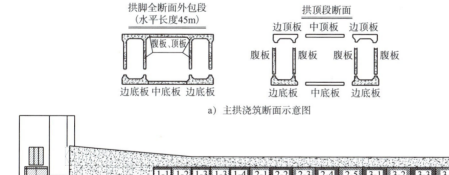

a）主拱浇筑断面示意图

b）浇筑工作面、节段划分示意图（拱圈底平面）

图2.9.7 中箱底板外包混凝土施工节段划分

中间水平投影355m段中箱底板（含横隔板）外包混凝土施工工况如表2.9.6所示。

中间水平投影355m段中箱底板（含横隔板）外包混凝土施工工况　　　表2.9.6

施工阶段	工况号	施工内容描述
中间水平投影355m段中箱底板（含横隔板）外包混凝土	65	中段中箱外包底板6个工作面的第1段
	66	中段中箱外包底板6个工作面的第2段
	67	中段中箱外包底板6个工作面的第3段
	68	中段中箱外包底板6个工作面的第4段
	69	中段中箱外包底板6个工作面的第5段（中箱底板合龙）

中间水平投影355m段中箱顶板外包混凝土施工节段划分如图2.9.8所示。

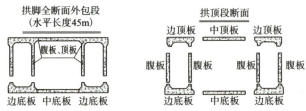

a）主拱浇筑断面示意图

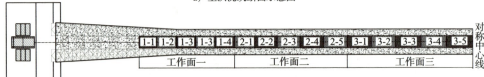

b）浇筑工作面、节段划分示意图（拱圈底平面）

图2.9.8　中箱顶板外包混凝土施工节段划分

中间水平投影355m段中箱顶板外包混凝土及形成拱圈结构施工工况如表2.9.7所示。

中间水平投影355m段中箱顶板外包混凝土及形成拱圈结构施工工况　　　表2.9.7

施工阶段	施工步骤	施工内容描述
中间水平投影355m段中箱顶板外包混凝土	70	中段中箱外包顶板6个工作面的第1段
	71	中段中箱外包顶板6个工作面的第2段

续上表

施 工 阶 段	施工步骤	施工内容描述
中间水平投影355m段中箱顶板外包混凝土	72	中段中箱外包顶板6个工作面的第3段
	73	中段中箱外包顶板6个工作面的第4段
	74	中段中箱外包顶板6个工作面的第5段（中箱顶板合龙）
形成拱圈结构	75	主拱肋外包混凝土完成

2.9.3 拱上结构施工

采用挂篮悬臂浇筑施工 2×65m T 构梁。施工拱上墩柱，引桥墩台。施工引桥梁体，施工拱上 8×42m 连续梁并与 2×65m T 构梁合龙贯通。

2.9.4 桥面系施工

铺设轨道结构，安装桥面附属工程，以及安装桥梁检查设施。

CHAPTER 3
第 3 章

结构设计分析
STRUCTURAL DESIGN AND ANALYSIS

DESIGN PRINCIPLES OF
LONG SPAN
REINFORCED CONCRETE ARCH BRIDGE
ON HIGH SPEED RAILWAY

CHAPTER 3

3.1 概述

大跨度钢筋混凝土拱桥的结构设计分析重点是拱圈结构的分析。采用米兰法建造的大跨度钢筋混凝土拱桥结构设计分析，除成桥状态外，还包括钢管骨架架设并形成钢管骨架拱，压注钢管内混凝土形成钢管混凝土劲性骨架，最终通过钢管混凝土劲性骨架外包混凝土形成的钢筋混凝土拱圈等施工状态。

拱圈的恒载内力或应力计算应考虑施工方法和施工过程，结构计算应按施工流程进行。各种荷载（如自重荷载、施工机具荷载、预应力等）是在各施工阶段中逐级施加或解除，每一个施工阶段都伴随着各种或部分徐变、收缩、边界约束变化、预应力变化以及体系转换等。

当列车通过桥梁时，运行速度不同，产生的影响也不同。当行车速度达到 200km/h 以上时，由于动力学问题产生的影响将控制桥梁设计，直接影响行车的安全性和旅客乘坐的舒适性。因此，在高速铁路桥梁设计中，如何保证桥梁达到与设计速度目标值相应的安全性和舒适性，是桥梁设计必须考虑的核心问题。

保证桥梁在高速条件下的安全性和舒适性，需要考虑各种相关因素，例如必须严格控制桥梁结构的变形，保持轨道持续稳定和高平顺性。高速铁路桥梁在各种荷载工况下的变形，将直接导致桥上轨道结构的变形，从而影响高速列车运行的安全与乘客乘坐的舒适。因此必须对桥梁墩台的水平刚度、基础的沉降变形、梁体竖向和横向位移、梁端转角、预应力混凝土梁的后期残余徐变变形等作严格的限定与控制，才能使线路轨道的平顺性保持在允许范围内。

3.2 计算方法

3.2.1 计算方法选择

在施工过程中，混凝土强度生成前，不具有结构功能，其重力由之前形成的结构承受。混凝土强度生成后，成为结构体系的一部分承受荷载。例如，最先浇筑的拱圈边箱底板和拱脚水平投影长度 45m 段中箱底板混凝土，在混凝土强度生成前，其重力由劲性骨架承担。该部分混凝土强度生成后，与钢管混凝土劲性骨架拱形成新的结构体系，共同承受其重力，以及下一施工步骤浇筑的拱脚水平投影长度 45m 段腹板和顶板混凝土的重力。循环往复，逐步形成完整的箱形拱圈结构。也就是说，在钢管混凝土劲性骨架逐步融入拱圈结构的过程中，荷载和结构都在不断改变，具有时变结构的力学特性，所以结构计算应采用应力叠加法。

应力叠加法就是考虑结构在形成过程中各个阶段的截面特性及荷载情况而分别计算其内力，然后在截面的相应纤维处进行应力叠加。应力叠加法考虑截面的形成过程，累计截面各点的应力值。应力叠加法考虑应力的累计历史，前一施工阶段的应力计算结果作为当前施工阶段结构的初始应力，再按照当前施工阶段的截面特性及新增荷载计算各组分的应力。即前一阶段施工的混凝土参与后一阶段的受力，在钢管混凝土劲性骨架和前一阶段施工的混凝土上存在应力累计，其分析结果能够反映结构实际受力状态。应力叠加法将施工过程看作一个由不完整结构向完整结构转变的连续过程，分析结果与施工方法密切相关，即相同的结构采用不同的施工方法和施工顺序，所得出的结果不同。

3.2.2 结构计算软件

结构计算采用 Midas 和 TDV 两套软件同步进行。

3.2.3 计算方法和计算模型

1）单元划分

Midas 软件采用板、梁组合的建模方式。钢管混凝土劲性骨架、墩、梁采用梁单元模拟，施工过程中使用的拉索采用索单元模拟，拱圈各箱室底板、腹板、顶板采用板单元模拟，拱圈拱脚实体段采用实体单元模拟。板单元通过与劲性骨架梁单元共节点实现共同受力。结构模型共建立节点 3767 个，梁单元 9130 个，板单元 2666 个，实体单元 16 个。模型如图 3.2.1 所示。

TDV 软件除施工过程中使用的拉索采用索单元模拟外，其余结构构件如钢管混凝土劲性骨架、拱圈外包混凝土、墩、梁等均采用梁单元模拟。外包混凝土单元与钢管混凝土劲性骨架梁单元通过刚接实现共同受力。结构模型共建立节点 4656 个，单元 15910 个。模型如图 3.2.2 所示。

图 3.2.1　北盘江大桥主桥 Midas 软件模型

图 3.2.2　北盘江大桥主桥 TDV 软件模型

2）边界条件

模型中拱脚按固结考虑，施工过程中拉索锚固在交界墩上，按固结处理。拉索对交界墩的影响另行单独计算。引桥部分各墩台底部固结，拱上墩与拱圈之间、墩梁之间均按刚性连接模拟。

3）施工阶段的荷载

混凝土湿重按照施工过程各阶段外包混凝土节段的重力换算为均布荷载加载在钢管混凝土劲性骨架弦管上，混凝土重度按 $26.5kN/m^3$ 计算。临时施工荷载（支架、模板）按每节段浇筑混凝土重量的 20% 计算。

钢管骨架节段吊装时的扣索，两岸各 10 对，20 束，全桥一共 20 对，40 束。拱脚水平投影长度 45m 段浇筑时的扣索，两岸各 9 对，36 束，全桥一共 18 对，72 束。

3.3　钢管混凝土劲性骨架检算

钢管混凝土劲性骨架外包混凝土后，由桁架结构逐步成为混凝土箱形结构的拱圈参与永久受力。对钢管混凝土劲性骨架的检算主要有两个阶段：第一个阶段为外包混凝土前，钢管混凝土劲性骨架拱具有独立结构的特点，若发生破坏后果非常严重。第二个阶段为外包混凝土并经历了混凝土长期收缩、徐变内力重分布之后，钢管混凝土劲性骨架拱成为组成拱圈混凝土的一部分，具有多向受约束结构的特点。

钢管混凝土劲性骨架外包混凝土之前，按《铁路桥梁钢结构设计规范》（TB 10091—2017）"容许应力法"进行检算，同时对钢管混凝土劲性骨架上、下弦也按照钢管混凝土结构组合构件进行承载能力检算。上、下弦钢管的容许应力，按《铁路桥梁钢结构设计规范》（TB 10091—2017）中"恒载+施工组合"进行取值，Q370钢材容许应力为$1.2 \times 220 = 264$MPa。钢管内C80混凝土容许应力值，参考《铁路桥涵混凝土结构设计规范》（TB 10092—2017），C60混凝土偏心受压时容许应力为20MPa，延伸推算出C80混凝土偏心受压时容许应力为26.67MPa。

钢管混凝土劲性骨架被混凝土包裹之后，腹杆及连接系杆件不需要再关注，重点考虑上、下弦钢管混凝土结构是否存在结构失效的风险。由于缺乏规范指引，设计从如下三个方面对该组合结构进行验算：

一是验算钢管及钢管内混凝土应力，验算时钢管最大应力限值取钢材的屈服强度，即370MPa。

二是验算钢管混凝土结构的承载能力，分别按《钢管混凝土结构技术规程》（CECS 28—2012）、《公路钢管混凝土拱梁设计规范》（JTG/T D65-06—2015）、英国BS5400规范进行检算。

三是按照钢管混凝土与外包混凝土形成的"组合柱"进行检算。为分析钢管混凝土初应力对混凝土拱承载力的影响，在北盘江大桥设计中，对钢管混凝土骨架外包混凝土后形成的矩形混凝土短柱进行了钢管无初应力时和有初应力时的对比试验和分析，详见第4章所述。

3.3.1 外包混凝土过程中劲性骨架应力及强度检算

1）应力检算

钢管混凝土劲性骨架上、下弦各弦管标识如图3.3.1所示。

拱圈半跨选取5个代表性截面和一个极值点截面，以图线形式显示各截面半边四肢钢管随施工过程的应力成长轨迹，如图3.3.2所示，应力符号以拉为"正"、压为"负"。

结构设计分析 第 3 章

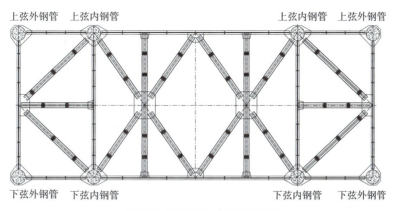

图 3.3.1 钢管混凝土各弦管标识图

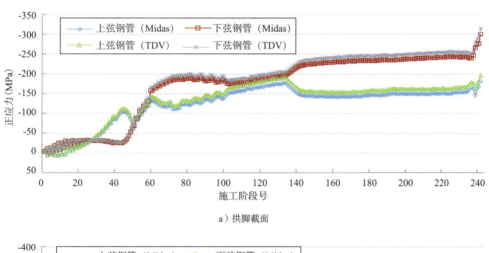

a）拱脚截面

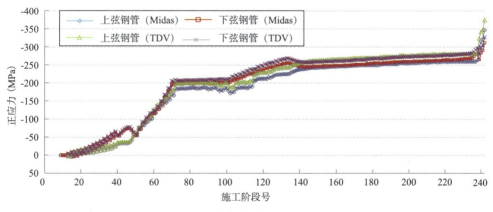

b）拱圈 $L/8$ 截面

图 3.3.2

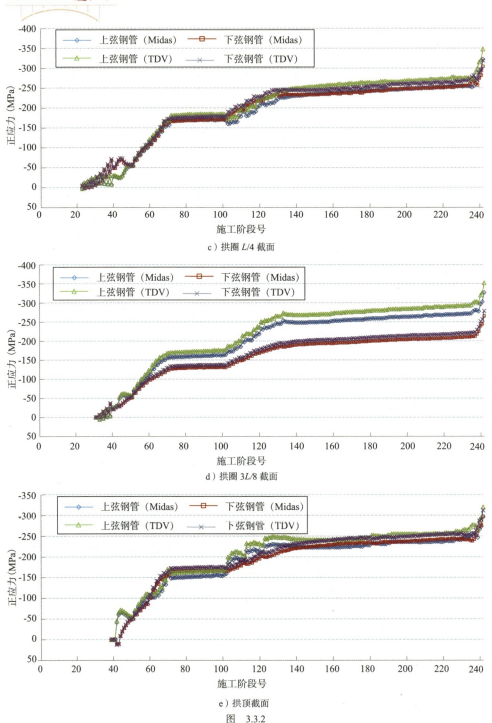

c）拱圈 L/4 截面

d）拱圈 3L/8 截面

e）拱顶截面

图 3.3.2

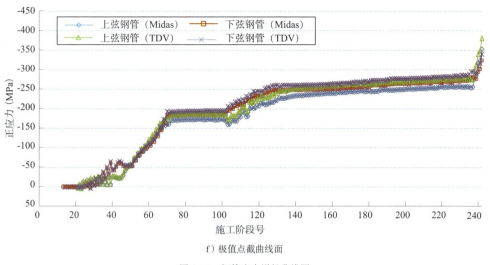

f）极值点截曲面

图 3.3.2　钢管应力增长曲线图

图 3.3.2 中，上弦钢管极值点截面出现在距拱顶 125.8m 处，下弦钢管极值点截面出现在距拱顶 99.6m 处。

拱圈半跨选取 5 个代表性截面和一个极值点截面，以图线形式显示各截面半边四肢钢管内混凝土随施工过程的应力成长轨迹，如图 3.3.3 所示，应力符号以拉为"正"、压为"负"。

图 3.3.3 中，上弦钢管极值点截面出现在距拱顶 125.8m 处，下弦钢管极值点截面出现在距拱顶 99.6m。

从图 3.3.2 和图 3.3.3 可以发现，随着施工过程的推进，各截面上、下弦钢管应力都呈稳步增加的趋势。除拱脚截面外，其余截面增长趋势及增长幅值基本相同，说明拱圈截面基本处于全截面受压状态，无较大的弯矩出现，表明拱轴线选择及施工工序安排基本合理。除拱脚截面外，钢管内混凝土应力随着施工过程的推进，经历了增长、稳步下降、快速增长到持续稳步增长四个阶段。其中稳步下降阶段发生在拱脚水平投影长度 45m 段箱形截面形成期间，由于斜拉扣索分担了较大的荷载所致。当扣索拆除时，钢管内混凝土应力又转入快速增长阶段。由于混凝土收缩、徐变的作用，在最后一个阶段，拱圈各截面上、下弦钢管应力明显增大，而钢管内混凝土应力明显减小。对于上、下弦钢管，采用 TDV 软件计算的钢管应力较采用 Midas 软件计算的结果略大，差值约 8%。对于钢管内混凝土，采用 TDV 软件计算的应力较采用 Midas 软件计算的结果略小。

对于钢管混凝土劲性骨架，无论是采用哪种软件，在拱脚处下弦钢管应力均较上弦钢管略大，在拱顶处上弦钢管应力均较下弦钢管略大，符合拱圈内力分布特性。成桥后钢管内混凝土最大应力为26MPa，三年收缩徐变后，应力减小为24MPa，均小于C80混凝土容许应力值，满足要求。混凝土包裹之前，钢管的最大应力为268MPa，出现在上弦。应力略超"恒载＋施工组合"下弦钢管容许应力（264MPa），超限比例仅为1.5%，满足要求。成桥三年后在恒载作用下，钢管最大应力为353MPa，小于Q370钢材屈服强度。

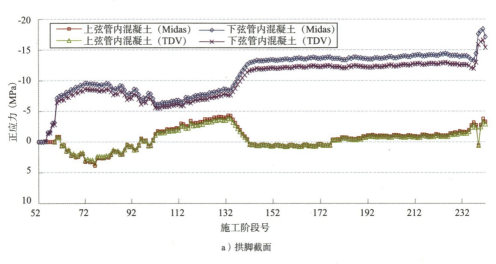

a）拱脚截面

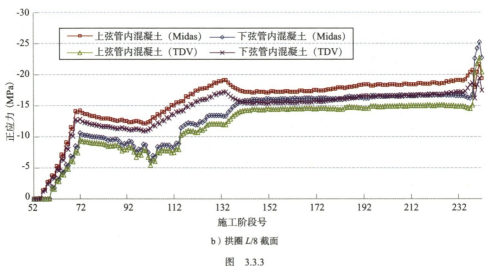

b）拱圈 $L/8$ 截面

图 3.3.3

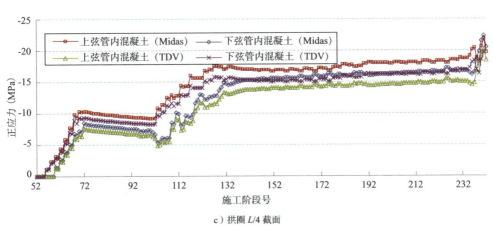

c）拱圈 $L/4$ 截面

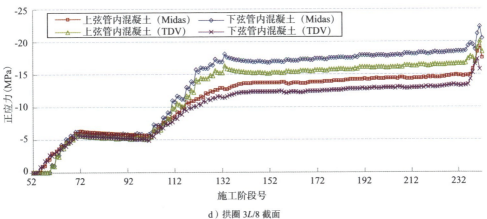

d）拱圈 $3L/8$ 截面

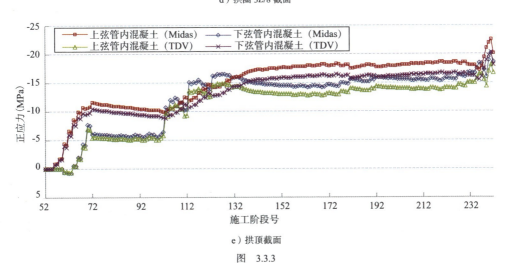

e）拱顶截面

图 3.3.3

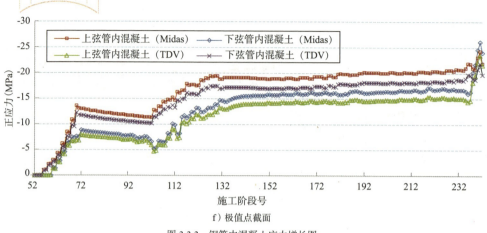

f）极值点截面

图 3.3.3 钢管内混凝土应力增长图

2）强度检算

拱圈外包混凝土过程中，钢管刚刚外包混凝土，在混凝土强度形成前的上、下弦杆件最大轴力为 20894kN，对应弯矩为 467kN·m，出现在拱圈 3/8 位置附近的上弦。弦管直径 750mm，壁厚 24mm，内填 C80 混凝土。依据《钢管混凝土结构技术规程》（CECS 28—2012）、《公路钢管混凝土拱梁设计规范》（JTG/T D65-06—2015）、英国 BS5400 规范所列的钢管混凝土构件的组合极限承载力计算公式，计算得到的承载力分别为：42624kN、28100kN 和 39624kN，安全系数分别为 2.04、1.34 和 1.90，如表 3.3.1 所示。《公路钢管混凝土拱梁设计规范》（JTG/T D65-06—2015）对钢管初应力、徐变及脱空率折减较多，计算得到的极限承载力最小，其次为英国 BS5400 规范，最大为《钢管混凝土结构技术规程》（CECS 28—2012）。通过检算，钢管混凝土劲性骨架上、下弦组合承载力均满足要求，并均具有一定的富余量。

劲性骨架钢管混凝土弦管组合强度检算表　　　　表 3.3.1

施工阶段	规范或指南	最大轴力（kN）	弯矩（kN·m）	极限承载力（kN）	安全系数
边箱成形（钢管全部被包裹）	钢管混凝土结构技术规程	20894	467	42624	2.04
	公路钢管混凝土拱梁设计规范			28100	1.34
	BS5400 规范			39624	1.90

钢管混凝土劲性骨架除主弦管外的杆件，按照《铁路桥梁钢结构设计规范》（TB 10091—2017）4.2.1 条和 4.2.2 条对其强度和稳定进行了检算，均满足规范要求。

从计算看，钢管混凝土劲性骨架斜腹杆应力最为控制，设计对该类杆件进行了加强。措施是在该杆件弱轴方向四肢角钢的翼缘位置焊接 8 根 $\phi 20$ 钢筋，增强弱轴刚度。同时边箱顶底板平连斜杆受力较大，在该杆件弱轴方向四肢角钢的翼缘位置焊接 4 根 $\phi 20$ 钢筋。

3.3.2 外包混凝土后钢管混凝土劲性骨架应力及强度检算

1）钢管及钢管内混凝土应力

主力组合下，拱圈各截面上、下弦钢管及钢管内混凝土应力如图 3.3.4、图 3.3.5 所示。

从图 3.3.4 和图 3.3.5 可以发现，主力组合下，两种软件计算的结果与施工阶段的趋势一致，钢管应力 TDV 软件计算的偏大，钢管内混凝土应力 Midas 软件计算的偏大。钢管的最大应力 365MPa，发生在上弦，小于钢材屈服强度。钢管内混凝土最大应力 26.5MPa，也发生在上弦。

主力+附加力组合下，拱圈各断面处上、下弦钢管及钢管内混凝土应力分别如图 3.3.6、图 3.3.7 所示。

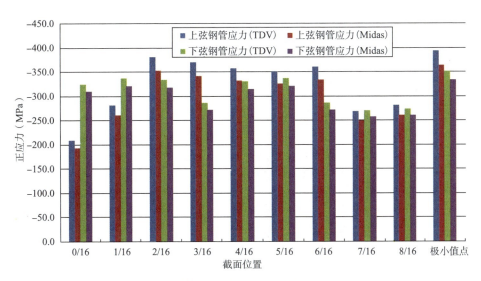

图 3.3.4 钢管最大压应力图

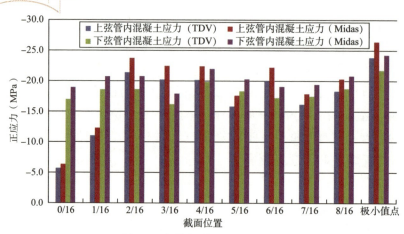

图 3.3.5 钢管内混凝土最大压应力图

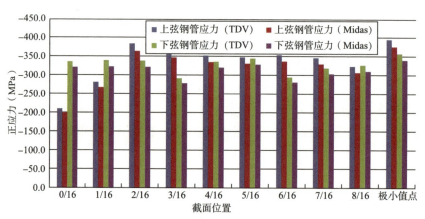

图 3.3.6 钢管最大压应力图

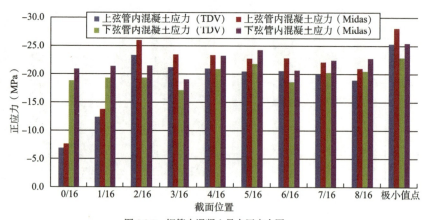

图 3.3.7 钢管内混凝土最大压应力图

从图 3.3.6 和图 3.3.7 可以发现，主力+附加力组合下，两种软件计算的结果与施工阶段的趋势一致，钢管应力 TDV 软件计算的偏大，钢管内混凝土应力 Midas 软件计算的偏大。钢管的最大应力 376MPa，发生在上弦，稍大于钢材屈服强度 370MPa。钢管内混凝土最大应力 28.2MPa，也发生在上弦。

2）钢管混凝土劲性骨架承载力检算

钢管混凝土劲性骨架在主力作用下的强度检算结果如表 3.3.2 所示。成桥后钢管混凝土弦管最大轴力 27269kN，弯矩 448kN·m。依据《钢管混凝土结构技术规程》（CECS 28—2012）、《公路钢管混凝土拱梁设计规范》（JTG/T D65-06—2015）、英国 BS5400 规范所列的钢管混凝土构件的组合极限承载力公式，计算得到的承载力分别为 43848kN、28907kN 和 39624kN，安全系数分别为 1.61、1.06 和 1.45。

钢管混凝土劲性骨架弦管组合强度检算表　　表 3.3.2

施工阶段	规范	最大轴力（kN）	弯矩（kN·m）	极限承载力（kN）	安全系数
运营阶段（主力）	钢管混凝土结构技术规程	27269	448	43848	1.61
	公路钢管混凝土拱梁设计规范			28907	1.06
	BS5400 规范			39624	1.45

3.4　拱圈截面应力检算

拱圈混凝土应力在外包过程中逐渐增加，按外包过程进行应力叠加计算。按容许应力法对拱圈混凝土应力进行考察，主要关注如下两个方面：一是在施工过程及最不利荷载组合下拱圈混凝土拉应力情况；二是在施工过程及最不利荷载组合下混凝土最大压应力是否超限。拱圈各板件组成如图 3.4.1 所示。

3.4.1　施工过程拱圈应力

在拱圈半跨选取 5 个代表性截面和一个极值点截面，分别以图线形式显示随施工过程的应力成长轨迹，应力符号以"拉"为正、"压"为负。

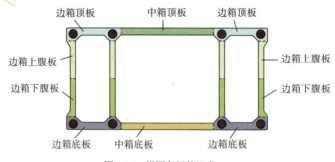

图 3.4.1 拱圈各板件组成

边箱底板应力增长轨迹如图 3.4.2 所示。

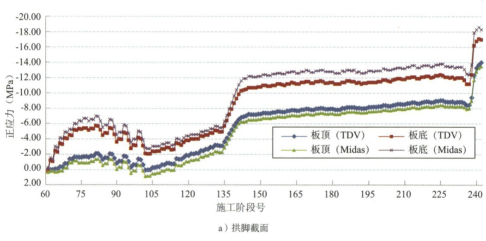

a）拱脚截面

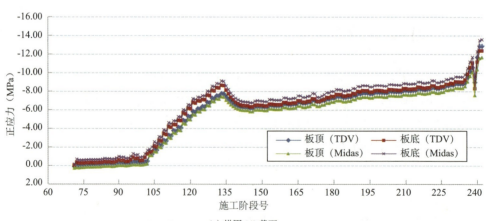

b）拱圈 1/8 截面

图 3.4.2

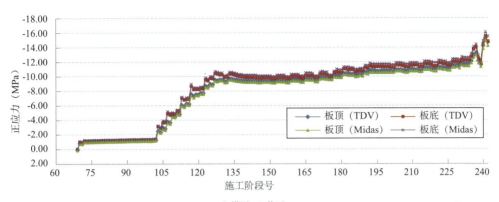

c）拱圈 1/4 截面

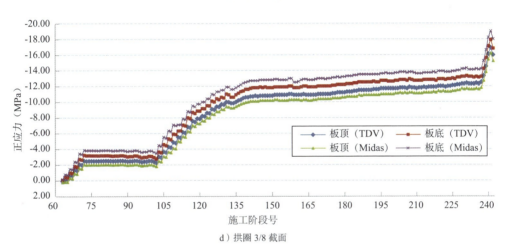

d）拱圈 3/8 截面

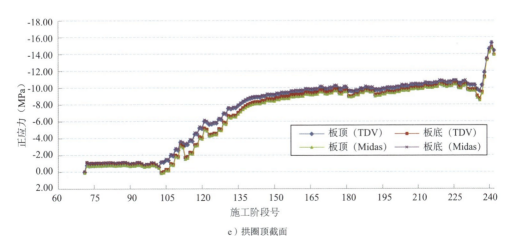

e）拱圈顶截面

图 3.4.2

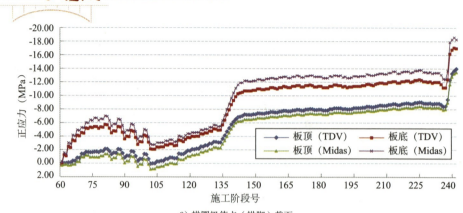

f）拱圈极值点（拱脚）截面

图 3.4.2　边箱底板混凝土应力增长图

3.4.2　施工过程中边箱底板应力

边箱下腹板应力增长轨迹如图 3.4.3 所示。

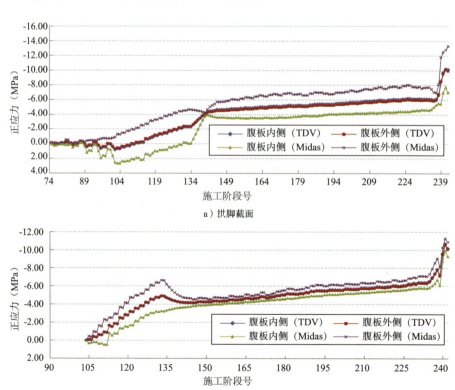

a）拱脚截面

b）拱圈 1/8 截面

图 3.4.3

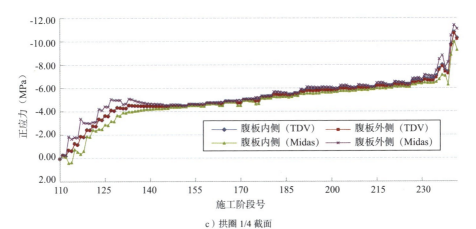

c）拱圈 1/4 截面

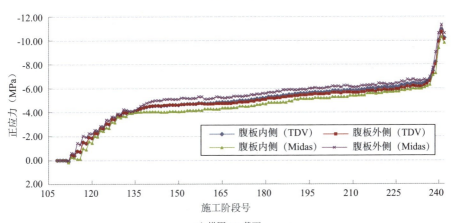

d）拱圈 3/8 截面

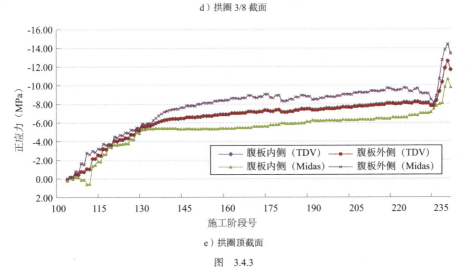

e）拱圈顶截面

图 3.4.3

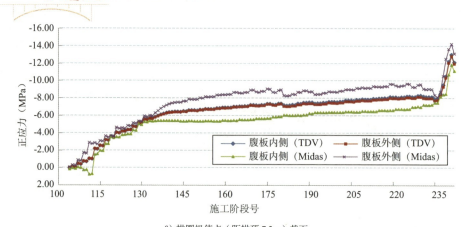

f）拱圈极值点（距拱顶7.3m）截面

图3.4.3 边箱下腹板混凝土应力增长图

边箱上腹板应力增长轨迹如图3.4.4所示。

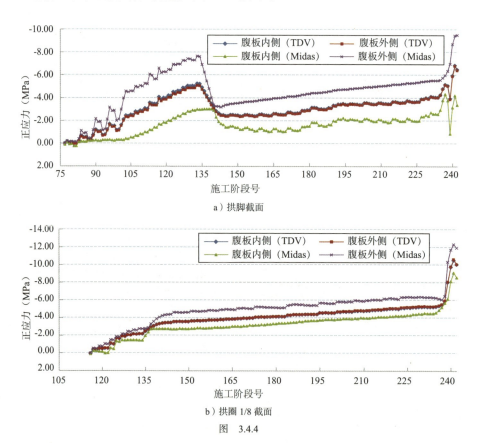

a）拱脚截面

b）拱圈1/8截面

图 3.4.4

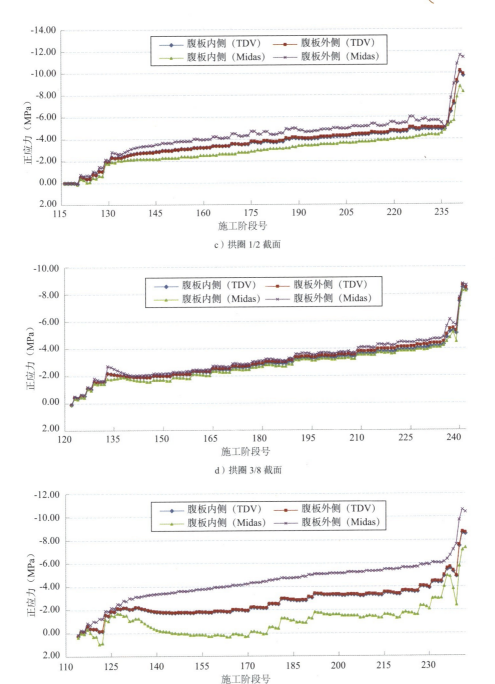

c）拱圈 1/2 截面

d）拱圈 3/8 截面

e）拱圈顶截面

图 3.4.4

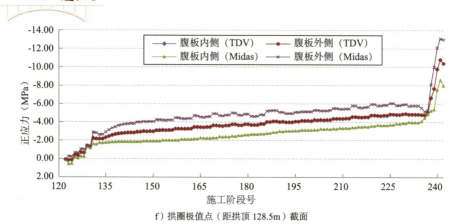

f）拱圈极值点（距拱顶128.5m）截面

图 3.4.4 边箱上腹板混凝土应力增长图

边箱顶板应力增长轨迹如图 3.4.5 所示。

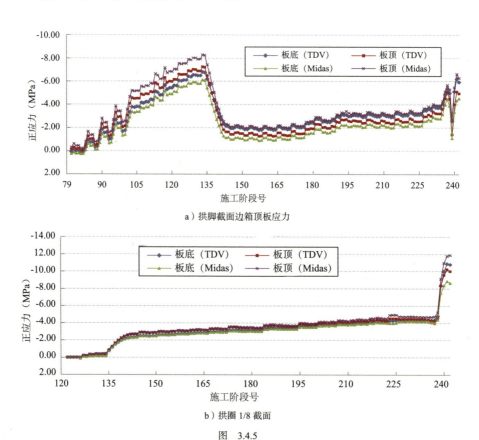

a）拱脚截面边箱顶板应力

b）拱圈 1/8 截面

图 3.4.5

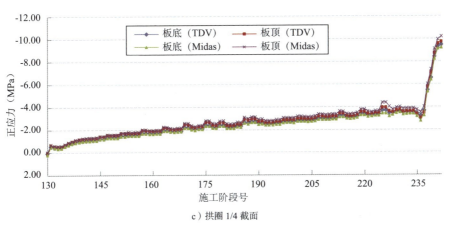

c) 拱圈 1/4 截面

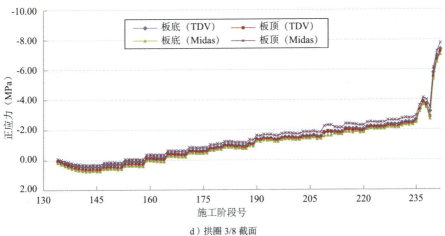

d) 拱圈 3/8 截面

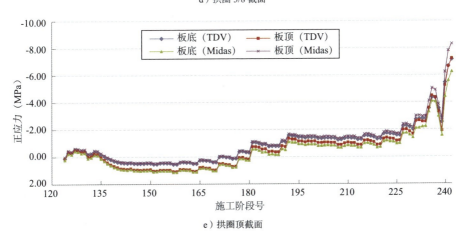

e) 拱圈顶截面

图 3.4.5

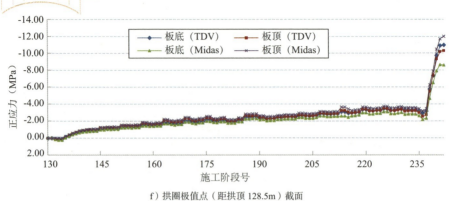

f）拱圈极值点（距拱顶 128.5m）截面

图 3.4.5 边箱顶板混凝土应力增长图

中箱底板应力增长轨迹如图 3.4.6 所示。

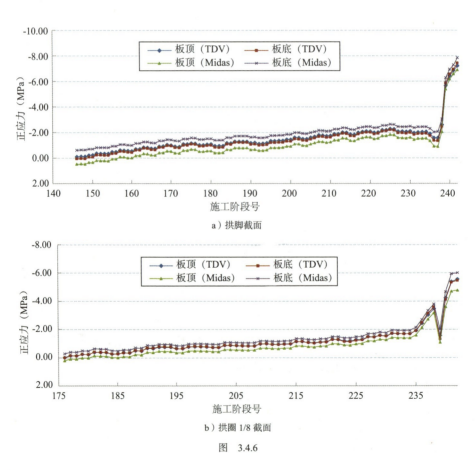

a）拱脚截面

b）拱圈 1/8 截面

图 3.4.6

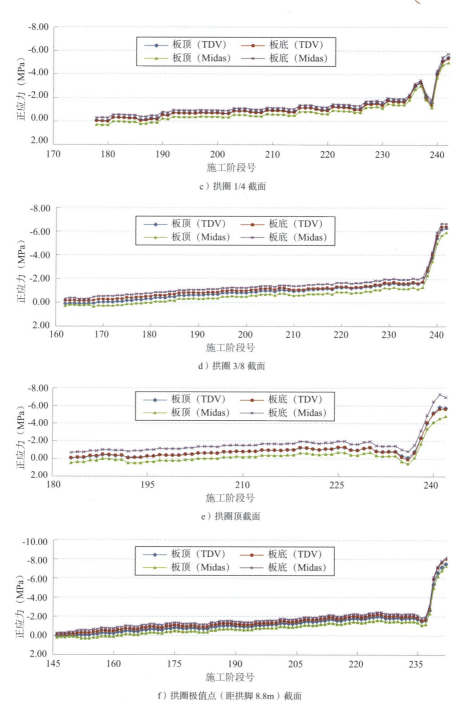

c）拱圈 1/4 截面

d）拱圈 3/8 截面

e）拱圈顶截面

f）拱圈极值点（距拱脚 8.8m）截面

图 3.4.6 中箱底板混凝土应力增长图

中箱顶板应力增长轨迹如图 3.4.7 所示。

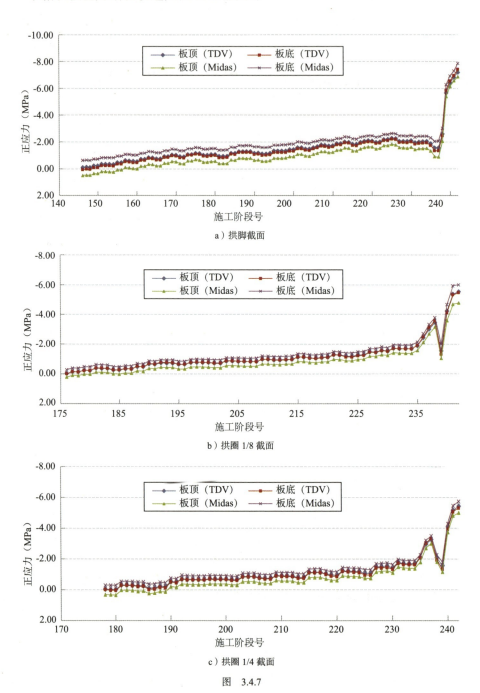

a）拱脚截面

b）拱圈 1/8 截面

c）拱圈 1/4 截面

图 3.4.7

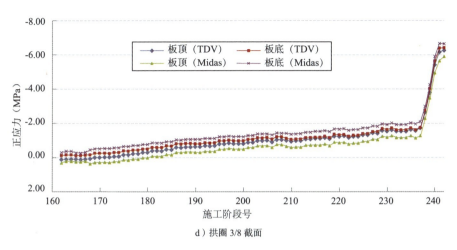

d）拱圈 3/8 截面

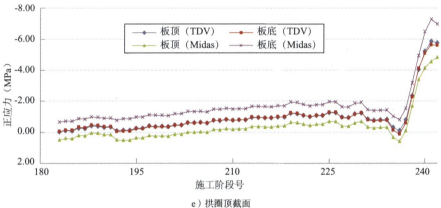

e）拱圈顶截面

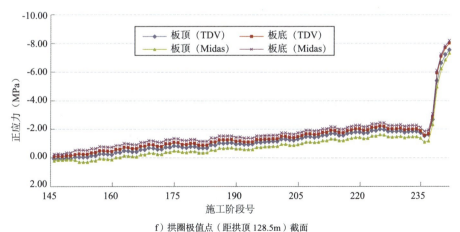

f）拱圈极值点（距拱顶 128.5m）截面

图 3.4.7 中箱底板混凝土应力增长图

从图 3.4.2~图 3.4.7 可以看出，无论是采用哪种软件，随着工序的推移，荷载效应的逐步累积，先形成的结构要承受更多的荷载，应力水平相应较高，因此最先形成的边箱顶底板的应力水平较中箱要高。对于分环形成的边（中）箱的顶、底、腹板，Midas 软件中采用板元的模拟方式，TDV 软件采用梁元模拟的方式。不同的模拟方式导致计算结果出现一定的差异，板元结果比梁元结果大约 10% 左右。造成结果差异的原因有多种因素，如板元应力集中，收缩徐变计算方法不同和模拟的高次冗余约束等。在混凝土收缩、徐变的效应作用下，先形成的结构，如边箱底、腹、顶板，在三年收缩徐变期间应力呈现出明显的减小趋势，而后形成的结构如中箱顶板呈现出增大的趋势。除拱脚断面外，无论是边箱还是中箱，在拱圈全部合龙前，顶底板应力都呈现稳步增大的趋势，说明分环分面施工方案较为合理。拱圈合龙后，随着上部结构的施工，拱圈全断面应力经历了快速增大的过程。成桥后三年，边箱拱脚底板最大应力 18.3MPa，边箱拱顶底板最大应力 14.4MPa，中箱拱脚顶板最小应力储备为 1.69MPa，中箱拱顶顶板最小应力储备为 3.4MPa，没有出现拉应力。在混凝土外包过程中，各截面的箱板均不同程度出现拉应力，拉应力值均小于 1.0MPa，没有超过混凝土抗拉强度，随着外包的不断推进，拉应力均逐渐减小或消失。

3.4.3 成桥后拱圈应力

主力组合下拱圈边箱顶（底）板和中箱顶（底）板最大及最小压应力分别如图 3.4.8、图 3.4.9 所示。

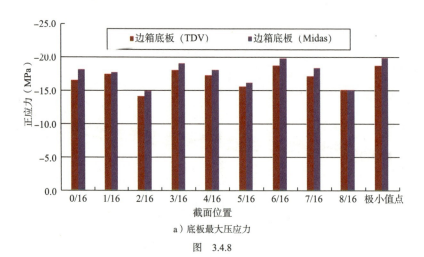

a）底板最大压应力

图 3.4.8

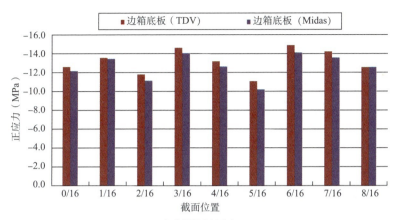

b）底板最小压应力

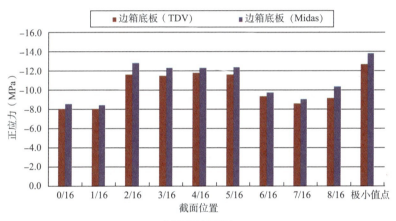

c）顶板最大压应力

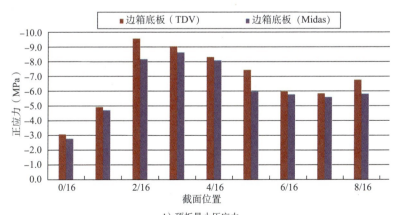

d）顶板最小压应力

图 3.4.8　主力组合下边箱混凝土应力

a）底板最大压应力

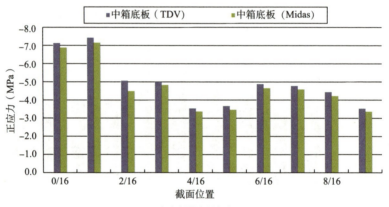

b）底板最小压应力

c）顶板最大压应力

图 3.4.9

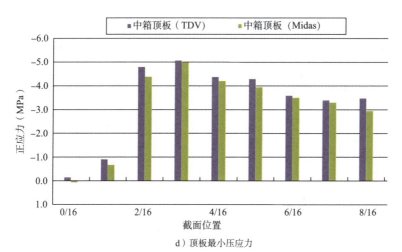

d)顶板最小压应力

图 3.4.9　主力组合下中箱混凝土应力

从图 3.4.8 和图 3.4.9 中可以发现，两种软件运营阶段的计算结果与施工阶段的计算结果趋势相同，均是 Midas 软件计算的混凝土应力较大。在主力作用下：最大压应力出现在边箱拱脚部位，为 19.5MPa。最大拉应力出现在中箱顶板，为 0.1MPa。均小于规范容许值。

主力+附加力组合下拱圈边箱顶（底）板和中箱顶（底）板最大及最小应力如图 3.4.10、图 3.4.11 所示。

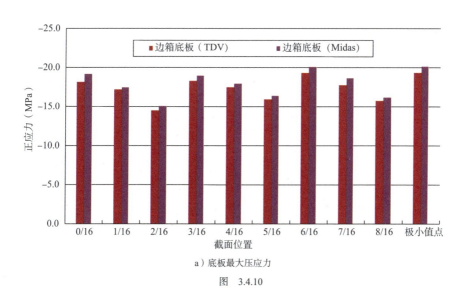

a)底板最大压应力

图　3.4.10

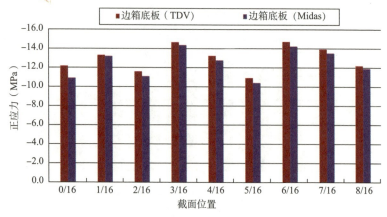

b）底板最小压应力

c）顶板最大压应力

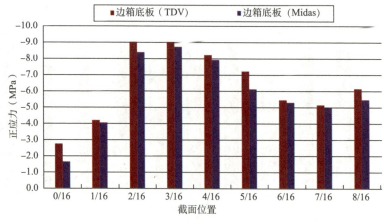

d）顶板最小压应力

图 3.4.10　主力＋附加力组合下边箱混凝土应力

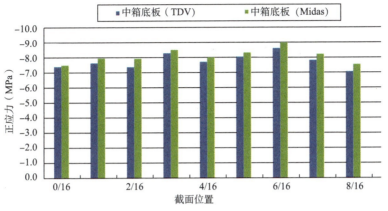

a) 底板最大压应力

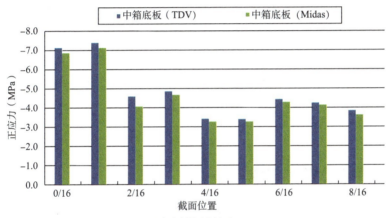

b) 底板最小压应力

c) 顶板最大压应力

图 3.4.11

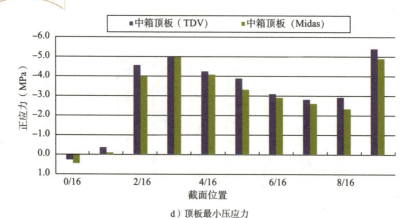

d）顶板最小压应力

图 3.4.11　主力+附加力组合下中箱混凝土应力

从图 3.4.10 和图 3.4.11 可以看出，两种软件运营阶段的计算结果与施工阶段的计算结果趋势相同，均是 Midas 软件计算的混凝土应力较大。最大压应力出现在边箱拱脚部位，为 20.6MPa，最大拉应力出现在中箱顶板，为 0.5MPa，均小于规范容许值。

3.5　桥梁变形及相关检算

3.5.1　施工全过程的桥梁变形

施工过程中拱圈变形随着外包混凝土体量不断增大，挠度也逐渐增大，外包混凝土浇筑完毕拱圈成型时，拱顶最大挠度 384.5mm（Midas 软件计算结果）。施工过程主要施工步骤的拱顶挠度如表 3.5.1 所示。

施工过程施工步骤的拱顶挠度值　　　　表 3.5.1

施工工况	拱顶挠度(mm)	
	Midas 计算值	TDV 计算值
劲性骨架最大悬臂	0.6	0.6
劲性骨架合龙	13.3	13.2
钢管内混凝土灌注完成	−111.7	−108.3

续上表

施工工况	拱顶挠度(mm)	
	Midas 计算值	TDV 计算值
拱圈边箱底板混凝土浇筑完成	-168.4	-176.8
拱圈边箱混凝土全断面外包段浇筑完成	-195.4	-211.0
拱圈边箱腹板混凝土浇筑完成	-325.7	-355.0
拱圈边箱顶板混凝土浇筑完成,边箱全部形成	-332.5	-359.1
拱圈中箱底板混凝土浇筑完成	-353.2	-374.4
拱圈中箱顶板混凝土浇筑完成,拱圈全部形成	-384.5	-403.7
拱上结构施工完毕	-419.3	-440.3
二期恒载施工完毕	-439	-461.0

拱圈各截面变形增长轨迹如图 3.5.1 所示,位移以向上为正,向下为负。

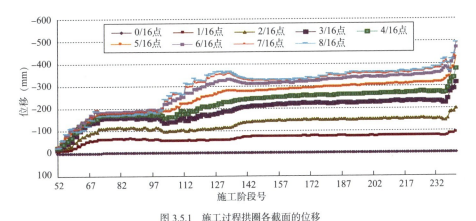

图 3.5.1 施工过程拱圈各截面的位移

3.5.2 桥梁竖向变形及评价

《高速铁路设计规范》(TB 10621—2014)对桥梁竖向变形控制主要有两个方面,一是活载作用下桥梁竖向变形(活载挠度)的控制,该变形其实是桥梁竖向刚度的指标值,梁部设计必须满足。二是针对桥梁不可恢复塑性变形的控制,例如墩台沉降、梁的残余徐变变形等,这些变形一旦过大会影响桥上线路的平顺度，必须严格控制。

相对于悬索桥和斜拉桥等柔性结构，大跨度混凝土拱桥的竖向刚度相对容易满足，困难的是如何控制桥梁的收缩徐变等塑性变形以及温度变形。《高速铁路设计规范》（TB 10621—2014）对残余徐变变形的规定仅针对常用跨度梁，不能简单延伸到大跨度桥梁。需要通过分析，找到大跨度混凝土拱桥科学合理的控制指标或评价方法。

需要注意的是，大跨度混凝土拱桥除由于拱圈压应力水平高，徐变变形较大外，体系温度变化，也会引起较大的拱圈变形。虽然温度变化引起的拱圈变形是可恢复的变形，但过程缓慢，且重复发生。这些变形是否影响线路平顺性乃至影响行车性能，需要重点关注。

下面以高速铁路线路竖向平顺性要求为切入点，结合北盘江大桥的特点，通过数值分析，以得出大跨度上承式混凝土拱桥竖向变形的简便评价方法。

1）桥梁竖向变形

上承式混凝土拱桥结构体系由拱圈、拱上墩柱和梁部构成，如图 3.5.2 所示。主桥结构体系由主拱圈、墩柱、主桥梁部组成。主桥梁部荷载（包括列车荷载）通过拱上的墩柱传递至主拱圈，再通过主拱圈主要以压力的形式传递至两岸的拱座，并最终传递至两岸的岩石地基。

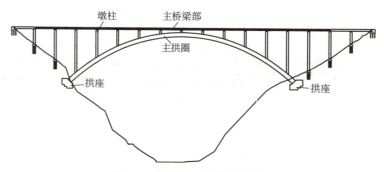

图 3.5.2 典型的上承式拱桥结构体系

对高速铁路桥梁，竖向变形主要源自列车的竖向力，以及主拱圈混凝土残余收缩徐变（轨道铺设完成后）和系统温度的作用。桥梁的竖向变形大小与桥梁的竖向刚度有关，但并不只与刚度有关，例如竖向位移中占比较大的温度变形就与桥梁竖向刚度无关。因此，仅从结构刚度入手进行分析，无法得到合理的竖向变形控制方法。

虽然北盘江大桥跨度超过了《高速铁路设计规范》（TB 10621—2014）的适用范围，但以保持轨道持续稳定和高平顺性为抓手，从满足线路对最小竖曲线半径 R_0 相对应的曲率控制为切入点，分析大跨度混凝土拱桥竖向变形的控制方法，可以发现，高速铁路桥梁不可恢复的塑性变形，实质上是对高速铁路线路形态的改变。

对于大跨度混凝土拱桥，引起桥面竖向变形的主要因素为列车荷载、混凝土残余收缩徐变及温度的作用。根据计算，列车荷载引起的桥面的竖向变形有上拱和下挠，且上拱、下挠幅值相同。系统温度作用引起的桥面竖向变形也有上拱和下挠，相同升降温的幅值下，其上拱、下挠幅值也相同。而混凝土拱圈在受压状态下，由混凝土残余收缩徐变引起的桥面竖向变形为单一方向，即残余徐变引起拱圈长度缩短，从而使桥面下挠，且残余徐变的下挠占全桥竖向变形的比重较大，如图 3.5.3 所示。

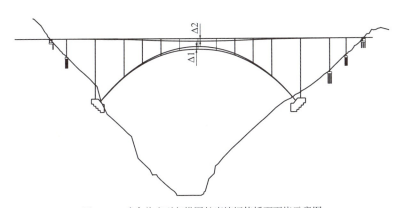

图 3.5.3　残余徐变引起拱圈长度缩短使桥面下挠示意图

叠加以上三种荷载效应后，桥面下挠的幅值大于上拱幅值，因此，桥面的下挠变形曲线的曲率更小，对线路平顺性影响更大。

在拱圈收缩、徐变及系统温度变化联合作用下，桥面将产生上拱和下挠，如图 3.5.4 中曲线 X1、X2、X3。我们把收缩、徐变及温度变化联合作用下的桥面线形曲线称为"无车状态桥面线形曲线"。当列车通过大桥时发生桥梁变形，我们把活载、收缩徐变及温度变化联合作用下的桥面线形曲线称为"有车状态桥面线形曲线 X"。由于"有车状态桥面曲线 X"更加符合实际，所以我们把"有车状态桥面曲线 X"作为考察和评价对象。

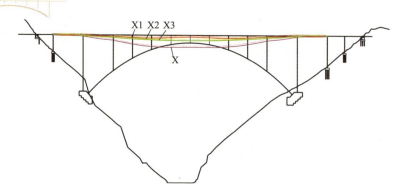

图 3.5.4 北盘江大桥立面图及竖向变形示意图

在列车活载、主拱残余收缩徐变及系统温度联合作用下，桥面竖向下挠变形大致呈中间大、两头小的锅底状的平滑曲线 $\Delta(x)$。

考虑桥梁竖向下挠变形的影响，线路的实际线形为：

$$S(x) = S_0(x) + \Delta(x) \quad (3.5.1)$$

式中，$S_0(x)$ 为桥面初始线形，可由线路纵断面设计直接获取，$\Delta(x)$ 为在活载、系统温度变化及主拱收缩徐变联合作用下桥面竖向下挠变形曲线，可由理论推导获得，也可通过实测关键节点位移后进行曲线拟合获得。

桥梁发生竖向变形，实质上就是改变了桥上线路的形态，从而影响行车平稳度。为了保证轨道线路的高平顺性，《高速铁路设计规范》(TB 10621—2014) 对线路的最小竖曲线半径 R_0 做出了要求。在设计行车速度 350km/h 和 300km/h 标准下，线路最小竖曲线半径为 $R_0=25000$m。在设计行车速度 250km/h 标准下，线路最小竖曲线半径为 $R_0=20000$m。桥梁发生竖向变形，实质上就是改变了桥上轨道线路的形态，或是在原先平坡的桥梁上增加竖曲线，或是改变了原先线路的竖曲线半径大小。

由上述分析可知，如果有车状态桥面线形曲线最小半径大于规范所规定的最小竖曲线半径 R_0，可认为该桥面变形幅值不影响行车。如果有车状态桥面线形曲线最小半径小于规范所规定的最小竖曲线半径 R_0，则认为该桥面变形幅值有可能影响行车，见图 3.3.5。

桥面的竖向下挠变形由多因素导致，变形曲线 $\Delta(x)$ 构成复杂，很难找到解析公式，可采用桥面关键节点位移曲线拟合获得。曲线拟合推荐采用分段式三次样条曲线，对于两个相邻关键点 S_i 与 S_{i+1} 间的任意点坐标可以用三次曲线来描述。

$$S_i(x) = a_{i0} + a_{i1}x + a_{i2}x^2 + a_{i3}x^3 \quad (i = 0,1,\cdots\cdots,n-1) \qquad (3.5.2)$$

式中，$a_1 \sim a_3$ 为常数，n 为关键节点的数目，对于插值全范围共有 $4n$ 个待定系数。

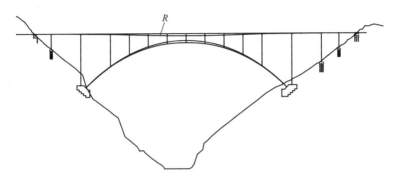

图 3.5.5　竖向变形与桥面线形曲线半径示意图

对于插值表达式（3.5.2）应满足插值条件，即：

$$S(x_i) = f(x_i) \quad (i = 0,1,\cdots\cdots,n-1) \qquad (3.5.3)$$

同时，为了满足不同分片之间的函数值，一阶与二阶导数的连续性，则应满足：

$$\begin{aligned} S(x_i - 0) &= S(x_i + 0) \\ S'(x_i - 0) &= S'(x_i + 0) \quad (i = 0,1,\cdots\cdots,n-1) \\ S''(x_i - 0) &= S''(x_i + 0) \end{aligned} \qquad (3.5.4)$$

由式（3.5.3）与式（3.5.4）共可确定（$4n-2$）个方程，为确定式（3.5.2）中的 $4n$ 个待定系数还需要在曲线两端（$x = x_0$ 与 $x = x_n$）各加一个边界条件。这里，通过扩大桥面线路范围，来给定两端点的二阶导数值。由此，可以确定式（3.5.2）中的 $4n$ 个待定系数。

对于桥面线路的任意一点，可以得到其一阶与二阶导数：

$$S_i'(x) = a_{i1} + 2a_{i2}x + 3a_{i3}x^2 \quad (i = 0,1,\cdots\cdots,n-1) \qquad (3.5.5)$$

$$S_i''(x) = 2a_{i2} + 6a_{i3}x \quad (i = 0,1,\cdots\cdots,n-1) \qquad (3.5.6)$$

由此，线路各点的曲率半径可以写为：

$$R(x) = \frac{[1 + S'(x)^2]^{\frac{3}{2}}}{|S''(x)|} \qquad (3.5.7)$$

求解曲线半径极小值 R，与线路允许最小竖曲线半径 R_0 进行比较，若：

$$R \geq R_0 \qquad (3.5.8)$$

则表明桥面竖向变形满足线路竖曲线半径要求，也就满足了列车高速行驶的安全性和舒适性要求。

2）竖向变形评价

以桥面水平纵向为 X 轴，竖向为 Y 轴，坐标原点选择在拱顶（拱上 5 号墩）处。根据结构计算得到的桥面竖向变形值（为整体降温变形、长期收缩徐变变形、满布静荷载变形的最不利叠加），选取拱上连续梁各跨支点（桥墩位置）及跨中为位移特征点，表 3.5.2 列出了北盘江大桥主桥两岸交界墩之间各主要位移特征点竖向下挠和曲线拟合的分段情况。

主桥两岸交界墩之间桥面各主要位移特征点及竖向位移值　　　表 3.5.2

曲线段编号	位移特征点	桥面坐标（m）	桥面竖向位移（mm）
1	2 号交界墩 T 构梁左侧	−234	−24.9
2	2 号交界墩 T 构梁拱上跨中	−201	−61.4
3	拱上 1 号墩	−168	−83.2
4	连续梁第 1 跨跨中	−147	−109.8
5	拱上 2 号墩	−126	−134.5
6	连续梁第 2 跨跨中	−105	−158.0
7	拱上 3 号墩	−84	−177.0
8	连续梁第 3 跨跨中	−63	−196.0
9	拱上 4 号墩	−42	−206.2
10	连续梁第 4 跨跨中	−21	−215.4
11	拱上 5 号墩（拱顶）	0	−216.6
12	连续梁第 5 跨跨中	21	−214.8
13	拱上 6 号墩	42	−206.1
14	连续梁第 6 跨跨中	63	−195.8
15	拱上 7 号墩	84	−176.7

续上表

曲线段编号	位移特征点	桥面坐标(m)	桥面竖向位移(mm)
15	连续梁第7跨跨中	105	−157.7
16	拱上8号墩	126	−134.2
17	连续梁第8跨跨中	147	−109.6
18	拱上9号墩	168	−83.0
19	3号交界墩T构梁拱上跨中	201	−60.9
20	3号交界墩右侧	234	−24.9

由于北盘江大桥在无挠曲时设计为直线平坡，即 $S_0(x)=0$，根据以上位移特征点挠度值，进行曲线拟合，获得各特征点间三次样条曲线的分项系数，如表3.5.3所示。

各特征点间三次样条曲线的分项系数　　　　表3.5.3

曲线分段 i	a_{i0}	a_{i1}	a_{i2}	a_{i3}
1	-2.49×10^{-2}	-9.60×10^{-4}	-1.68×10^{-5}	3.78×10^{-7}
2	-6.14×10^{-2}	-8.40×10^{-4}	2.06×10^{-5}	-4.62×10^{-7}
3	-8.32×10^{-2}	-9.90×10^{-4}	-2.51×10^{-5}	5.62×10^{-7}
4	-1.10×10^{-1}	-1.30×10^{-3}	1.03×10^{-5}	-2.12×10^{-7}
5	-1.33×10^{-1}	-1.15×10^{-3}	-3.09×10^{-6}	2.11×10^{-7}
6	-1.58×10^{-1}	-1.00×10^{-3}	1.02×10^{-6}	-2.76×10^{-7}
7	-1.77×10^{-1}	-9.30×10^{-4}	-7.18×10^{-6}	4.07×10^{-7}
8	-1.96×10^{-1}	-7.00×10^{-4}	1.85×10^{-5}	-4.03×10^{-7}
9	-2.06×10^{-1}	-4.50×10^{-4}	-6.89×10^{-6}	3.62×10^{-7}
10	-2.15×10^{-1}	-2.60×10^{-4}	1.59×10^{-5}	-2.88×10^{-7}
11	-2.17×10^{-1}	2.23×10^{-5}	-2.27×10^{-5}	2.52×10^{-7}
12	-2.15×10^{-1}	2.60×10^{-4}	1.36×10^{-5}	-2.98×10^{-7}

续上表

曲线分段 i	a_{i0}	a_{i1}	a_{i2}	a_{i3}
13	-2.06×10^{-1}	4.37×10^{-4}	-5.20×10^{-6}	3.70×10^{-7}
14	-1.96×10^{-1}	7.07×10^{-4}	1.81×10^{-5}	-4.02×10^{-7}
15	-1.78×10^{-1}	9.34×10^{-4}	-7.26×10^{-6}	2.79×10^{-7}
16	-1.58×10^{-1}	9.98×10^{-4}	1.03×10^{-5}	-2.16×10^{-7}
17	-1.34×10^{-1}	1.15×10^{-3}	-3.31×10^{-6}	2.18×10^{-7}
18	-1.10×10^{-1}	1.29×10^{-3}	1.04×10^{-5}	-5.58×10^{-7}
19	-8.30×10^{-2}	9.93×10^{-4}	-2.47×10^{-5}	4.53×10^{-7}
20	-6.09×10^{-2}	8.39×10^{-4}	2.01×10^{-5}	-3.77×10^{-7}
21	-2.49×10^{-2}	9.32×10^{-4}	-1.73×10^{-5}	9.06×10^{-8}

对应的桥面竖向变形曲线如图3.5.6所示。

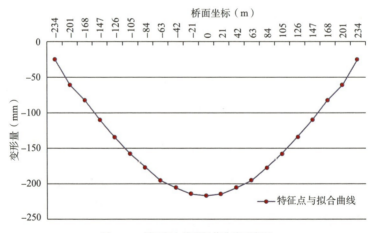

图3.5.6 桥面竖向线形插值曲线示意图

将式（3.5.5）和式（3.5.6）代入式（3.5.7），计算桥面线形曲线任意一点的曲率半径，得到最小曲率半径为28935m，出现在第2段和第19段曲线上。可见即使在最不利的变形条件下，桥面线形曲线的最小曲率半径也大于设计行车速度350km/h轨道线路最小竖曲线半径25000m，由此认为桥面竖向变形对线路平顺性影响很小，不会对列车高速运行的安全性和舒适性造成影响。

北盘江大桥于 2016 年 8 月开始联调联试试运营，2016 年 12 月正式运营，初期运营速度 300km/h，测试期间列车最高行车速度达到 330km/h，列车各项动力及舒适性参数均满足要求，列车运行平稳。说明这一借鉴线路竖向曲率半径的控制条件，以桥面竖向变形曲线最小曲率半径评价桥梁竖向位移是否超限的方法在解决大跨度上承式混凝土拱桥竖向变形控制时切实可行。解决了工程设计的难题，使该类桥梁的结构设计更为简单、合理。这一方法对其他类型的大跨度高速铁路桥梁控制竖向变形也具有借鉴价值。

3.5.3 桥梁横向变形及评价

1）横向变形

在列车离心力、摇摆力、横向风力及侧向日照作用下，桥梁会发生横向变形。桥梁横向变形与桥梁横向刚度有关，但不仅仅与横向刚度有关。例如温度作用中的侧向日照引起结构横向温差所导致的横向变形就不能简单通过调整横向刚度来控制，且其在横向变形中所占比例常常较大。由于桥梁横向变形产生机理复杂，目前铁路桥梁规范对桥梁横向位移的规定只限于对梁式桥桥墩和梁部，其他类型桥梁缺乏规定，常常导致设计缺乏依据。

北盘江大桥跨度大，在最不利作用组合下，跨中横向变形超过 100mm。为了对横向变形进行科学控制，需要对评价方法进行分析。

北盘江大桥是较为典型的上承式高速铁路拱桥，其结构形式和横向变形示意如图 3.5.7 所示。拱上梁部全连续，全桥梁部由三联组成。中间为 12 跨一联的刚构－连续梁，两侧引桥分别是 1 跨简支梁和 2 跨连续梁，之间有两道梁缝。

主桥梁部荷载（包括列车荷载）从拱上墩柱传至拱圈，再从拱圈主要以压力的形式传至两岸拱座基础，最终传至岩石地基。对高速铁路桥梁来讲，桥梁的横向变形主要由列车的离心力、摇摆力、风力及温度作用所引起。由于桥梁的横向变形不仅仅与桥梁的横向刚度有关，如果从桥梁刚度入手研究，难以得出合理的结果。实际上，对桥梁横向变形的评价，实质上是对桥梁保持横向线形能力的评价，而不是仅仅是对桥梁横向刚度值的控制。对长联桥梁的横向刚度评价，需要依据横向自振频率及车桥耦合综合分析来判断。

保证高速铁路上列车高速平稳运行，除了在车辆上采用大量的减振技术外，保持轨道高平顺性最为重要。《高速铁路设计规范》（TB 10621—2014）没有对桥梁横向位移做出具体规定，但是对影响轨道横向平顺性的"横向梁端折角"做出了限定，如图 3.5.8 所示。因而，也需要从梁端水平折角来判断。

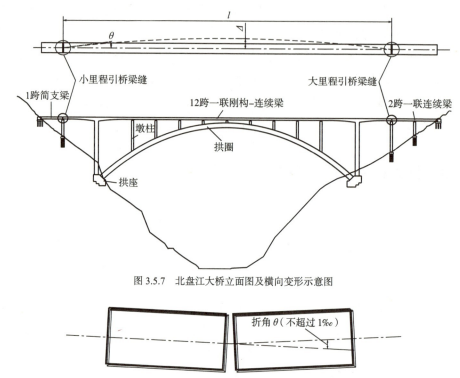

图 3.5.7　北盘江大桥立面图及横向变形示意图

图 3.5.8　横向梁端水平折角示意

对于刚度较大的大跨度拱桥来讲，列车横向摇摆力对桥梁产生的横向位移非常小，基本可以忽略其影响。引起梁部发生横向变形的荷载因素主要为列车离心力、风力及温度的作用。位于曲线上的大跨度高速铁路桥梁，由于曲线半径大、曲线长，主桥范围一般只含有一条平曲线。因而在离心力作用下只会使主桥整体向一侧位移（或左侧或右侧）。在风力作用下，由于风向的一致性，也只会使桥梁整体向一侧位移。温度作用引起的桥梁横向变形，一般由侧向日照使桥梁结构产生横向温差所引起，由于侧向日照也具有一致性，所以温度作用下的桥梁横向变形也只会使桥梁整体向一侧位移。

基于上述分析，在列车离心力、风力及温度作用下，最不利的情况是三种位移都朝向一个方向，横向位移最大值就是这三种位移之和。以小里程梁缝为例，梁端转动趋势如图 3.5.9 所示。

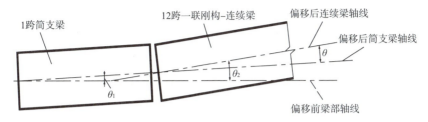

图 3.5.9　拱桥梁缝处梁端转动趋势图示意

在图 3.5.9 中，引桥梁端横向转动净值为 θ_1，拱上刚构－连续梁梁端横向转动净值为 θ_2，梁端折角为 $\theta=|\theta_2-\theta_1|$，按《高速铁路设计规范》（TB 10621—2014）要求：$\theta=|\theta_2-\theta_1|$ 必须小于或等于 0.001rad。由于桥梁在列车离心力、风力及温度作用下，发生最大位移时为三者偏向一致，因此 θ_2、θ_1 必然同号，所以如果 $\theta_2\leqslant 0.001$rad，梁端折角 $\theta=|\theta_2-\theta_1|$ 必然也 $\leqslant 0.001$rad。即拱上梁体横向位移导致的梁端转角 θ_2 若小于 0.001，梁端折角即满足要求。

主桥梁部横向变形由多因素导致，曲线线型复杂且很难找到解析公式。经研究，梁部横向外荷载与桥墩反向约束作用的合力与均布荷载较为接近，而且简支梁的梁端转角对挠曲变形较为敏感，采用均布荷载作用下的等刚度简支梁挠曲线模拟桥面横向变形较为合理，也偏于安全。均布荷载作用下简支梁挠度曲线上各位置的挠度 ω、端部转角值 θ 的计算公式如下：

$$\omega=\frac{qx}{24EI}(l^3-2lx^2+x^3) \qquad (3.5.9)$$

$$\theta=\frac{ql^3}{24EI} \qquad (3.5.10)$$

拱桥的跨中位置 $x=l/2$，则跨中挠度 Δ 为：

$$\Delta=\frac{ql^4}{384EI}=\frac{ql^3}{24EI}\cdot\frac{5l}{16}=\frac{5l}{16}\theta \qquad (3.5.11)$$

由 $\theta\leqslant 0.001$，可得：

$$\Delta\leqslant\frac{5l}{16}\cdot 0.001\leqslant\frac{l}{3200} \qquad (3.5.12)$$

综上，只需控制拱顶（或跨中）处的横向水平位移小于 $L/3200$，梁缝处的梁端折角就满足了要求，也就满足了高速铁路线路横向平顺性的要求。公式中的 L 不是拱桥跨度，而是拱上刚构－连续梁的联长。

2）横向变形评价

引起北盘江大桥横向变形的荷载或作用包括：列车横向摇摆力、横向风力、温度作用（拱桥上、下游结构温差）。计算各工况下的拱顶桥面处横向位移值为：

横向摇摆力：1.3mm；

横向风力：50.1mm；

温度作用（拱圈横截面左右侧结构和拱上墩柱双柱温差10°）：51.4mm；

横向摇摆力与横向风力不同时组合，横向最大位移为：101.5mm。

拱上刚构 – 连续梁联长 L 为：$2×65m+8×42m+2×65m=596m$，由此计算 Δ 值：$L/3200=596000/3200=186.3mm$。

最不利情况组合下的最大横向位移101.5mm小于控制值186.3mm，由此判断横向位移满足要求。

3.5.4 桥梁收缩、徐变变形预测

拱圈长期处于高压应力状态，其收缩、徐变引起的桥面竖向变形对轨道保持高平顺性及高速行车性能有较大影响，所以需要特别关注。混凝土收缩、徐变前期发展较快，后期发展较慢。铺轨时间不同，拱圈收缩、徐变的残余变形也就不同。混凝土收缩、徐变值按照不同的理论和方法计算，结果差异较大。北盘江大桥设计中对拱圈收缩、徐变，采用国内、国外，公路、铁路及现场收缩、徐变试验成果等多种方法进行计算和对比分析，确保拱圈长期徐变变形可控，桥面长期变形预测可靠。

采用国内外规范中的徐变系数计算公式，包括《铁路桥涵设计规范》（TBJ2—1985）（简称"铁路桥涵85规范"）、《铁路桥涵钢筋混凝土和预应力混凝土结构设计规范》（TB 10002.3—2005）（简称"铁路桥涵05规范"）、《公路钢筋混凝土及预应力混凝土桥涵设计规范》（JTJ 023—1985）（简称"公路桥涵85规范"）、《公路钢筋混凝土及预应力混凝土桥涵设计规范》（JTG D62—2004）（简称"公路桥涵04规范"）、欧洲CEB-FIP 1990以及欧洲CEB-FIP 1978，计算出北盘江大桥徐变系数曲线如图3.5.10所示。其中铁路桥涵05版规范与公路桥涵85规范的徐变系数曲线完全相同。

从图3.5.10可以发现，铁路桥涵85规范的徐变系数曲线在500d左右接近终极值。由于北盘江大桥拱圈施工周期较长，采用该徐变系数计算公式计算成桥后残余徐变值非常小（拱顶下挠仅3~4mm），与其他规范徐变系数计算公式

的计算结果差异很大，故没有采纳。

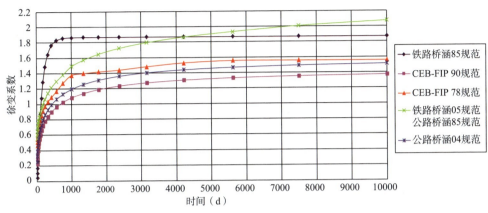

图 3.5.10 国内外各规范徐变系数曲线对比图

设计分别采用欧洲 CEB-FIP 1978、欧洲 CEB-FIP 1990、铁路桥涵 05 规范、公路桥涵 04 规范进行收缩、徐变计算。分别提取成桥至成桥后 10 年的拱上各墩墩顶不同时间的下挠位移，如图 3.5.11~图 3.5.14 所示。

拱上各墩顶的工后残余变形=10 年总变形量–铺轨前变形量。以采用铁路桥涵 05 规范计算的收缩、徐变变形为例，如果成桥后 90d 铺轨，拱上 5 号墩顶的工后残余变形为 102.3–13.1=89.2mm；如果成桥后 1 年铺轨，拱上 5 号墩顶的工后残余变形为 102.3–37.2=65.1mm。

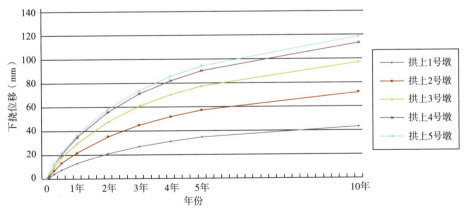

图 3.5.11 采用 CEB-FIP 1978 规范计算的拱上各墩墩顶下挠位移

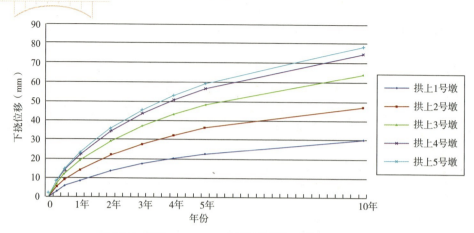

图 3.5.12 采用 CEB-FIP1990 规范计算的拱上各墩墩顶下挠位移

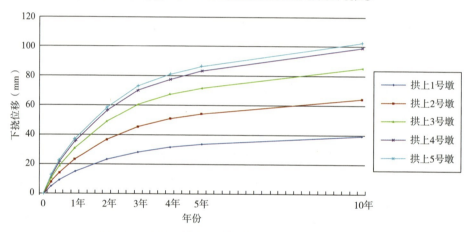

图 3.5.13 采用铁路桥涵 05 规范计算的拱上各墩墩顶下挠位移

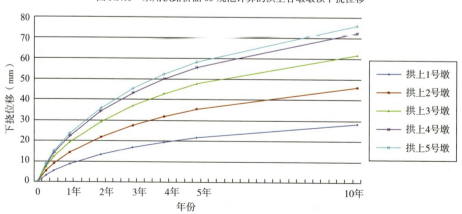

图 3.5.14 采用公路桥涵 04 规范计算的拱上各墩墩顶下挠位移

CHAPTER 4
第 4 章

钢管初应力对拱圈承载力的影响

INFLUENCE OF THE TNITIAL STRESS OF STEEL TUBE ON THE LOAD BEARING CAPACITY OF ARCH RING

高速铁路 大跨度
钢筋混凝土拱桥设计原理

DESIGN PRINCIPLES OF
LONG SPAN
REINFORCED CONCRETE ARCH BRIDGE
ON HIGH SPEED RAILWAY

CHAPTER 4

4.1 概述

北盘江大桥采用钢管混凝土劲性骨架法进行施工。先悬臂架设钢管骨架。钢管骨架合龙成拱后，在钢管内压注混凝土形成钢管混凝土劲性骨架拱。利用钢管混凝土劲性骨架拱为支撑，外包混凝土形成混凝土拱圈结构。

钢管骨架拱自重较轻，架设难度较小。但在钢管内压注混凝土且混凝土强度生成前，钢管骨架拱既要承受钢管自重，又要承受钢管内尚未生成强度的混凝土自重。也就是说钢管与管内混凝土形成组合结构前，钢管中已存有初应力。接下来，在拱圈外包混凝土过程中，随着拱圈混凝土的不断浇筑，钢管应力及钢管内混凝土应力不断增加，甚至可能超过其屈服应力。另外，钢管被拱圈混凝土包裹之后，随着收缩、徐变的发生，钢管四周的混凝土还会向钢管转移应力，使得钢管应力在较长时间里持续增加。

采用分析软件，按照应力叠加法计算也发现，随着拱圈混凝土的不断浇筑，钢管应力及钢管内混凝土应力不断增加，甚至可能超过其屈服应力。其中，采用 Midas 软件计算，施工阶段钢管混凝土劲性骨架上弦钢管的最大应力达 268MPa，约为 Q370 钢屈服强度的 0.72 倍；运营阶段主力组合作用下，钢管混凝土劲性骨架上弦钢管的最大应力为 365MPa，管内混凝土最大应力为 26.5MPa，二者发生在同一位置（$L/8$ 附近）。采用 TDV 软件计算，运营阶段主力组合下，钢管最大应力更大，接近 400MPa。

同时，需要注意的是，混凝土拱圈中，作为劲性骨架的钢管混凝土，一是外部受混凝土约束，其受力与外部无约束的钢管混凝土拱明显不同；二是其功能主要是为形成混凝土拱圈提供支撑。因此，需要对钢管混凝土劲性骨架组合拱圈的受力状态及其承载力进行试验和计算分析，一是确定其受力行为和承载能力，为实际工程的安全性提供保障；二是为优化设计和施工方案提供理论支持。更为重要的是，通过试验和计算分析，补充和完善该类结构的设计理论。

4.2 试验研究

根据北盘江大桥拱圈结构构造，并考虑到试验时便于制作和加载，试验模型设计为单根钢管混凝土弦管与其外包混凝土组合成的单圆管劲性骨架混凝土短柱。另外，已有研究成果表明，钢筋混凝土拱桥的初应力效应在拱脚处最为明显，且拱脚处主要承受轴力作用，接近于轴压状态，因此，试验按轴压单圆管劲性骨架混凝土短柱进行研究。

试验研究采用2组共9根试件。第Ⅰ组为无初应力的单圆管劲性骨架混凝土短柱试件，第Ⅱ组为有初应力的单圆管劲性骨架混凝土短柱试件。第Ⅰ组共5根试件，试件的初应力均为零，以钢管混凝土劲性骨架截面面积与整个单圆管劲性骨架混凝土短柱截面面积的比值，简称面积比，作为试验参数。第Ⅱ组共4根试件，2根有初应力与2根无初应力的对比试件。各组试件的主要设计参数见表4.2.1。

单圆管劲性骨架混凝土短柱模型参数　　　　　表4.2.1

编号		截面尺寸 (mm)	高度 (mm)	钢管 $D \times t$ (mm)	面积比	纵筋 (mm)	初应力度 γ	钢材	混凝土强度等级	
									管内	外包
第Ⅰ组	Ⅰ-1	350×350	1050	80×2	0.04	4φ10+ 4φ12	0	Q235	C25	C25
	Ⅰ-2			114×2	0.08					
	Ⅰ-3			165×2	0.17					
	Ⅰ-4			219×2	0.31					
	Ⅰ-5			237×2	0.48					
第Ⅱ组	Ⅱ-1	350×350	1050	219×6	0.31	4φ10+ 4φ12	0	Q235	C50	C40
	Ⅱ-2									
	Ⅱ-3						0.3			
	Ⅱ-4									

4.2.1　试件设计

1）试件截面尺寸

结合北盘江大桥设计参数，试件截面尺寸如图4.2.1所示。定义钢管混凝土劲性骨架截面与整个单圆管劲性骨架混凝土短柱截面的面积比为：

$$\alpha = \frac{\pi D^2}{4b^2} \quad (4.2.1)$$

式中，D 为钢管混凝土劲性骨架外径；b 为整个单圆管劲性骨架混凝土短柱边长。

实桥拱圈结构的面积比为 0.31，试件的面积比与实桥相同。模型按 1∶3 进行缩尺，截面尺寸为：$b \times b$=350mm×350mm，高 1050mm。

2）钢材强度、初应力度和混凝土强度

钢管内混凝土强度等级为 C50，外包混凝土强度等级为 C40。为与管内混凝土强度等级相匹配，两组试件的钢管强度等级均采用 Q235 钢。另外，定义初应力度

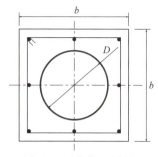

图 4.2.1 试件截面示意图

$$\gamma = \frac{\sigma_0}{f_y} \quad (4.2.2)$$

式中，σ_0 为钢管初应力；f_y 为钢管屈服强度。

实桥拱圈结构的初应力度 γ 为 0.37，试件的 γ 按实桥取值。

3）配筋率

北盘江大桥拱肋外包混凝土的纵筋配筋率 1.05%，试件混凝土配筋率根据实际配筋率选取。试验构件配箍率采用 0.4% 的体积配箍率，加密区采用 0.8% 的体积配箍率，钢筋布置图如图 4.2.2 所示。

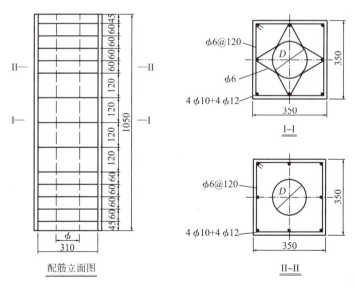

图 4.2.2 试件钢筋布置图（尺寸单位：mm）

4.2.2 试件预制

钢管初应力由与试件端板相连的 4 个螺杆施加，利用长臂扳手旋动与试件端板相连的螺杆，挤压钢管产生初应力，通过测量布置在螺杆上的应变片的数值，反算得到对应的钢管应力，并在浇筑混凝土前进行核对以保证初应力度的有效性，如图 4.2.3 所示。

图 4.2.3　有初应力试件

通过材性试验得到混凝土和钢材的材料特性，如表 4.2.2 所示。

混凝土、钢材材性试验结果　　　　　表 4.2.2

材　料		弹性模量（MPa）	钢材屈服强度（MPa）	混凝土立方体强度（MPa）	泊松比
第 Ⅰ 组	外包混凝土	0.235×10^5	—	25	0.22
	管内混凝土	0.235×10^5	—	25	0.22
	钢筋	2.02×10^5	351	—	0.30
	钢管	1.98×10^5	352	—	0.27
第 Ⅱ 组	外包混凝土	0.321×10^5	—	42	0.24
	管内混凝土	0.342×10^5	—	50	0.24
	钢筋	1.98×10^5	367	—	0.31
	钢管	2.10×10^5	347	—	0.28

4.3 试验结果与分析

4.3.1 总体受力性能

1）第Ⅰ组

图 4.3.1 为不同面积比的钢管混凝土劲性骨架混凝土短柱试件在轴压荷载下的荷载－竖向位移曲线，其中竖向位移取组合柱试件四边中点竖向百分表的平均值。

从图 4.3.1 可看出，随面积比增大，试件的斜率逐渐增大，说明试件的抗压强度随面积比增大而增大，不同面积比试件的荷载－竖向位移曲线形状类似。因此，可将试件荷载－竖向位移曲线概化为图 4.3.2 所示的试件典型荷载－竖向位移图。

从图 4.3.2 可看出，整个轴压荷载下的结构行为可分为 3 个阶段。

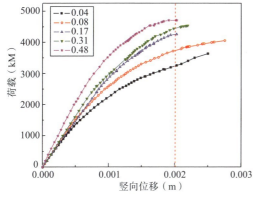

图 4.3.1　试件荷载－竖向位移曲线

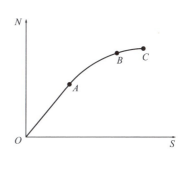

图 4.3.2　试件典型荷载－竖向位移曲线

弹性段（OA）：所有荷载－竖向位移关系接近直线，试件没有明显的外形变化。面积比为 0.31~0.48 的试件在此阶段已出现可见的竖向裂缝，说明面积比较大的组合柱试件在弹性段就已达到初裂荷载。

弹塑性段（AB）：钢管、纵筋及混凝土竖向应变发展较快。由于混凝土的屈服应变小于钢管的屈服应变，混凝土先于钢管进入塑性段，曲线的斜率逐渐降低。面积比小于 0.31 的构件开始出现竖向裂缝。一般在此阶段末尾，钢管屈服，大部分混凝土达到其抗压强度开始剥落，试件达到剥落荷载。

塑性段（BC）：混凝土竖向裂缝逐渐扩展，混凝土保护层逐渐脱落。面积比小于 0.31 的试件，荷载－位移曲线发展平缓，达到峰值荷载。面积比大于 0.31 的构件，由于钢管内混凝土仍可继续承载，曲线仍有一小段上升段，随后外包混凝土被压碎，试件达到其峰值荷载。

2）第Ⅱ组

图 4.3.3 为有初应力和无初应力的试件在轴压荷载下的荷载－竖向位移曲线。

由图 4.3.3 可看出，与无初应力试件的荷载－竖向位移曲线相似，有初应力试件的整个轴压过程可分为弹性段、弹塑性段和塑性段。但在弹性段和弹塑性段，有初应力试件的荷载－竖向位移曲线斜率较无初应力试件的小。说明试件的抗压刚度受初应力影响，结构刚度有所下降。在塑性段，两类试件的荷载－位移曲线斜率与极限承载力基本相同，表明在受力后期两类试件的刚度基本一致，试件的极限承载力不因施加初应力而有所降低。

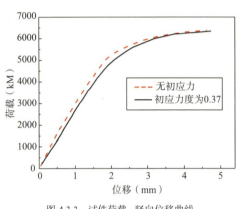

图 4.3.3　试件荷载-竖向位移曲线

4.3.2　面积比对承载力影响分析

在第Ⅰ组试件的试验中发现，由于面积比的变化，试件表现出不同的受力形态与破坏形式。

面积比为 0.04~0.08 时，加载初始阶段，试件荷载－竖向位移显线性变化关系，基本表现为弹性变形特征，塑性变形不明显。荷载增加到峰值荷载的 80% 左右时，中部及柱头开始出现纵向裂缝。随着荷载增加，纵向裂缝扩展。达到峰值荷载时，试件中、上部混凝土被压碎，柱头混凝土剥落，试件破坏。

面积比为 0.17 时，加载初始阶段，试件荷载－竖向位移显线性变化关系，基本表现为弹性变形特征，塑性变形不明显。荷载增加到峰值荷载的 80% 左右时，中部出现纵向裂缝。随着荷载增加，纵向裂缝扩展。接近峰值荷载时，中、上部混凝土出现明显的压碎现象，开始剥落，随后试件破坏，破坏形式较严重。

面积比在 0.17 以上时，加载初始阶段，试件荷载－竖向位移虽然显线性变化关系，基本表现为弹性变形特征，但构件中部已出现纵向裂缝。随着荷载增加，裂缝扩展，当荷载增加到峰值荷载的 80%~90% 时，外围局部混凝土开始剥落。达到峰值荷载时，混凝土有明显的破坏形态，且外围混凝土与钢管有明显脱离现象。

另外，达到剥落荷载时，剥落混凝土的范围在柱的中部，一般占整个立面的 1/2 面积，外包混凝土纵向应变在 1600~2000με 之间，说明外包混凝土已达到抗压强度的 80% 以上。

从上述不同面积比试件的破坏形态描述可以看出，受力性能与面积比密切相关：面积比较小时，外围混凝土所占面积较大，内部钢管混凝土的作用很小，单圆管劲性骨架混凝土短柱的受力性能与钢筋混凝土柱类似。当外围混凝土达到抗压强度时，混凝土开始剥落，构件也相应达到极限承载力。面积比适中时，内部钢管混凝土与外围钢筋混凝土抗压作用相当，两者组合效应发挥较好。当外围混凝土达到其抗压强度时，混凝土剥落，内部钢管混凝土也能达到其最大承载力，材料的抗压性能得以充分发挥。峰值荷载时，试件的破坏形态较明显。面积比较大时，外围混凝土所占面积较小，内部钢管混凝土的作用较大。外围混凝土在达到峰值荷载的 80%~90% 左右时，基本达到其抗压强度，并开始剥落。而此时钢管混凝土尚未达到其极限承载力，由它继续承载。直至达到峰值荷载，钢管混凝土竖向应变迅速增大，外围混凝土与内部钢管混凝土产生明显的脱离现象。

4.3.3 初应力对承载力影响分析

不同初应力的试件，其承载力与初始应力的关系如图 4.3.4 所示。

图 4.3.4 中显示，初应力对试件屈服荷载影响十分明显，但对开裂荷载和剥落荷载的影响很小。这是因为开裂荷载和剥落荷载都是以外包混凝土的某一特征来定义的，初应力只施加在钢管上，试件的外包钢筋混凝土并未施加初应力，所以在内部钢管屈服前，开裂荷载和剥落荷载与内部钢管应力的大小或者说是否施加初应力关系不大，初应力只影响

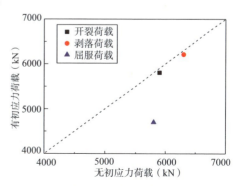

图 4.3.4 试件的承载力与初始应力的关系图

试件的屈服荷载。因此,可以得出如下结论:

(1)有初应力和无初应力的单圆管劲性骨架混凝土短柱试件,整个受力过程均可划分三个阶段,即弹性阶段、弹塑性阶段和塑性阶段。在弹性阶段和弹塑性阶段,有初应力的单圆管劲性骨架混凝土短柱试件的荷载-竖向位移曲线斜率较无初应力构件小,表明单圆管劲性骨架混凝土短柱试件的抗压刚度受初应力的影响,结构刚度有所下降。在塑性段,两类构件的荷载-位移曲线斜率与极限承载力基本相同,表明在加载后期两类构件的刚度基本一致,单圆管劲性骨架混凝土短柱试件的极限承载力不因施加预应力而有所降低。

(2)无初应力的单圆管劲性骨架混凝土短柱试件,在剥落荷载前,钢管、纵筋及混凝土三者纵向应变基本一致。在剥落荷载后,钢管与混凝土纵向应变略不同步。由单圆管劲性骨架混凝土短柱试件的横纵向应变比可以看出,随面积比增大,横向应变与纵向应变的比值呈先增大后减小的规律。有初应力的单圆管劲性骨架混凝土短柱试件,由于在共同受力前,钢管施加了初应力,钢管的荷载-应变曲线的斜率要小于外包混凝土和钢筋的荷载-应变曲线的斜率。初应力使得钢管提前进入屈服状态,但其对试件的开裂荷载和剥落荷载影响不大。对比无初应力单圆管劲性骨架混凝土短柱试件,其外包混凝土的应变曲线基本一致,钢管的应变曲线存在差别,这进一步说明初应力只对单圆管劲性骨架混凝土短柱试件的钢管产生影响,外包混凝土的受力与初应力没有关系。

(3)无初应力的单圆管劲性骨架混凝土短柱试件的受力性能与面积比有关,在不同面积比区段内,表现出不同的受力状态和破坏形态。面积比不仅影响初裂荷载、剥落荷载及峰值荷载,也影响其荷载比值的大小。随面积比增大,单圆管劲性骨架混凝土短柱试件的初裂荷载、剥落荷载,以及初裂荷载与峰值荷载的比值呈现先增大后减小的现象,剥落荷载与峰值荷载的比值呈逐渐减小的现象,且这种规律不因配筋量的变化而改变。

(4)无初应力单圆管劲性骨架混凝土短柱试件的剥落荷载与峰值荷载的比值为92%~100%,且随着面积比的增大,二者比值逐渐减小。在同一面积比情况下,有初应力单圆管劲性骨架混凝土短柱试件的剥落荷载与峰值荷载的比值为90%。考虑到实际工程构件在外包混凝土开始剥落时已达到正常使用极限状态,可将单圆管劲性骨架混凝土短柱试件的剥落荷载作为构件极限承载力。

4.4 有限元分析方法

从单圆管劲性骨架混凝土短柱试件试验可以看出,以外包混凝土剥落作为承载力标志,在不同面积比条件下,单圆管劲性骨架混凝土短柱试件的承载力不能简单归结为外包混凝土与钢管混凝土劲性骨架之和。由于试验参数与样本有限,采用通用有限元程序 ABAQUS,在模拟钢管混凝土劲性骨架混凝土短柱轴压试验试件的基础上,进一步扩大参数范围,分析相关参数。

4.4.1 有限元模型

采用有限元程序 ABAQUS 建立模型如图 4.4.1 所示。其中采用线性完全积分三维实体单元(C3D4)模拟混凝土,采用三维二节点桁架单元(T3D2)模拟普通钢筋,采用刚体单元 R3D4 单元模拟加载端板。有限元模型中混凝土结构单元总数为 8960 个,网格划分尺寸为 2cm,钢管单元总数为 345 个,网格尺寸为 3cm,钢筋单元数为 508 个,网格尺寸为 3cm,加载端板单元总数为 32 个,网格尺寸为 10cm。

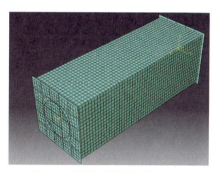

图 4.4.1 单圆管劲性骨架混凝土短柱有限元模型

外包混凝土与钢管、钢管与管内混凝土之间均采用接触模拟。采用"硬接触"的方式来模拟界面法向关系,同时允许钢管与混凝土在轴压力作用下出现分离现象。钢管与混凝土之间的界面摩擦系数取值范围在 0.2~0.6 之间,界面摩擦系数取 0.6。上、下两加载端板与单圆管劲性骨架混凝土短柱材料的连接均采用面-面绑定连接,即加载端板与单圆管劲性骨架混凝土短柱绑定在一起,在整个加载过程中不会产生相对位移。纵筋与箍筋形成的骨架采用嵌入式连接,即钢筋骨架与混凝土的线位移一致,但转角变形可能不同步。

4.4.2 材料本构关系

单圆管劲性骨架混凝土短柱试件纵筋、箍筋及钢管等钢材的应力-应变关系采用经典的五折线段模型,即弹性段、弹塑性段、塑性段、强化段和二次塑流段,

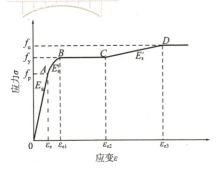

图 4.4.2 钢材应力 - 应变关系

如图 4.4.2 所示。其中,E_s 是钢材的弹性模量;f_p,f_y 和 f_u 分别为钢材的比例极限,屈服极限和抗拉强度极限;$\varepsilon_e = f_p/E_s$,$\varepsilon_{e1} = 1.5\varepsilon_e$,$\varepsilon_{e2} = 10\varepsilon_{e1}$,$\varepsilon_{e3} = 100\varepsilon_{e2}$,$f_p = 0.8f_y$。

选择塑性模型(Plastic)来模拟钢材应力 - 应变关系,该模型在多轴压力状态下满足各向同性的强化法则和经典的 Von Mises 屈服准则,同时并服从相关流动法则。

由材性试验得到的数据常常是以名义应力和名义应变的形式给出的,而在 ABAQUS 有限元程序中,塑性数据的定义必须采用真实应力和真实应变。因此,需将试验测得的数据转化为真实应力/应变值,如式(4.4.1)所示。

$$\sigma_{\text{true}} = \sigma_{\text{nom}}(1 + \varepsilon_{\text{nom}})$$
$$\varepsilon_{\text{ln}}^{\text{pl}} = \ln(1 + \varepsilon_{\text{nom}}) - \frac{\sigma_{\text{true}}}{E_s} \tag{4.4.1}$$

式中,E_s 为钢材弹性模量(MPa),σ_{nom} 和 ε_{nom} 分别表示名义应力(MPa)和应变;σ_{true}、$\varepsilon_{\text{ln}}^{\text{pl}}$ 分别表示真实应力和应变。

对于混凝土的应力应变关系,由于管内与管外混凝土的不同受力性能,需要分别考虑。

外包钢筋混凝土应力应变关系采用素混凝土应力 - 应变关系曲线,如式(4.4.2)所示,其中混凝土极限强度采用标准轴心抗压强度。

$$y = \begin{cases} \alpha_a x + (3 - 2\alpha_a)x^2 + (\alpha_a - 2)x^3 & (x \leq 1) \\ \alpha_d (x-1)^2 + x & (x > 1) \end{cases} \tag{4.4.2}$$

$$x = \frac{\varepsilon}{\varepsilon_c}, \quad y = \frac{\sigma}{f_c^*} \tag{4.4.3}$$

式中,f_c^* 为混凝土单轴受压标准轴心抗压强度值;ε_c 为与相应强度混凝土峰值压应变;α_a、α_d 为单轴应力 - 应变曲线上升段和下降段的参数值,其具体数值参照《混凝土结构设计规范(2015 版)》(GB 50010—2010)。

对于钢管内混凝土,由于受到钢管的约束作用,与普通混凝土受力性能不同,采用钢管约束核心混凝土应力 - 应变关系表达式,如式(4.4.4)所示。

$$y = \begin{cases} 2x - x^2 & (x \leq 1) \\ \dfrac{x}{\beta(x-1)^2 + x} & (x > 1) \end{cases} \quad (4.4.4)$$

其中:
$$x = \frac{\varepsilon}{\varepsilon_0}, \quad y = \frac{\sigma}{\sigma_0}$$

$$\sigma_0 = f_c$$

$$\varepsilon_0 = \varepsilon_c + 800 \cdot \xi^{0.2} \cdot 10^{-6}$$

$$\varepsilon_c = (1300 + 12.5 \cdot f_c) \cdot 10^{-6}$$

$$\xi = \frac{A_s f_y}{A_c f_{ck}}$$

$$\beta = (2.36 \times 10^{-5})^{[0.25 + (\xi - 0.5)^2]} f_c^{0.5} \cdot 0.5 \geq 0.12$$

式中,f_c 为混凝土圆柱体抗压强度(MPa);f_y、A_s 分别为钢管屈服强度(MPa)和截面积(m^2);f_{ck}、A_c 分别为钢管内混凝土强度(MPa)和截面积(m^2)。β 为初应力折减系数。

4.4.3 初应力的施加

在有限元分析中,钢管的初应力通过单元生死技术来实现。具体地说,就是先建立整个构件的包含钢管与混凝土的有限元模型,钢管施加初应力(构件施工初始荷载)阶段,先将混凝土单元"杀死",此时,仅钢管单元受力,混凝土单元不参与受力,但与钢管单元协同变形。在荷载加至初始载荷值对构件求解完之后,将混凝土单元激活,使其在初荷载之后的加载阶段,都参与受力。初应力见式(4.4.5),根据试件的初应力度 γ 计算得到。

$$F = \Delta\sigma A_s = \gamma f_y A_s \quad (4.4.5)$$

式中,F 为初应力荷载(kN);f_y 为钢管屈服强度(MPa);A_s 为钢管截面面积(mm^2)。

4.4.4 有限元结果与试验值的比较

有无初应力的单圆管劲性骨架混凝土短柱荷载-位移曲线有限元计算值与

试验值对比如图 4.4.3 所示。由图中可以看出，有限元曲线与试验曲线吻合良好，证明所建的 ABAQUS 有限元模型可较好地模拟组合柱的荷载－位移曲线。

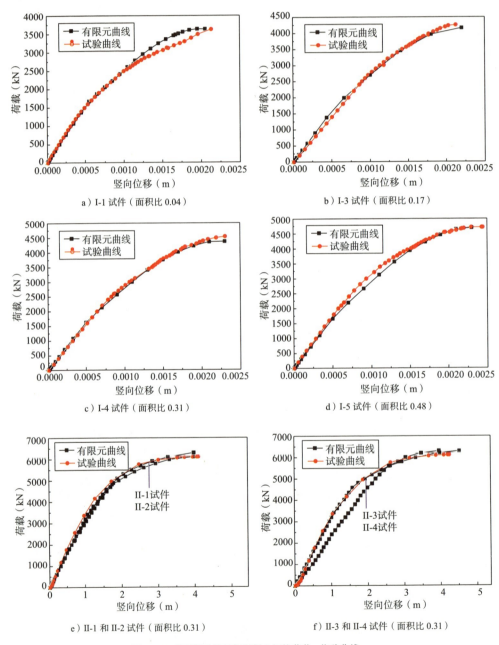

图 4.4.3　单圆管劲性骨架混凝土短柱荷载－位移曲线

有无初应力的单圆钢管劲性骨架混凝土短柱纵向应变有限元计算值与试验实测值对比如图4.4.4所示。图中TES、FEM分别表示试验实测值和有限元计算值。

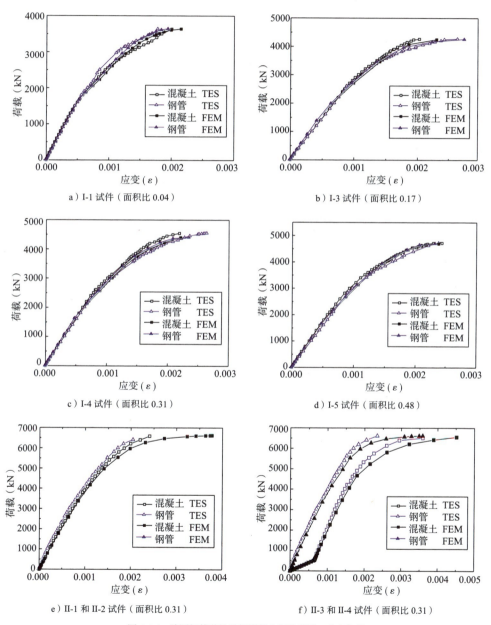

图 4.4.4 单圆钢管劲性骨架混凝土短柱荷载-应变曲线

从图4.4.4中可以看出，构件的试验实测值与有限元计算值吻合较好。因此，所建立的有限元模型可以较为准确地对试件进行模拟，计算结果可以较为准确地反映出有无初应力的单圆管劲性骨架混凝土短柱结构中钢管、纵筋、外包混凝土三者在轴压下的受力过程。

因此，在弹性段、弹塑性段及塑性段，有无初应力的单圆管劲性骨架混凝土短柱在轴压荷载下的荷载-位移曲线与荷载-应变曲线的试验实测值与有限元值吻合均较好，说明所建立的ABAQUS有限元模型能够用于开展有无初应力的单圆管劲性骨架混凝土短柱试件受力性能的研究。

4.4.5　有限元中极限承载力的定义

前面已将单圆管劲性骨架混凝土短柱混凝土剥落时对应的荷载作为其极限承载力，而有限元单元是连续体，无法模拟混凝土剥落，因此，需要在有限元中定义单圆管劲性骨架混凝土短柱的剥落承载力。

由试验得知，剥落混凝土的范围在单圆管劲性骨架混凝土短柱的中部，一般占整个立面的1/2面积，外包混凝土达到抗压强度的80%以上。因此，在有限元分析中，当单圆管劲性骨架混凝土短柱中部1/2以上区域的外包混凝土达到其抗压强度的80%以上时，所对应的荷载定义为组合柱剥落荷载，即为其极限承载力。

在以上有限元剥落荷载的定义下，单圆管劲性骨架混凝土短柱承载力的有限元计算值与试验实测值的对比如图4.4.5所示。

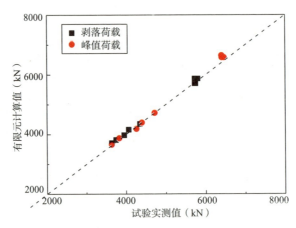

图4.4.5　试验承载力和有限元承载力的比较

从图 4.4.5 中可以看出，无论是剥落荷载还是峰值荷载，有限元计算值与试验实测值吻合较好。因此，所建立的 ABAQUS 有限元模型在模拟单圆管劲性骨架混凝土短柱整体受力性能、荷载－应变曲线及极限承载力时，其计算值与试验数据吻合较好，可以用于此类结构的参数分析。

4.5 剥落承载力影响参数的有限元分析

除面积比外，纵筋配筋量、混凝土强度、钢管强度等参数也对钢管混凝土劲性骨架混凝土短柱的承载力有一定的影响。

4.5.1 面积比

试验分析表明，面积比对单圆管劲性骨架混凝土短柱承载力的影响规律呈增大的趋势。为进一步证实这一规律，在第 I 组试验的基础上，将面积比范围扩大至 0.6 进行有限元分析，参数取值如表 4.5.1 所示，其中，钢管屈服强度按钢管试验值取整。

配筋率对单圆管劲性骨架混凝土短柱剥落承载力影响分析的计算参数　　表 4.5.1

截面尺寸 （mm）	高度 （mm）	面积比	纵筋 （mm）	混凝土强度 等级	钢管屈服强度 （MPa）	钢管壁厚 （mm）
350×350	1050	0.04	4ϕ10+ 4ϕ12	C25	350	3
		0.08				
		0.17				
		0.31				
		0.48				
		0.55				
		0.60				

采用有限元计算的单圆管劲性骨架混凝土短柱剥落承载力随面积比变化规律，及其与试验值的对比，如图 4.5.1 所示。

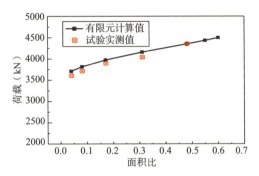

图 4.5.1 剥落承载力 - 面积比关系曲线

从图 4.5.1 中可以发现，在扩大面积比参数的情况下，随面积比增大，单圆管劲性骨架混凝土短柱的剥落承载力仍然呈增大的趋势。试验实测值与有限元计算值吻合良好，也进一步说明了参数分析的可行性。

单圆管劲性骨架混凝土短柱达到剥落荷载时，分别提取不同面积比的钢管应力云图，如图 4.5.2 所示。

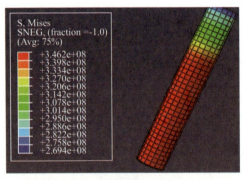

a）I-1 试件（面积比 0.04）

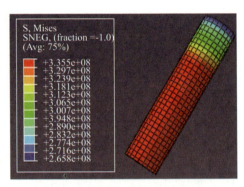

b）I-2 试件（面积比 0.08）

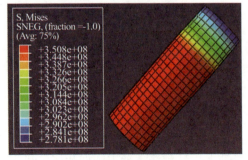

c）I-3 试件（面积比 0.17）

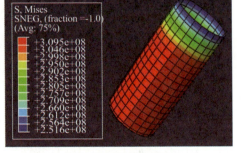

d）I-4 试件（面积比 0.31）

图 4.5.2 不同面积比下组合柱各部分等效应力云图

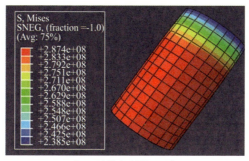

e）I-5 试件（面积比 0.48）

图 4.5.2 不同面积比下组合柱各部分等效应力云图

面积比与单圆管劲性骨架混凝土短柱达到剥落承载力时钢管应力的关系见表 4.5.2。

面积比对单圆管劲性骨架混凝土短柱承载力影响　　　表 4.5.2

面积比	0.04	0.08	0.17	0.31	0.48
钢管应力（MPa）	346	340	350	310	287

从图 4.5.2 和表 4.5.2 可以发现，对于达到剥落承载力的单管劲性骨架混凝土短柱，当面积比较小时，钢管基本达到其屈服强度 350MPa；当面积比较大时，钢管并未达到其屈服强度，且随面积比的增大，钢管应力降低。

4.5.2 纵筋配筋量

纵向配筋在单圆管劲性骨架混凝土短柱中的主要作用是承担一部分荷载，并且与箍筋形成钢筋笼约束外包混凝土，加强单圆管劲性骨架混凝土短柱的整体性能。纵向配筋量对单圆管劲性骨架混凝土短柱的刚度影响很小，因而，可按构造配筋。但纵筋配筋量对承载力和延性的影响需要分析。

选用有限元计算面积比为 0.17，考察不同配筋量对单圆管劲性骨架混凝土短柱的受力性能的影响。参数选择见表 4.5.3。

不同配筋量下单圆管劲性骨架混凝土短柱的荷载-位移曲线如图 4.5.3 所示。从图 4.5.3 可以发现，纵筋配筋量对单圆管劲性骨架混凝土短柱弹性阶段的刚度影响并不显著，但能提高其峰值承载力。这是由于提高纵筋配筋量，能够提高纵筋对外围混凝土的约束作用，防止外围混凝土过早发生压碎而破坏。

配筋率对单圆管劲性骨架混凝土短柱剥落承载力影响分析的计算参数　　表4.5.3

截面尺寸（mm）	高度（mm）	面积比	纵筋	混凝土强度等级	钢管屈服强度（MPa）	钢管壁厚（mm）
350×350	1050	0.04	4ϕ10+4ϕ12	C25	350	3
		0.08				
		0.17				
		0.31				
		0.48				
		0.55				
		0.60				
		0.04	4ϕ10+4ϕ14			
		0.08				
		0.17				
		0.31				
		0.48				
		0.55				
		0.60				
		0.04	4ϕ10+4ϕ16			
		0.08				
		0.17				
		0.31				
		0.48				
		0.55				
		0.60				

前面分析了面积比为 0.17 时纵筋配筋量对单圆管劲性骨架混凝土短柱受力性能的影响，下面进一步分析在不同面积比下纵筋配筋量对单圆管劲性骨架混凝土短柱承载力的影响。

随面积比变化，纵向配筋量对单圆管劲性骨架混凝土短柱剥落承载力的影响如图 4.5.4 所示。

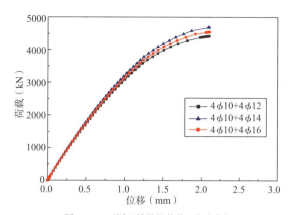

图 4.5.3　不同配筋量的荷载 - 位移曲线

从图 4.5.4 可以发现，在同一面积比下，随纵筋配筋量的增加，单圆管劲性骨架混凝土短柱的剥落荷载增大不明显；而随着面积比的增大，不同配筋量对单圆管劲性骨架混凝土短柱剥落荷载的影响趋势基本是相同的。说明单圆管劲性骨架混凝土短柱随面积比增大，其剥落承载力增大趋势逐渐减缓的现象不受纵筋配筋量的影响。

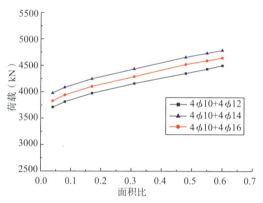

图 4.5.4　不同纵筋配筋量的承载力 - 面积比关系

4.5.3　初应力度

试验分析表明，初应力对单圆钢管劲性骨架混凝土短柱承载力的影响不明显。为进一步证实这一规律，在试验基础上，增加面积比和初应力度等参数进行有限元分析。参数取值见表 4.5.4。

不同初应力度时，单圆管劲性骨架混凝土短柱的面积比对剥落承载力的影响如图 4.5.5 所示。

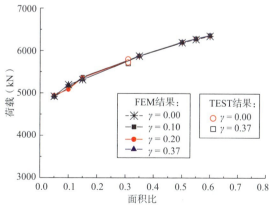

图 4.5.5　不同初应力度时，面积比对剥落承载力的影响

初应力度对单圆管劲性骨架混凝土短柱剥落承载力影响分析的计算参数　　表 4.5.4

截面尺寸（mm）	高度（mm）	面积比	纵筋	混凝土强度等级	钢管屈服强度（MPa）	钢管壁厚（mm）	初应力度 γ
350×350	1050	0.05	4φ10+4φ12	外包：C40 管内：C50	350	6	0
		0.10					
		0.15					
		0.35					
		0.50					
		0.55					
		0.60					
		0.05					0.10
		0.10					
		0.15					
		0.35					
		0.50					
		0.55					
		0.60					
		0.05					0.20
		0.10					
		0.15					
		0.35					
		0.50					
		0.55					
		0.60					
		0.05					0.37
		0.10					
		0.15					
		0.35					
		0.50					
		0.55					
		0.60					

从图 4.5.5 可以发现，试验和有限元计算的结果均显示，面积比相同时，不同初应力度的单圆管劲性骨架混凝土短柱所对应的剥落承载力均很接近。有限元分析结果显示，不同初应力度的试件，剥落承载力随着面积比的变化规律是一样的。因此，面积比对剥落承载力的影响不会随着初应力度的变化而变化，初应力度对组合柱剥落承载力影响可以忽略不计。

4.6 简化计算

4.6.1 无初应力时简化计算方法

轴压荷载作用下，单圆管劲性骨架混凝土短柱的外包混凝土和内置的钢管混凝土作为整体共同受力，破坏形式均表现为外包混凝土的剥落或者压碎。因此，采用剥落荷载作为钢管混凝土劲性骨架混凝土短柱的极限承载力。在剥落荷载的定义条件下，钢管混凝土劲性骨架混凝土短柱达到其极限承载力时，外包的钢筋混凝土已达到其承载力，而内置钢管混凝土可能并未达到其极限承载力。因此，采用叠加法计算钢管混凝土劲性骨架混凝土短柱剥落荷载时，需考虑对内部钢管混凝土承载力进行折减。

钢管混凝土劲性骨架混凝土短柱剥落荷载计算如式（4.6.1）所示。

$$N_u = N_{RC} + \beta N_{CFST} \quad (4.6.1)$$

式中，N_{RC} 为外包混凝土承载力；N_{CFST} 为内置钢管混凝土承载力；β 为钢管混凝土承载力折减系数。

$$N_{RC} = f_{c1}A_{c1} + f_y A_{SS} \quad (4.6.2)$$

式中，A_{c1}、A_{SS} 分别为外包混凝土和纵筋面积；f_{c1}、f_y 分别为外包混凝土强度和纵筋强度。

钢管内为普通混凝土时：

$$N_{CFST} = f_{c2}A_{cc}(1+\sqrt{\theta}+\theta) \quad (4.6.3a)$$

钢管内为高强混凝土时：

$$N_{CFST} = f_{c2}A_{cc}(1+1.8\theta) \quad (4.6.3b)$$

式中，A_{cc} 为钢管内混凝土面积，f_{c2} 为钢管内混凝土强度；θ 为套箍指标。

$$\theta = \frac{A_{s'} f_{y'}}{A_{cc} f_{c2}} \quad (4.6.4)$$

式中，$f_{y'}$ 为钢管强度，$A_{s'}$ 为钢管截面积；其余含义同上。

根据试验结果可以认为，钢管混凝土劲性骨架混凝土短柱达到其剥落荷载时，外包混凝土部分的承载力完全发挥作用，而内置的钢管混凝土部分并没有完全发挥其作用。因此，利用钢管混凝土劲性骨架混凝土短柱剥落荷载的有限元计算值，得到折减系数 β 的计算公式：

$$\beta = \frac{N_F - N_{RC}}{N_{CFST}} \quad (4.6.5)$$

式中，N_F 为钢管混凝土劲性骨架混凝土短柱剥落荷载的有限元计算值。

根据剥落承载力影响参数的有限元分析结果，可得折减系数 β 值。折减系数 β 与面积比的关系如图 4.6.1 所示。

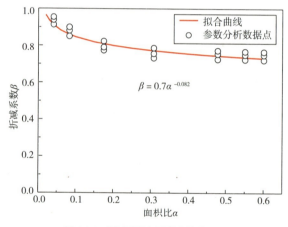

图 4.6.1　折减系数与面积比关系

通过数据拟合得到折减系数与面积比的关系曲线为：

$$\beta = 0.7\alpha^{-0.082} \quad (4.6.6)$$

4.6.2　有初应力时简化计算方法

由试验和有限元分析可以知道，与无初应力的钢管混凝土劲性骨架混凝土短柱相比，由于在共同受力前给钢管施加了初应力，钢管的荷载 – 应变曲线斜率小于外包混凝土和钢筋的荷载 – 应变曲线斜率。与对应的屈服荷载值比较可以知道，初应力使得钢管提前进入屈服状态，但对试件的开裂和剥落荷载影响都不大。初应力只对钢管部分产生影响，对外包混凝土部分没有影响。因此，初应力对钢管混凝土劲性骨架混凝土短柱的剥落荷载的影响可以忽略不计，其承载力可采用无初应力时简化计算方法。

采用简化计算方法所得的计算结果与试验值的对比如图4.6.2所示。从图4.6.2中可以看出，简化计算方法所得的计算结果与试验值吻合良好。

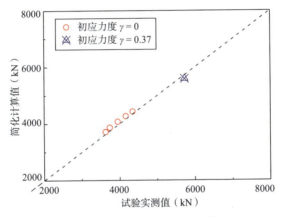

图4.6.2 简化公式计算值与试验实测值对比

由于试验数据有限，为进一步验证简化计算方法的适用性，采用简化计算方法所得的结果与有限元计算值的对比如图4.6.3所示。

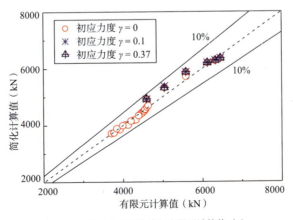

图4.6.3 简化公式计算值与有限元计算值对比

从图 4.6.3 可以看出，简化计算方法所得的计算结果与有限元计算值吻合良好，相对差值在 10% 之内。因此，简化计算方法可供实际工程中有初应力和无初应力的钢管混凝土劲性骨架混凝土短柱的承载力计算采用。

CHAPTER 5
第 5 章

拱圈非线性稳定性分析

ANALYSIS OF THE NONLINEAR STABILITY OF ARCH RING

DESIGN PRINCIPLES OF
LONG SPAN
REINFORCED CONCRETE ARCH BRIDGE ON HIGH SPEED RAILWAY

CHAPTER 5

第 5 章　拱圈非线性稳定性分析

5.1　概述

大跨度钢筋混凝土拱桥是一种压弯结构，因其拱圈跨度大，结构复杂，施工难度大，不能按照一般受力的梁检算其结构静力稳定行为。随着跨度的增大，拱桥施工过程中的结构静力稳定问题必须引起高度重视，其整体稳定性直接影响工程安全，是关系到大桥能否顺利建成的关键，对确保施工安全具有重要意义。

与常用跨度桥梁相比，大跨度桥梁的受力特性、变形等结构非线性特征很明显，时变特性较突出。就结构空间静力非线性行为及稳定性而言，一是第一类稳定性分析方法已不能用于大跨度铁路拱桥；二是施工过程中结构变形大，容易导致结构几何失稳；三是失稳通常出现不同构件以及结构沿纵、横、竖等方向的组合形式的失稳形式；四是材料非线性对结构静力行为的影响严重；五是考虑施工全过程的结构空间静力非线性行为及稳定性比不考虑时更不利，计入施工全过程效应对结构空间静力非线性行为及稳定性有很大影响；六是每个施工阶段结构具有时变特征，结构刚度不同、加载方式不同，结构稳定性与加载历程有关，对大跨度铁路拱桥的结构空间静力非线性行为及稳定性必须考虑施工全过程的影响。

因此，大跨度拱桥在施工加载过程中的结构空间静力非线性稳定性直接影响工程安全，是关系到大桥能否顺利建成的关键。需要通过大跨度铁路拱桥施工全过程的结构空间静力非线性稳定性分析，优化和完善设计，为施工提供可靠的数据，确保结构设计和施工安全可靠。

5.2　稳定计算理论

5.2.1　概述

稳定问题是力学中一个重要分支，是桥梁工程中经常遇到的问题，与强度问题有着同等重要的意义。随着桥梁跨度的不断增大，箱梁薄壁化以及高强材料的应用，结构整体刚度和局部刚度的下降，使得稳定问题显得比以往更为重要。

桥梁结构的失稳现象表现为结构的整体失稳或局部失稳。局部失稳是指部分子结构的失稳或个别构件的失稳。局部失稳弱化了结构的整体承载能力，常常导致整个结构体系的失稳。

结构稳定分为完善状态的理想结构的第一类稳定（屈曲）问题和非完善结构的第二类稳定问题。通常情况下，第一类稳定有弹性屈曲和非线性屈曲，其内力没有太大的参考意义；而第二类稳定是非线性的极值问题，其内力是非常重要的，是考察结构极限承载力的重要依据。随着科学技术的发展和稳定问题研究的逐步深入，稳定理论与非线性理论的联系越来越密不可分。研究表明，只有通过对结构几何非线性关系以及材料非线性本构关系的研究，才能深入揭示复杂结构稳定问题的实质。

结构失稳是指结构在外力增加到某一量值时，稳定性平衡状态开始丧失，稍有扰动，结构变形迅速增大，使结构失去正常工作能力的现象。在桥梁结构中，总是要求其保持稳定平衡，也即沿各个方向都是稳定的。

研究稳定可以从小范围内观察，即在邻近原始状态的微小区域内进行研究。为揭示失稳的真谛，也可从大范围内进行研究。前者以小位移理论为基础，而后者建立在大位移非线性理论的基础上。因此，多年来人们一直把结构的稳定问题分为两大类：第一类稳定问题或具有平衡分岔的稳定问题（也叫分支点失稳），完善直杆轴心受压时的屈曲和完善平板中面受压时的屈曲都属于这一类；第二类稳定问题或无平衡分岔的稳定问题（也叫极值点失稳），由建筑钢材制成的偏心受压构件，在塑性发展到一定程度时丧失稳定的承载能力，属于这一类。

大跨度桥梁结构的稳定问题从失稳性质上也可分为第一类稳定和第二类稳定，结构体系的稳定分析理论，首先是从完善的理想结构出发的第一类稳定分析理论，随后逐渐发展到考虑初始缺陷的非完善结构的第二类稳定分析理论。

实际工程中的结构稳定问题一般都表现为第二类失稳。但是，由于第一类稳定问题是特征值问题，求解方便，在许多情况下两类问题的临界值相差不大，又是第二类稳定问题的上限，因此研究第一类稳定问题仍有一定的工程参考价值。

5.2.2 第一类稳定问题

与中心压杆的欧拉临界荷载相类似，大跨度桥梁结构的第一类稳定问题在数学上也就是解一个齐次方程的特征值。

第一类稳定问题的求解方程为：

$$([\boldsymbol{K}]_D + \lambda [\boldsymbol{K}]_\sigma)\{\Delta \boldsymbol{\delta}\} = \{0\} \tag{5.2.1}$$

数学上可以知道，上述方程可解的充分必要条件是：

$$\left| [\boldsymbol{K}] + \lambda [\boldsymbol{K}]_\sigma \right| = 0 \tag{5.2.2}$$

于是第一类稳定问题转化为求方程的最小特征值的问题，如果方程有 n 阶，那么数学上存在 n 个特征值 λ_1、λ_2、……、λ_n，但在工程中，只有最小的特征值才有意义，称为稳定安全系数，相应的特征值向量就是第一类稳定问题的失稳模态。

由于大跨度桥梁结构不可避免地存在初始的弯曲、偏心等缺陷，研究表明，几何缺陷会使轴心压杆的极限荷载低于分岔荷载。尤其对于大跨度桥梁结构，在外荷载作用下，结构构件的内力除了轴向压力外，弯矩、扭矩所占比重也比较大，结构的变形呈非线性状态，因此大跨度桥梁结构的失稳皆为第二类稳定问题。

在大跨度桥梁结构的第二类稳定计算中，应重点考查桥跨结构的整体稳定性及构件的局部压曲稳定性，尤其是桥跨结构架设施工状态的整体稳定性及单根构件的局部稳定性；其计算模型应考虑包括结构变形和构件轴力影响的几何非线性，以及结构材料非线性和单根构件极限承载力与局部屈曲等因素的影响，考虑施工过程中应力和位移的叠加效应，计算结构在自重、施工临时荷载及风荷载作用下的每一施工工况的结构稳定安全度，并对施工过程中每一施工工况的结构承载力薄弱构件进行识别和预警。

工程中大量使用的是稳定问题的近似求解方法。归结起来主要有两种类型：一类是从微分方程出发，通过数学上的各种近似方法求解，如逐次渐近法；另一类是基于能量变分原理的近似法，如 Ritz 法。有限元方法可以看成是 Ritz 法的特殊形式。当今非线性力学将有限元与计算机结合，得以将结构稳定问题当作非线性力学的特殊问题，用计算机程序实现求解，已取得了巨大的成功。

5.2.3 第二类稳定问题和极限承载力全过程分析

第二类稳定是指结构保持一个平衡状态，随着荷载的增加在应力比较大的区域出现塑性变形，结构的变形很快增大。当荷载达到一定数值时，即使不再增加，结构变形也自行迅速增大而导致结构的整体破坏。

桥梁结构的第二类失稳破坏通常表现出大位移、大应变的特点，因此精确的有限元方法应考虑结构的几何非线性和材料非线性问题，按复合非线性理论分析大跨度桥梁结构从加载开始直至达到稳定极限荷载的全过程受力情况。全过程分析是用于桥梁结构极限承载力分析的一种计算方法，它通过逐级增加工作荷载集度来考察结构的变形和受力特征，一直计算至结构发生破坏。

极限承载力是从"极限设计"的思想中引出的概念。传统的"强度设计"以构件最大工作应力乘以安全系数等于材料的屈服应力为依据。但是，一般情况下，构件某截面开始屈服并不能代表结构完全破坏，结构所能承受的荷载通常较构件开始屈服时的荷载为大，为了利用这一强度富裕度，"极限设计"提出极限荷载的概念，即引起结构完全崩溃的荷载，并将结构的工作荷载取为极限荷载的一个固定部分，显然"极限设计"更具科学性。

桥梁结构的极限承载力是指桥梁承受外荷载的最大能力。分析桥梁结构的极限承载力，不仅可以用于其极限设计，而且还可以了解其结构破坏形式，准确地知道结构在给定荷载下的安全储备或超载能力，为其安全施工和营运管理提供依据和保障。

从有限元计算的角度看，分析桥梁结构极限承载能力的实质就是通过不断求解计入几何非线性和材料非线性对结构刚度矩阵的影响，根据平衡方程，寻找其极限荷载的过程。桥梁结构在不断增加的外荷载作用下，结构内力及变形逐渐增大，结构刚度不断发生变化。当外载产生的压应力或剪应力使得结构刚度矩阵趋于奇异时，结构承载能力就达到了极限，此时的外荷载即为结构的极限荷载。

复合非线性分析可采用混合法，即将荷载分成若干增量，给定参数，由程序控制加载步长，在各个增量荷载上进行迭代。混合法具有增量法和迭代法的优点，它是用增量法考虑材料的非线性影响，将几何非线性迭代嵌入材料非线性的增量法之中，在每级荷载增量中折减刚度不变，并用 Newton-Raphson 方程法考虑几何非线性问题。

双重非线性有限元分析，实际求解中采用嵌套的方法考虑双重非线性问题，结构受力全过程分析采用混合法求解。一般双重非线性稳定理论采用 U.L 列式法建立增量形式的平衡方程。

双重非线性稳定分析的基本方程为：

$$([\boldsymbol{K}_0]+[\boldsymbol{K}_\sigma]+[\boldsymbol{K}_L])\{\boldsymbol{\delta}\}=\{\boldsymbol{P}\} \qquad (5.2.3)$$

式中，$[\boldsymbol{K}_0]$ 为小位移弹塑性刚度矩阵；$[\boldsymbol{K}_\sigma]$ 为单元的初应力刚度矩阵即几何刚度矩阵;$[K_L]$ 为大位移弹塑性刚度矩阵。

可以认为,第二类稳定问题的本质在于求解结构在受荷载全过程中"荷载 – 位移(P–Δ)曲线"。通常求解"荷载 – 位移曲线"可以采用两种方法,按照荷载增量法和按照位移增量法求解。大跨度混凝土拱桥稳定问题多采用荷载增量法求解,所以只对荷载增量法进行叙述。

按照荷载增量法加载的稳定性分析,第二类稳定问题在数学上归结为非线性方程式(5.2.3)的求解。在 U.L 法的增量形式下,加载时把结构的临界荷载 $\{P\}_{cr}$ 分成若干荷载增量 $\{\Delta P\}_i$($i=1,2,\cdots\cdots,n$),即:

$$\{P\}_{cr} = \sum_{i=1}^{n} \{\Delta P\}_i \tag{5.2.4}$$

那么,就任何一级加载 $\{\Delta P\}_i$ 而言,荷载 – 挠度曲线中的相应部分可以近似地认为是直线。于是有理由把一个总体表现为非线性的过程按若干个小的线性过程的叠加进行处理。只要在每个增量步对应的线性过程中计入该过程开始时的全部轴向力影响和应力 – 应变关系,这种线性化处理的结果也能相当好地逼近原来的非线性过程。因此,增量形式的平衡方程为:

$$[K]_{i-1} \{\Delta \delta\}_i = \{\Delta P\}_i \tag{5.2.5}$$

式中,$[K]_{i-1}$ 是第 i–1 次加载 $\{\Delta P\}_{i=1}$ 结束时的结构刚度矩阵,可在第 i 次加载前事先求出,其计算式为:

$$[K]_{i-1} = [K]_{0(i-1)} + [K]_{\sigma(i-1)} \tag{5.2.6}$$

第 i 级荷载增量作用结束时,结构承受的总荷载和总位移为:

$$\left. \begin{array}{l} \{P\}_j = \{P\}_0 + \sum_{i=1}^{j} \{\Delta P\}_i \\ \{\delta\}_j = \{\delta\}_0 + \sum_{i=1}^{j} \{\Delta \delta\}_i \end{array} \right\} \tag{5.2.7}$$

式中,$\{P\}_0$ 和 $\{\delta\}_0$ 为结构的初始荷载列阵和初始位移列阵。可见,这种方法可以监测结构加载达到临界荷载 $\{P\}_{cr}$ 过程中的荷载 – 位移变化以及结构内力行为。

大跨度桥梁结构在施工阶段的失稳临界荷载,实质上是在增量加载过程中,使式（5.2.5）的求解能够继续进行所施加的荷载总量。它的值应该在开始发散的一级荷载与前一级荷载之间，可按下述方法确定：

当加载 $\{\Delta P\}_{i-1}$ 收敛，而加载 $\{\Delta P\}_i^0$ 不收敛，则应在 $\{\Delta P\}_{i-1}$ 的基础上，令荷载增量 $\{\Delta P\}_i^0$ 减半，取 $\{\Delta P\}_i^1 = \{\Delta P\}_i^0 / 2$，此时常有两种可能：

（1）迭代继续发散。令荷载增量 $\{\Delta P\}_i^0$ 再减半，取 $\{\Delta P\}_i^2 = \{\Delta P\}_i^1 / 2$，直至收敛；则收敛的荷载增量为 $\{\Delta P\}_i = \{\Delta P\}_i^r$；

（2）迭代达到收敛。进行下一级增量计算，开始试取 $\{\Delta P\}_{i+1}^0 = \{\Delta P\}_i / 2$，继续进行迭代计算。

当前后两次所得收敛荷载总量的各位移方向的荷载二范数表示的相对误差满足：

$$\left(\|\boldsymbol{P}\|_{i+1}^{(k)} - \|\boldsymbol{P}\|_i^{(k)}\right) \leqslant \varepsilon \|\boldsymbol{P}\|_i^{(k)} \quad (5.2.8)$$

时，则荷载总量 $\{P\}_{i+1}$ 就是结构的失稳临界荷载，即：

$$\{P\}_{cr} = \{P\}_{i+1} \quad (5.2.9)$$

沿第 k 个位移方向的荷载总量的二范数按下式计算：

$$\|\boldsymbol{P}\|^{(k)} = \left\{\sum_{i=1}^n [\boldsymbol{P}_i^{(k)}]^2\right\}^{\frac{1}{2}} \quad (5.2.10)$$

式中，n 为结点总数；k 为位移分量方向号，在空间问题中，$k=1, 2, \cdots\cdots, 6$；相对误差 ε 取 10^{-3} 即可。

结构失稳的临界状态一旦确定，则相应的总变形 $\{\delta\}_f$ 描述的变形曲线即为相应的失稳模态。

5.2.4 结构失稳判据

在第二类稳定问题中，大跨度桥梁结构达到极限承载力的判据为：考虑上述因素后结构承载能力逐渐降低，最终达到承载能力的极限状态，当荷载达到临界值 $\{P\}_{cr}$ 时，在结构的 P-Δ 曲线上表现为曲线斜率逐渐减小，直到趋近于零；越过极值点后，曲线斜率小于零；在 P-Δ 曲线斜率发生明显变化（有趋近于零的倾向)时,结合结构整体刚度矩阵$[K_T]$的正定性质,可得到结构失稳的判别式为:当包含几何刚度矩阵在内的结构整体刚度矩阵$[K_T]$不正定,即

$$\det |[K_T]| \leqslant 0 \quad (5.2.11)$$

式中,算子$\det |\cdot|$表示矩阵$[K_T]$对应的行列式之值。据此,可获得结构承载能力的极限状态。

如果在第 j 次增量$\{\Delta P\}_j$作用结束后,结构的总刚度矩阵使式(5.2.11)满足,那么前 j 次荷载增量过程中施加的总荷载即为结构的临界荷载。

结构稳定安全系数 K 定义为:

$$K = \frac{P_{cr}}{P_T} \quad (5.2.12)$$

式中,P_T为施工阶段的结构自重;P_{cr}为结构的极限承载力,即荷载增量加载过程中达到式(5.2.11)时所对应的结构承载力;加载的荷载基数为P_T。实际上,K 为结构达到极限承载力时关于P_T的加载倍数。

5.2.5 稳定计算的非线性模拟

1)几何非线性

大跨度桥梁结构几何非线性分析的有限位移理论已比较成熟,其几何非线性分析目前大致有两种分析方法:一类是非线性有限元法,此种方法是通过选择适当的位移模式,结合非线性的应力-应变关系,运用虚功原理得出杆端力与杆端位移之间的平衡关系的一类分析方法;另一类是稳定函数法,此种方法是根据梁的微分方程,通过引入稳定函数来考虑轴力、弯矩的耦合作用及其对结构单元刚度的影响的一类分析方法。

大跨度桥梁结构分析与传统的连续梁和桁架桥的结构分析相比较,几何非线性的影响尤为突出,影响因素也多。特别是大跨度的钢筋混凝土拱桥,由于主拱圈在施工过程中预拱度较大,整个结构的几何变形也大,大变形问题很突出,主拱圈施工过程复杂,结构体系和结构受力行为不断变化,加上弯矩和轴力的相互作用等因素的影响,导致大跨度拱桥的几何非线性分析显得较为复杂,也使得大跨度拱桥的几何非线性问题的研究越来越重要。

大跨度拱桥几何非线性影响因素可概括为:结构大变形效应和弯矩-轴向力组合效应。

(1)结构大变形

大跨度拱桥的上部结构在荷载作用下几何位置变化显著。从有限元法的角度来说,结点坐标随荷载的增量变化较大,各单元的长度、倾角等几何特性也相应产生较大的改变,结构的刚度矩阵成为几何变形的函数,因此,平衡方程(5.2.13)不再是线性关系,小变形假设中的叠加原理也不再适用。

$$[K]\{\delta\}=\{P\} \quad (5.2.13)$$

解决上述矛盾的方法是在计算应力及反力时计入结构位移的影响,也就是位移理论。平衡条件是根据变形后的几何位置给出的,荷载与位移并不再保持线性性质。内力与外荷载之间的正比关系也不再存在。由于结构大变形的存在,产生了与荷载增量不成正比的附加应力。

近年来,结构非线性计算发展为采用基于连续介质力学理论的 T.L. 列式(总体拉格朗日列式)和 U.L. 列式(更新的拉格朗日列式)来分析。T.L. 列式是指在整个分析过程中,以 $t=0$ 时的构形作为参考,且参考位形保持不变。U.L. 列式是指建立在 $(t+\Delta t)$ 时刻物体平衡方程时,如果我们选择的参照构形不是未变形状态 $t=0$ 时的构形,而是最后一个已知平衡状态,即以本增量步起始时的 t 时刻构形为参照构形。现已证明稳定函数中的修正系数展开后实质就是结构的几何刚度矩阵。刚度矩阵不再为弹性刚度矩阵,而应和稳定函数修正的弹性刚度矩阵、大位移矩阵、几何刚度叠加后的切线刚度矩阵。

单元的切线刚度矩阵都是以无应力状态的长度 L_0 为基准,而在计算时的设计长度实际上包含了初应力的影响,因而,首先需要由构件的内力求出无应力长度。如果构件在温度为 t_2 时的轴力为 P_0,构件的当前长度为 L,材料的热膨胀系数为 α,则构件在温度为 t_1 时的无应力长度可由式(5.2.14)确定。

$$L_0=\frac{L}{1+\dfrac{P_0}{EA}+\alpha(t_1-t_2)} \quad (5.2.14)$$

在建立最终的平衡方程之前,应将初始状态的内力、荷载一起考虑进去,计算结构在新的位置下的平衡状态,才能得到结构的真实变形和内力。

在计算方法上,可以采用逐步逼近的方法。根据结构初始几何状态,采用线性分析的方法求出结构内力和位移,使用带动坐标的混合法对几何位置加以修正,这时各单元的刚度矩阵也相应有所变化。利用变形后的刚度矩阵和结点位移求出杆端力。由于变形前后刚度不同,产生了结点不平衡荷载,将此不平衡荷载作为结点外荷载作用于结点上再次计算结构位移，如此迭代直至不平衡荷载小于允许范围为止。

迭代过程中的初始荷载和每次迭代时的不平衡荷载都是以增量的形式加载的。在每个荷载增量加载期间假设刚度矩阵为一常数，即增量区间的左端点对应的刚度矩阵。求解平衡方程，得出该荷载增量下的位移增量，由此可以在该荷载增量区间末对结构的几何位置进行修正，用于下一个荷载增量计算。这样，每次荷载增量下的结构刚度矩阵和杆端力计算都与当时的几何位置相对应，虽然在各荷载增量加载过程中作了线性假设，但只要荷载分得足够细，迭代次数足够多，就可以用这种分段线性来代替大变形引起的非线性。

（2）弯矩和轴向力的耦合效应

大跨度拱桥的拱圈各构件处于弯矩和轴力组合作用下，如图 5.2.1 所示。

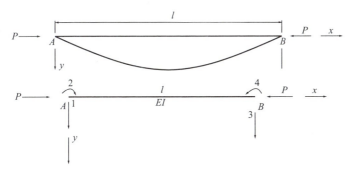

图 5.2.1 轴向受压杆件

这些构件即使在材料满足虎克定律的情况下也会呈现非线性特性。构件在轴力作用下的横向挠度会引起附加弯矩，而弯矩又影响轴向刚度的大小，此时叠加原理不再适用。但如果构件承受着一系列的横向荷载和位移作用，而轴向力假定保持不变，那么这些横向荷载和位移还是可以叠加的。因此，轴向力可以被看作为影响横向刚度的一个参数，一旦该参数对横向刚度的影响确定下来，就可以采用线性分析的方法进行近似计算。

对弯矩和轴向力的组合效应的处理方法一般是引进稳定性函数的概念，用此函数对刚度矩阵加以修正后再实施线性计算。

（2）材料非线性

凡是在本构关系中放弃材料线性关系假定的理论，均属材料非线性范畴。桥梁结构以钢和混凝土作为主要建材，因此，涉及的材料非线性主要是非线性弹塑性问题和混凝土徐变问题。

桥梁结构在经受超载作用时，会出现部分构件应力超过材料弹性极限的现象。这种现象虽然往往是局域性的，但结构破坏与损伤却由这些区域开始，导致结构失效。应力超过弹性极限后，材料弹性模量 E 成为应力的函数，导致基本控制方程的非线性，即材料非线性问题。研究材料非线性问题，对于分析结构极限承载能力，解决桥梁非线性稳定问题有着十分重要的意义。

对北盘江大桥钢筋混凝土拱桥的非线性稳定分析而言，其重点是劲性钢骨架、混凝土的材料本构关系的曲线描述方式。

5.2.6 结构整体静力稳定性评价标准

施工过程中桥梁结构的稳定计算已经引起了人们足够的重视，随着计算能力和监测手段的不断提高，分段施工中桥梁结构稳定验算的精度和稳定性监控的准确性有了很大的提高。尽管我国现行桥梁规范中还未详细列出针对各种分段施工方法的稳定性验算内容，但是，衡量施工阶段桥梁结构整体稳定性的重要参数——稳定安全系数，在部分现行规范中作出了明确规定。

在公路桥梁中，"传统"的对拱桥整体稳定安全系数 K 要求大于 4~5 的概念来源于第一类稳定问题，本质上是针对简化的平面计算模型所给出的弹性稳定安全系数。《公路斜拉桥设计细则》（JTG/T D65-01—2007）要求"斜拉桥结构体系第一类稳定，即弹性屈曲的结构稳定安全系数应不小于 4"。

日本道路协会规范和美国 AASHTO 规范中关于分段施工中的稳定性验算内容和安全系数要求：在悬臂施工时，梁体倾覆稳定安全系数不小于 1.5，块件吊装安全系数不小于 2.0，挂篮/起重机倾覆稳定安全系数不小于 1.5。

极限状态下钢结构的相应整体安全系数，国外较多桥梁方面的设计规范，如欧洲铁路国际联盟规范 UIC（1978）、英国桥梁规范 BS5400、美国公路桥梁规范 AASHTO（1979）、美国铁路桥梁规范 AREA（1981）等，在列入荷载系数设计法（承载强度设计法）时，都给出了相应的极限状态。参照国内"铁路桥规"，采用容许应力法时，如果不考虑结构的稳定性折减及疲劳问题，则钢结构的整体安全系数要求达到 $K \geq 1.7$。

按第二类稳定即丧失承载能力的概念，用极限状态法设计桥梁时，稳定与最终的极限承载能力是统一的。因此，桥梁的结构稳定安全系数与强度安全系数也是一致的。

《公路斜拉桥设计细则》(JTG/T D65-01—2007)要求"斜拉桥结构体系……第二类稳定,即计入材料非线性影响的弹塑性强度稳定的安全系数,混凝土主梁应不小于2.50,钢主梁应不小于1.75"。

考虑到铁路桥梁规范尚未对"桥梁整体稳定安全系数"作出明确规定,依据《公路桥涵设计通用规范》(JTG D60—2015),并参考国内若干已建大跨度桥梁结构稳定性评估经验,北盘江大桥钢筋混凝土拱桥施工期间结构整体静力稳定性判别标准为:在考虑结构非线性及单根构件极限承载力的影响后,采用整体加载方式,按空间结构分析模型及第二类稳定问题研究其桥梁结构的非线性稳定,主拱圈施工过程的非线性稳定安全系数(加载系数)的预警值设为2.0;当计算的非线性稳定安全系数(加载系数)在预警值以上时,结构的整体稳定性均有保证;当计算的非线性稳定安全系数(加载系数)在预警值以下时,则表示"结构稳定性不足"。

5.3 主拱圈非线性静力稳定性分析

计算阶段编号与"2.9.2 拱圈施工"中施工步骤编号相同。

5.3.1 材料参数

稳定计算分析采用的材料特性如表5.3.1所示。

主要材料特性 表5.3.1

结构部位	材料	弹性模量(MPa)	重度(kN/m³)	线膨胀系数	泊松比
钢管内填混凝土	C80	3.80×10^4	26.0	1.00×10^{-5}	0.2
型钢桁架连接系	Q345B	2.10×10^5	78.5	1.20×10^{-5}	0.3
型钢桁架连接系	Q345B	2.10×10^5	78.5	1.20×10^{-5}	0.3
型钢桁架连接系	Q235B	2.10×10^5	78.5	1.20×10^{-5}	0.3
骨架外包混凝土	C60	3.60×10^4	26.0	1.00×10^{-5}	0.2
施工扣锚索钢绞线	1860MPa	1.95×10^5	78.5	1.20×10^{-5}	0.3

5.3.2 恒载与施工荷载

1）结构自重

建立空间模型时，赋予了各单元材料的重度属性。在求解时施加竖向荷载，来模拟真实结构所受到的重力作用，结构自重作为永久压重作用在相应位置上。

2）临时拉索安装索力

钢管骨架吊装时的扣索两侧各10对，40根，扣索编号和索力如表5.3.2所示（表中为半跨桥的单根扣索索力）。

钢管骨架吊装扣索索力值　　　　表5.3.2

扣索编号	1	2	3	4	5	6	7	8	9	10
扣索索力（kN）	284	272	310	305	335	405	528	655	879	1205

拱脚水平投影45m段全断面外包混凝土施工时的扣索两侧各9对，36根，扣索编号和索力如表5.3.3所示（表中为半跨桥的单根扣索索力）。

外包混凝土扣索索力值　　　　表5.3.3

扣索编号	1′	2′	3′	4′	5′	6′	7′	8′	9′
扣索索力（kN）	1700	1843	2042	1555	1713	1381	1469	1219	1260

3）施工过程临时荷载

拱肋建造过程中的施工荷载，混凝土湿重按照施工过程各阶段外包混凝土的重量作用于劲性骨架弦管上，混凝土重度按26.0kN/m^3计算，计算中所考虑的临时施工荷载如表5.3.4所示。

临时施工荷载表　　　　表5.3.4

节段编号	1	2	3	4	5	6	7	8、10、12、14、20	9、11、13、15、17、19	16	18
临时荷载（kN）	55	208	170	172	133	153	129	151	127	150	109

4）施工过程风荷载

主拱圈施工过程所受静风荷载按照《铁路桥涵设计基本规范》（TB 10002.1—2017）第4.4.1条计算，即：基本风压根据桥址地理位置按全国基本风压分布图取值：$W_0=500Pa$、$K_1=1.3$、$K_2=1.56$、$K_3=1.3$，$W=K_1 \times K_2 \times K_3 \times W_0=1318.2Pa$。

5）施工时混凝土强度

计算本施工步骤时，灌注的钢管内混凝土或外包混凝土仅为湿重，强度为0；上一施工步骤灌注的钢管内混凝土或外包混凝土强度按80%计算；上一施工步骤前灌注的钢管内混凝土或外包混凝土强度按100%计算。

5.3.3 计算模型

北盘江大桥钢筋混凝土拱圈的第二类稳定性分析（非线性稳定分析）采用西南交通大学"大跨度结构和桥梁非线性稳定分析程序系统LSB"。钢筋混凝土拱圈的LSB计算模型为空间三维有限元模型，模型中除考虑了主拱圈的弦杆、桁架连接系等主要构件外，还考虑了劲性骨架架设、分环外包混凝土施工过程中的施工临时扣索，包括全部临时构件单元的结构整体模型。

在该桥构件连接处设置空间结点，整体空间模型采用有限元模型模拟。采用由空间梁单元、空间索单元、平壳单元等构成的空间组合结构，但不考虑因焊接、装配及施工等外因所造成的结点和构件的质量缺陷。主拱圈的弦杆、桁架连接系杆件均采用空间梁单元模拟，临时扣索采用拉索单元模拟，拱圈所有外包混凝土采用平壳单元模拟，平壳单元通过与主拱圈劲性骨架梁单元共结点实现劲性骨架与外包混凝土的共同受力。边界条件约束为：拱脚按固结模拟；施工过程中临时拉索锚固在交界墩上，按固结处理。

计算时按施工顺序考虑了劲性骨架的贯通过程、分环外包混凝土的施工过程与模板等施工荷载的移动以及临时扣索的安装与拆除，考虑了结构内力和变形的累加效应。整体计算、劲性骨架合龙计算、主拱圈外包混凝土完成状态计算的模型简图分别如图5.3.1~图5.3.3所示。

5.3.4 几何非线性及材料本构关系

1）几何非线性

几何非线性主要是梁-柱效应和大位移效应。由于拱圈的自重作用，主拱各构件不仅承受弯矩，还将承受很大的轴向力，在施工过程中，轴向力和弯矩相互影响而产生梁-柱效应，使北盘江大桥钢筋混凝土拱桥拱圈表现出几何非线性行为。以及大位移产生的结构几何形状变化引起的几何非线性效应。

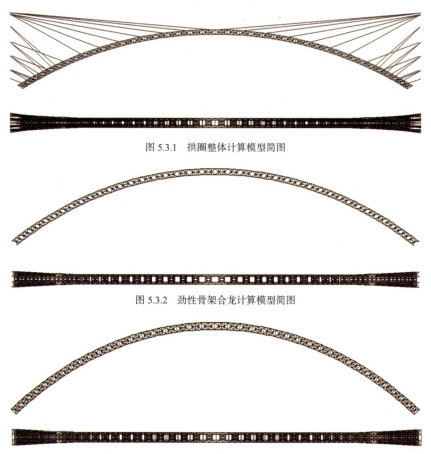

图 5.3.1　拱圈整体计算模型简图

图 5.3.2　劲性骨架合龙计算模型简图

图 5.3.3　主拱圈外包混凝土完成状态计算模型简图

2）材料非线性

混凝土是一种抗拉强度远低于抗压强度的材料，且是多相非均质材料，影响 σ-ε 曲线形状的因数很多，对其 σ-ε 曲线的数学模式，国内外众多学者进行了广泛研究，但未取得一个公认的统一模式。考虑到对材料拉-压异性特征及 σ-ε 曲线下降段进行处理的局限性，参考我国混凝土结构规范，把混凝土材料的本构关系简化成分段线性化的折线模式，其上升段的曲线简化成两条折线，如图 5.3.4 所示。

一般测定的混凝土弹性模量 E_c，是加载到 40% 轴心抗压强度时的割线模量。因此，在加载初始阶段，取此割线为 $\sigma\text{-}\varepsilon$ 曲线的线性阶段。

上升初期：

$$0 < \varepsilon < \varepsilon_c, \quad \sigma = E_c \varepsilon \tag{5.3.1}$$

式中，ε_c 可由比例极限应力 σ_c（取 $0.4\sigma_0$）及弹性模量 E_c 求得，即：

$$\varepsilon_c = \frac{\sigma_c}{E_c} \tag{5.3.2}$$

上升后期，$\sigma\text{-}\varepsilon$ 关系，可用（ε_c, σ_c）和（ε_0, σ_0）两点间的连线来模拟，其倾斜度为：

$$\varepsilon_c < \varepsilon < \varepsilon_0, \quad E_0 = \frac{\sigma_0 - \sigma_c}{\varepsilon_0 - \varepsilon_c} \tag{5.3.3}$$

北盘江大桥钢筋混凝土拱桥主拱圈外包混凝土采用 C60 混凝土，其主要材料参数为：$\sigma_0 = 40.0\text{MPa}$，$\sigma_c = 0.4\sigma_0 = 16.0\text{MPa}$，$E_c = 36.5\text{GPa}$，$\varepsilon_u = 0.0033$，$\varepsilon_0 = 0.002$，$\varepsilon_c = \sigma_c / E_c = 0.000438$，$E_0 = (\sigma_0 - \sigma_c)/(\varepsilon_0 - \varepsilon_c) = 15.4\text{GPa}$。

主拱圈劲性骨架的弦杆及桁架连接系均采用钢材，根据《铁路桥梁钢结构设计规范》（TB 10091—2017），弹性模量 E_g=210GPa，Q370D 钢 σ_s=370MPa，Q345D 钢 σ_s=345MPa，Q235D 钢 σ_s=235MPa。其本构关系均为理想弹塑性模式，如图 5.3.5 所示。

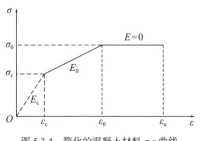
图 5.3.4　简化的混凝土材料 $\sigma\text{-}\varepsilon$ 曲线

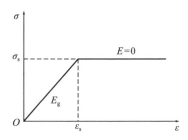
图 5.3.5　钢材的本构 $\sigma\text{-}\varepsilon$ 曲线

主拱圈劲性骨架的钢管内浇筑 C80 混凝土并达到设计强度后成为钢管混凝土，根据《钢管混凝土结构技术规程》（CECS 28—2012）的规定及有关钢管混凝土结构的研究成果，其本构关系（$N\text{-}\Delta$ 曲线）可近似按理想弹塑性模式处理，如图 5.3.6 所示。

缆索钢在破坏时其延伸率比软钢小得多，没有明显的塑性平台，可认为临时扣索的破坏为脆性破坏，其 σ-ε 曲线可假设为如图 5.3.7 所示。

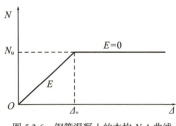
图 5.3.6 钢管混凝土的本构 N-Δ 曲线

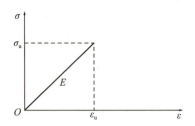
图 5.3.7 临时扣索的材料本构 σ-ε 曲线

临时扣索弹性模量 E=195GPa，抗拉标准强度 σ_b=1860MPa。临时扣索的极限状态由高强钢丝的破断应力 σ_μ=0.95×1860MPa =1767MPa 控制，临时扣索一旦到达其极限状态，则视为拉断，将其从结构中拆除，不再作为受力构件，临时扣索单元便退出工作。

3）用于极限承载力分析的单元模式

桥梁结构分析以梁单元为主，用于极限承载力分析的梁单元模式主要有三种：一是带有塑性铰的一般梁单元；二是不分层的等参梁单元，常常沿梁轴向和横截面上取一定数量的高斯点来反映梁元上不同点的应力、应变情况，单元刚度阵通过这些点的高斯积分来形成；三是采用折减刚度法的分层梁单元。

前两种单元模式只适用于形状规则、材质相同的截面形式，因此，其应用受到限制。在 LSB 程序中，采用第三种单元模式考虑材料非线性完成北盘江大桥钢筋混凝土拱桥主拱圈的极限承载力分析。

5.3.5 结构稳定计算的荷载加载与构件极限状态

1）荷载加载

施工过程中，结构竖向荷载由拱圈自重以及主要施工荷载（模板自重及施工临时荷载等）等组成；横桥向荷载为横向静风。

除临时扣索的安装张拉力加载到设计张拉力（即 K=1.0）外，作用于拱圈上的其他荷载（结构自重、施工荷载及静风荷载等），均按同一比例在原作用位置进行荷载增量加载，直到结构达到其极限承载力为止。

2）单根构件极限状态

钢管混凝土弦杆的极限状态根据《钢管混凝土结构技术规程》（CECS 28—

2012）的规定，由极限承载能力 N_μ 控制，N_μ=37277kN；临时扣索的极限状态由高强钢丝的破断应力（0.95×1860MPa = 1767MPa）控制，主拱圈外包混凝土（C60 混凝土）、劲性骨架空钢管（Q370D 钢材）及桁架连接系（Q345D、Q235D 钢材）的局部极限承载能力的计算应力分别采用标准强度、屈服强度控制。

5.3.6 非线性稳定计算

用 LSB 程序计算所得北盘江大桥钢筋混凝土拱桥施工图设计主拱圈施工全过程考虑几何、材料双重非线性影响的稳定安全系数 K_N 随施工阶段的变化曲线如图 5.3.8 所示。

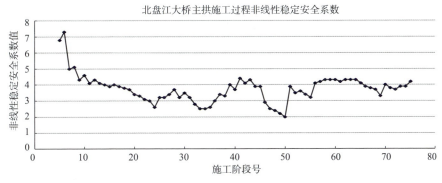

图 5.3.8　拱圈非线性稳定安全系数随计算阶段的变化曲线

从图 5.3.8 可以看出，主拱圈施工过程的非线性稳定安全系数为 7.4~2.0。最小值 2.0，出现在第 50 号施工阶段，即中间水平投影 355m 段边箱腹板外包 6 个工作面的第 5 段混凝土，即拱肋腹板合龙施工阶段。其中：

钢管骨架安装和灌注钢管内混凝土阶段的非线性稳定系数如图 5.3.9 所示。

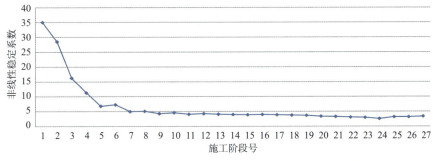

图 5.3.9　钢管骨架安装和灌注钢管内混凝土阶段的非线性稳定系数

从图 5.3.9 可以看出，劲性骨架节段悬臂吊装至贯通合龙阶段，非线性稳定安全系数为 35.0（以上）~3.3。悬臂安装第 1~8 节段时，结构的稳定安全系数较大，均不小于 5.0，但非线性稳定安全系数变化曲线整体呈急剧下降趋势。在随后悬臂安装第 9 节段直至合龙，非线性稳定安全系数为 4.6~3.3，非线性稳定安全系数变化曲线整体呈波动型的缓慢下降趋势。劲性骨架节段悬臂吊装至合龙的稳定安全系数的最小值为 3.3，出现在钢管骨架合龙阶段。

浇筑钢管内混凝土施工阶段，非线性稳定安全系数为 2.6~3.4。随主弦杆逐步达到钢管混凝土设计强度，结构的非线性稳定安全系数变化曲线整体呈缓慢上升趋势。

边箱底板外包混凝土和拱脚水平投影 45m 段全断面外包混凝土阶段的非线性稳定系数如图 5.3.10 所示。

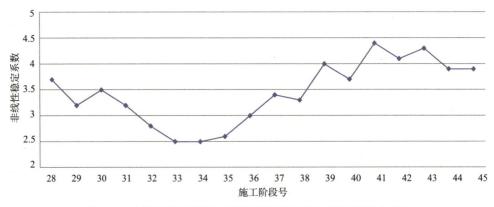

图 5.3.10　边箱底板外包混凝土和拱脚全断面外包混凝土的非线性稳定系数

从图 5.3.10 可以看出，边箱底板外包混凝土是分环外包混凝土的第一施工阶段，结构的稳定安全系数为 2.5~3.7，其中拱脚 5m 实体段混凝土支架浇筑阶段非线性稳定安全系数最大，达到 3.7，然后随边箱底板外包混凝土工作面分段浇筑，非线性稳定安全系数在 3.5~2.5 的区间内呈波动型缓慢下降。随后的水平长度 45m 拱脚全断面外包混凝土施工中，结构的稳定安全系数相对较大，为 3.0~4.4，非线性稳定安全系数最先是 3.0，逐渐增大至 4.0，再略降至 3.7，然后达到最大值 4.4，此后又呈波动型缓慢下降至 3.9，整体呈凸起的山峰状变化趋势。

中间水平投影 355m 外包混凝土阶段的非线性稳定系数如图 5.3.11 所示。

第 5 章 拱圈非线性稳定性分析

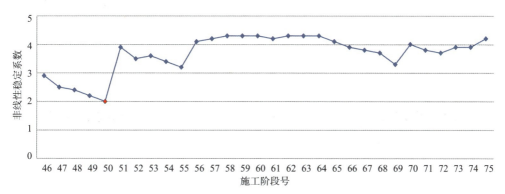

图 5.3.11　边箱底板外包混凝土和拱脚全断面外包混凝土的非线性稳定系数

从图 5.3.11 可以看出，边箱腹板（含边箱横隔板）外包混凝土施工是分环外包混凝土施工过程中结构非线性稳定安全系数相对较低的施工阶段，为 2.0~2.9。非线性稳定安全系数最先自 2.9 逐渐下降至腹板合龙时（施工阶段 50，图中红点）的最小值 2.0，呈单调下降变化趋势。主拱肋腹板合龙显著提高了结构整体刚度，非线性稳定安全系数急剧上升到 3.9。

边箱顶板外包混凝土阶段，非线性稳定安全系数由 3.9 开始呈小幅波动型递减至边箱顶板合龙时的 3.2。边箱顶板合龙后非线性稳定安全系数上升为 4.1。

中箱底板（含中箱横隔板）外包段混凝土时，稳定安全系数由 4.1 缓慢下降至中箱底板合龙时的 3.3。中箱底板合龙后非线性稳定安全系数上升为 4.0。

中箱顶板外包混凝土阶段，结构的稳定安全系数由 4.0 开始呈波动型变化缓慢下降至中箱顶板合龙时的 3.9。中箱顶板合龙，标志着拱圈外包混凝土的完成，拱圈刚度达到其最大值，相应的非线性稳定安全系数为 4.2。

5.4　主要计算阶段结构失稳状态分析

考虑几何、材料双重非线性及单根构件极限承载能力的影响，用 LSB 程序计算北盘江大桥施工图设计主拱圈施工全过程稳定安全系数，主要控制阶段的结构失稳形态。从下工况号与图 5.3.11 中的"施工阶段号"相对应。

工况 13：该工况为悬臂安装劲性骨架第 13 段的施工阶段，施加荷载为第 1~13 段劲性骨架的自重及横向静风荷载。非线性稳定安全系数 K_N=4.1，部分连接系构件超过局部承载能力。结构失稳形态如图 5.4.1 所示，以面内失稳为主。

图 5.4.1 悬臂安装劲性骨架第 13 段的失稳形态

工况 20：该工况为悬臂安装劲性骨架第 20 段和 10 号扣索，施加荷载为第 1~20 段劲性骨架的自重及横向静风荷载。非线性稳定安全系数 K_N=3.4，部分连接系构件超过局部承载能力。结构失稳形态如图 5.4.2 所示，以面外失稳为主。

图 5.4.2 劲性骨架最大悬臂施工阶段的失稳形态

工况 21：该工况为悬臂安装劲性骨架合龙段的施工阶段，施加荷载为主拱圈劲性骨架的自重及横向静风荷载。非线性稳定安全系数 K_N=3.3，此时，部分连接系构件超过局部承载能力。结构失稳形态如图 5.4.3 所示，以面外失稳为主。

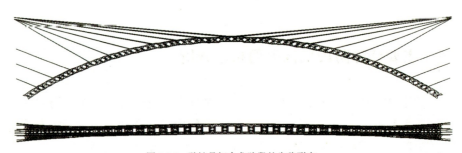

图 5.4.3 劲性骨架合龙阶段的失稳形态

工况 24：该工况为浇筑下弦外侧 2 根钢管内混凝土的施工阶段，施加荷载为主拱圈劲性骨架自重、钢管内混凝土自重及横向静风荷载。非线性稳定安全

系数 K_N= 2.6，部分连接系构件超过局部承载能力。结构失稳形态如图 5.4.4 所示，以面外失稳为主。

图 5.4.4　浇筑下弦外侧 2 根钢管内混凝土阶段的失稳形态

工况 27：该工况为浇筑上弦内侧 2 根钢管内混凝土的施工阶段，施加荷载为主拱圈劲性骨架自重、钢管内混凝土自重及横向静风荷载。随着主弦杆逐步达到钢管混凝土设计强度，非线性稳定安全系数 K_N=3.4，部分连接系构件超过局部承载能力。结构失稳形态如图 5.4.5 所示，以面外失稳为主。

图 5.4.5　浇筑上弦内侧 2 根钢管内混凝土阶段的失稳形态

工况 34：该工况为浇筑主拱圈边箱外包底板 6 个工作面的第 6 段混凝土的施工阶段，在主拱圈劲性骨架桁架连接系自重、弦杆钢管混凝土自重、拱圈外包混凝土自重及沿拱圈横向静风荷载的作用下，非线性稳定安全系数 K_N=2.5。加载系数至 1.6 时，部分连接系构件超过局部承载能力。结构失稳形态如图 5.4.6 所示，以面外失稳为主。

工况 36：该工况为拱脚全断面外包段混凝土施工（水平长度 45m）的开始阶段，浇筑拱脚第 1 段腹板、顶板混凝土。在主拱圈劲性骨架桁架连接系自重、弦杆钢管混凝土自重、拱圈外包混凝土自重及沿拱圈横向静风荷载的作用下，非线性稳定安全系数 K_N=3.0。加载系数至 1.5 时，部分连接系构件超过局部承载能力。结构失稳形态如图 5.4.7 所示，以面内失稳为主。

图 5.4.6 浇筑主拱圈边箱外包底板 6 个工作面的第 6 段混凝土阶段的失稳形态

图 5.4.7 浇筑主拱圈拱脚全断面外包第 1 段腹板、顶板混凝土阶段的失稳形态

工况 38：该工况为拱脚全断面外包段浇筑拱脚第 2 段腹板、顶板混凝土施工阶段，在主拱圈劲性骨架桁架连接系自重、弦杆钢管混凝土自重、拱圈外包混凝土自重及沿拱圈横向静风荷载的作用下，非线性稳定安全系数 K_N=3.3。加载系数至 1.5 时，部分连接系构件超过局部承载能力。结构失稳形态如图 5.4.8 所示，以面内失稳为主。

图 5.4.8 浇筑主拱圈拱脚全断面外包第 2 段腹板、顶板混凝土阶段的失稳形态

工况 40：该工况为拱脚全断面外包段浇筑拱脚第 3 段腹板、顶板混凝土施工阶段，在主拱圈劲性骨架桁架连接系自重、弦杆钢管混凝土自重、拱圈外包混凝土自重及沿拱圈横向静风荷载的作用下，非线性稳定安全系数 K_N=3.7。加载系数至 1.7 时，部分连接系构件超过局部承载能力。结构失稳形态如图 5.4.9 所示，以面内失稳为主。

图 5.4.9　浇筑主拱圈拱脚全断面外包第 3 段腹板、顶板混凝土阶段的失稳形态

工况 47：该工况为浇筑中段边箱外包腹板（含边箱横隔板）6 个工作面的第 2 段混凝土的施工阶段，在主拱圈劲性骨架桁架连接系自重、弦杆钢管混凝土自重、拱圈外包混凝土自重及沿拱圈横向静风荷载的作用下，非线性稳定安全系数 K_N=2.5。加载系数至 1.9 时，部分连接系构件超过局部承载能力。结构失稳形态如图 5.4.10 所示，以面内失稳为主。

图 5.4.10　浇筑主拱圈边箱中段腹板 6 个工作面的第 2 段混凝土阶段的失稳形态

工况 50：该工况为浇筑中段边箱外包腹板（含边箱横隔板）6 个工作面的第 5 段混凝土的施工阶段，即主拱圈外包腹板合龙。在主拱圈劲性骨架桁架连接系自重、弦杆钢管混凝土自重、拱圈外包混凝土自重及沿拱圈横向静风荷载的作用下，非线性稳定安全系数 K_N=2.0，部分连接系构件超过局部承载能力。结构失稳形态如图 5.4.11 所示，以面内失稳为主。

图 5.4.11　浇筑主拱圈边箱中段腹板 6 个工作面的第 5 段混凝土阶段的失稳形态

工况 55：该工况为浇筑中段边箱外包顶板 6 个工作面第 5 段混凝土的施工阶段，即主拱圈边箱顶板合龙。在主拱圈劲性骨架桁架连接系自重、弦杆钢管混凝土自重、拱圈外包混凝土自重及沿拱圈横向静风荷载的作用下，非线性稳定安全系数 $K_N=3.2$。加载系数至 3.1 时，部分连接系构件超过局部承载能力。结构失稳形态如图 5.4.12 所示，以面内失稳为主。

图 5.4.12　浇筑边箱顶板合龙段混凝土阶段的失稳形态

工况 69：该工况为浇筑中段中箱外包底板（含中箱横隔板）的 6 个工作面第 5 段混凝土的施工阶段，即主拱圈中箱底板合龙。在主拱圈劲性骨架桁架连接系自重、弦杆钢管混凝土自重、拱圈外包混凝土自重及沿拱圈横向静风荷载的作用下非线性稳定安全系数 $K_N=3.3$。加载系数至 2.9 时，部分连接系构件超过局部承载能力。结构失稳形态如图 5.4.13 所示，以面内失稳为主。

图 5.4.13　浇筑中箱底板合龙段混凝土阶段的失稳形态

工况 72：该工况为浇筑中段中箱外包顶板 6 个工作面第 3 段混凝土的施工阶段，在主拱圈劲性骨架桁架连接系自重、弦杆钢管混凝土自重、拱圈外包混凝土自重及沿拱圈横向静风荷载的作用下，非线性稳定安全系数 $K_N=3.7$。加载系数至 3.0 时，部分连接系构件超过局部承载能力。结构失稳形态如图 5.4.14 所示，以面内失稳为主。

拱圈非线性稳定性分析 第 5 章

图 5.4.14 浇筑中箱顶板 6 个工作面第 3 段混凝土阶段的失稳形态

工况 74：该工况为浇筑中段中箱外包顶板 6 个工作面第 5 段混凝土的施工阶段，即主拱圈中箱顶板合龙。在主拱圈劲性骨架桁架连接系自重、弦杆钢管混凝土自重、拱圈外包混凝土自重及沿拱圈横向静风荷载的作用下，非线性稳定安全系数 K_N=3.9。加载系数至 3.1 时，部分连接系构件超过局部承载能力。结构失稳形态如图 5.4.15 所示，以面内失稳为主。

图 5.4.15 浇筑中箱顶板合龙段混凝土阶段的失稳形态

工况 75：该工况主拱圈劲性骨架外包混凝土施工全部完成，拆除全部施工临时荷载（模板、施工安全通道等）。在主拱圈劲性骨架桁架连接系自重、弦杆钢管混凝土自重、拱圈外包混凝土自重及沿拱圈横向静风荷载的作用下，非线性稳定安全系数 K_N=4.2。加载系数至 3.1 时，部分连接系构件超过局部承载能力。结构失稳形态如图 5.4.16 所示，以面内失稳为主。

图 5.4.16 主拱圈劲性骨架外包混凝土施工全部完成阶段的失稳形态

参考已建跨度420m万州长江公路大桥及国内若干已建大跨度桥梁结构稳定性评估方法与评估经验，从上述结构失稳形态和非线性稳定安全系数可以发现，北盘江大桥拱圈施工过程中非线性稳定安全系数均不小于2.0，整体稳定性满足要求。在施工全过程的稳定分析加载过程中，结构达到整体失稳的承载能力极限状态时，无论是钢管混凝土弦杆及桁架连接系杆件，还是拱圈外包混凝土构件，均具有一定的承载能力。

在主拱边箱底板外包混凝土、拱脚全断面外包段混凝土（水平长度45m）及中段边箱外包腹板（含边箱横隔板）混凝土的部分施工工况中，由于一次浇筑混凝土的重量较大，整体加载系数未至2.0时就有部分构件达到单根构件承载能力极限状态而局部屈曲。其中，工况36（浇筑拱脚全断面外包混凝土第1段腹板、顶板）、工况38（浇筑拱脚全断面外包混凝土第2段腹板、顶板）在整体加载系数为1.5时就有浇筑段的斜腹杆达到单根构件承载能力极限状态而局部屈曲。

浇筑边箱中段外包腹板6个工作面的第5段混凝土阶段（腹板合龙），结构的非线性稳定安全系数降至整个施工阶段的最低水平，该阶段稳定安全系数为2.0，应视为整个施工阶段结构整体稳定性的最不利控制性工况。此外，在主拱边箱底板外包混凝土、拱脚全断面外包段混凝土（水平长度45m）及中段边箱外包腹板（含边箱横隔板）混凝土的部分施工工况中，结构的非线性稳定安全系数均大于2.0，但其中浇筑段的少量斜腹杆在整体加载系数未至2.0时，就达到单根构件承载能力极限状态而局部屈曲，应视为最不利受力构件而予以重点关注。

由于北盘江大桥跨度较大，主拱圈跨度达到445m，因此需要重视由于大变形效应、梁-柱效应等非线性因素对结构稳定性的影响。虽然理论计算表明北盘江大桥主拱圈施工全过程的结构整体稳定性能够满足要求，但随着主拱圈外包混凝土的逐步进行，结构非线性稳定安全系数也呈波浪形变化，尤其是浇筑边箱中段外包腹板混凝土的施工阶段，其结构非线性稳定安全系数相对较低，施工过程中需要采取一些有利于提高结构稳定性的必要措施，尽可能减少桥上临时施工荷载，密切监测最不利受力构件的力学行为，注意施工进度的一致性，严格控制施工加载的均匀性，避免施工荷载的突然超载及冲击荷载等，确保结构施工安全。

CHAPTER 6
第 6 章

拱圈收缩徐变现场试验及参数拟合

FIELD TEST AND PARAMETER FITTING OF SHRINKAGE AND CREEP FOR THE ARCH RING

DESIGN PRINCIPLES OF
LONG SPAN
REINFORCED CONCRETE ARCH BRIDGE
ON HIGH SPEED RAILWAY

CHAPTER 6

6.1 概述

试验研究是获取复杂结构各种性能的一种比较直观的科学研究方法，通过模型试验，既可以达到验证计算分析方法正确性的目的，还可以弥补理论计算不可避免的模型简化所带来的偏差，进一步确保所研究结构的受力安全和使用性能满足设计要求。北盘江大桥作为一个独立样本，在材料参数等输入条件未知的前提下，其各种响应值可能比均值高也可能比均值低。为此，需要通过北盘江大桥混凝土材料的收缩与徐变试验研究，明确相应参数取值，为准确和深入地认识此类桥梁在施工与运营过程中的受力特点及变形规律，为长期变形预测提供数据支持。

6.2 试验方法及材料基本特征

6.2.1 试验设计

1）C60 混凝土收缩、徐变试验

外包混凝土收缩、徐变试件为圆柱体试件，混凝土强度等级及配合比与实桥相同，尺寸大小为 $D \times L$=250mm×500mm（D 为试件直径，L 为试件高），如图 6.2.1 所示。

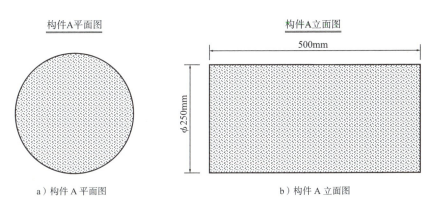

图 6.2.1 外包混凝土徐变试验构件示意图

考虑到外包混凝土在徐变期间的应力水平变化不大，徐变试验中应力取 10MPa。参考 ASTM 试验规程，试验中考虑 2d、7d、28d 和 90d 共计 4 种加载龄期，总共 4 组徐变试验，分别命名为 W1、W2、W3、W4。徐变试验每组 3 个试件，外包混凝土徐变试验共计 12 个试件。同时设置一组混凝土收缩试验，共计 3 个试件。

2）C80 混凝土收缩、徐变试验

钢管内 C80 混凝土（不含钢管）徐变试件的尺寸与外包混凝土徐变试件相同，混凝土强度等级及配比与实桥中的钢管内 C80 混凝土相同。试件浇筑完成后，采取密闭措施，保证混凝土湿度状态与实际的相对湿度水平相同。

考虑到施工荷载随施工阶段而变化，钢管内混凝土应力有逐渐增加的趋势，开展了变应力作用下管内混凝土徐变试验研究，以正确分析在混凝土收缩、徐变和外界荷载的作用下，混凝土结构的长期变形特征。

徐变试验总计 4 组，分别命名为 C1、C2、C3、C4 组，每组 3 个试件。收缩试验共计 1 组，含 3 个试件。其中：

（1）在龄期 28d 时，试件 C1 组加载，加载应力水平为 10MPa。作为对比试验，试件 C2 组仅在龄期 28d 时加载，加载应力水平为 10MPa。

（2）在龄期为 120d 时，将试件 C1 组的应力水平增加 6MPa，即总应力水平为 16MPa。作为对比试验，试件 C3 组仅在龄期 120d 时加载，加载应力水平为 6MPa。

（3）在龄期为 200d 时，将试件 C1 组的应力水平增加 6MPa，即总应力水平为 22MPa。作为对比试验，试件 C4 组仅在龄期 200d 时加载，加载应力水平为 6MPa。

3）C80 钢管混凝土收缩、徐变试验

钢管混凝土试件的混凝土尺寸与外包混凝土徐变构件相同，钢管壁厚 8mm。

钢管混凝土试件在混凝土龄期 28d 时加载，加载应力为 22MPa。徐变试验 1 组，命名为 S1 组，共 3 个试件。收缩试验 1 组，共 3 个试件。

4）试验加载与测试

徐变试验加载方式采用杠杆法配重加载，加载方式如图 6.2.2 所示。其中，一套加载设备可对一组（3 个）混凝土试件进行加载。

同类混凝土进行收缩测试的目的是将混凝土徐变试块的应变扣除收缩应变。测量 W1 组试件徐变时，同时测量 W 系列的收缩。测量 C1 组试件的徐变时，同时测量 C 系列的收缩。

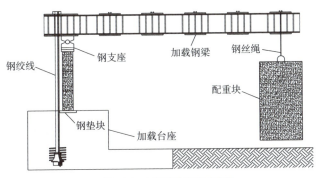

图 6.2.2　杠杆配重加载布置图

5）材料试验与同期试块

混凝土徐变分析中，除需要徐变系数的变化规律外，还需要混凝土强度与弹性模量发展曲线。

混凝土试块强度与弹性模量测试龄期为：1d、3d、7d、14d、28d、45d、60d、90d、120d、150d、180d、360d，共 12 种龄期。

6）加载设计

除 C1 组试块分三次加载外（图 6.2.3），其余均为一次加载。

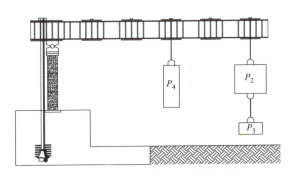

图 6.2.3　C1 试件杠杆配重加载布置图

7）收缩、徐变试件养护和保湿

试件养护与实桥混凝土保持一致，即放置在距离桥位约 2km 处。加载、持荷在自然养护条件下进行。

为模拟钢管内混凝土的实际工作条件，钢管混凝土和 C80 混凝土的徐变、收缩试件需要采取有效措施进行保湿。钢管混凝土圆柱体试件侧面受到钢管的外包作用，其模拟环境与实际环境类似，只需要在圆柱体两个端面涂抹石蜡即可。

C80混凝土试件需要在圆柱体四周涂抹石蜡，防止试件与外界进行湿度交换，并在其周围布置遮阳模板，避免试件受到阳光的暴晒而造成石蜡融化流失。

测量混凝土强度和弹性模量的棱柱体试件也放置在自然环境下养护，混凝土浇筑后几天内，需要对混凝土试件浇水养护，保证棱柱体试件内的胶凝材料充分水化。

6.2.2 混凝土材料特性

C60混凝土和C80混凝土的轴心抗压强度随时间变化曲线如图6.2.4所示。

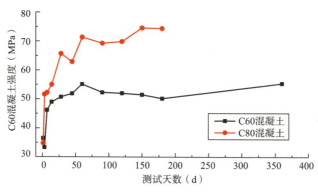

图 6.2.4 轴心抗压强度随时间变化曲线

从图6.2.4可以看出，两种混凝土的强度随时间的发展逐渐增加。C60混凝土1d、3d、7d、14d轴心抗压强度分别为28d抗压强度的71.2%、65.7%、91.1%、96.6%，混凝土强度在28d内发展较快，28d后的强度发展较为缓慢。与C60混凝土类似，C80混凝土的强度在28d内发展较快，1d、3d、7d、14d轴心抗压强度分别为28d抗压强度的52.9%、78.5%、79.5%、83.7%，其初期强度的发展速率比C60混凝土略低，180d的混凝土强度为28d抗压强度的1.13倍。C60混凝土和C80混凝土的28d轴心抗压强度分别达到了50.7MPa和65.7MPa，均高出了《公路钢筋混凝土及预应力混凝土桥涵设计规范》（JTG 3362—2018）中的38.5MPa和50.2MPa，并且两种混凝土28d的轴心抗压强度均达到了各自最高值的90%以上。

两种混凝土除粗集料和配合比有一定差别外，基本采用相同的材料，但是C80混凝土的强度明显比C60混凝土高，这说明粗集料类型和混凝土的配合比显著影响混凝土的强度。混凝土的强度测试研究表明，北盘江大桥采用的混凝土强度随时间发展速率较快，能够较好地满足桥梁结构在施工阶段的应力要求。

C60 混凝土和 C80 混凝土的弹性模量随时间变化曲线如图 6.2.5 所示。

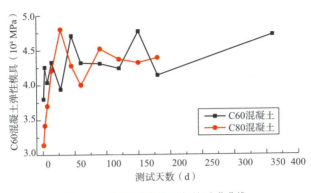

图 6.2.5 棱柱体弹性模量随时间变化曲线

从图 6.2.5 可以发现，两种混凝土的弹性模量也随时间的增加而逐渐增加，但是其弹性模量的数值离散性较大。根据所有龄期的测试结果，对两种混凝土 28d 的弹性模量进行拟合调整，将 C60 混凝土 28d 的弹性模量调整为 42.7GPa，将 C80 混凝土 28d 的弹性模量调整为 42.4GPa。

两种混凝土 28d 的弹性模量经过调整后可以发现：C60 混凝土 1d、3d、7d、14d 棱柱体混凝土弹性模量分别为 28d 弹性模量的 89.0%、99.8%、94.6%、101.4%，混凝土弹性模量在 28d 内发展较快，28d 后的弹性模量发展较为缓慢，360d 的弹性模量约为 28d 的弹性模量的 1.1 倍。C80 混凝土 1d、3d、7d、14d 棱柱体混凝土弹性模量分别为 28d 弹性模量的 74.1%、80.7%、87.3%、99.3%。与 C60 混凝土相比，C80 混凝土的弹性模量发展速率较慢，分析 C60 混凝土强度发展较为快速的主要原因是 C60 混凝土浇筑时外界大气的平均温度较高，而 C80 混凝土浇筑时外界大气平均温度较低，两种养护条件导致水泥的水化反应速度不一致，进而强度发展速率有一定的差别。28d 后，C80 混凝土弹性模量基本上不再增长。通过调整后，C60 和 C80 混凝土 28d 的弹性模量分别为 4.27×10^4MPa 和 4.24×10^4MPa，均高于《公路钢筋混凝土及预应力混凝土桥涵设计规范》（JTG 3362—2018）中的 3.60×10^4MPa 和 3.80×10^4MPa，分别为规定值的 1.19 倍和 1.17 倍，材料特性满足设计规范的要求。

尽管两种材料的强度和弹性模量随时间的关系具有一定的规律，两种高强混凝土的轴心抗压强度和弹性模量并没有严格地按照随时间逐渐增加的趋势，而是出现了小范围的波动，表现出了一定的离散性。分析认为，这是由于混凝土作为胶凝材料本身所具有的特性以及试块在制作过程中振捣不够充分或受后期养护条件的影响造成的，但是总体趋势是随时间增大的。两种混凝土的强度和弹性模量均在1~7d之间呈现出最大的增长速度，28d以后趋于平缓。

6.2.3 混凝土强度拟合

通过观察发现，混凝土的强度随时间的发展关系，龄期较短时增加较快，后期发展较为缓慢，其强度随时间的变化关系曲线可以采用ACI209模型中幂双曲函数公式进行拟合：

$$f_c = \frac{t}{\alpha + \beta t}(f_{cm}')_{28} \tag{6.2.1}$$

根据上式拟合得到的C60混凝土的 $\alpha=0.693$，$\beta=0.971$，f_{cm} 取 50.7MPa，相关系数为 0.699；C80 混凝土中的系数为 $\alpha=1.191$，$\beta=0.944$，f_{cm} 取 65.7MPa，相关系数为 0.834。拟合结果和试验结果的对比如图 6.2.6 和图 6.2.7 所示。

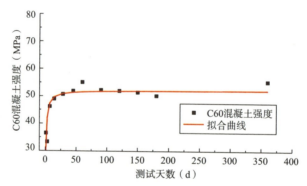

图 6.2.6 C60 混凝土强度试验结果与拟合结果对比

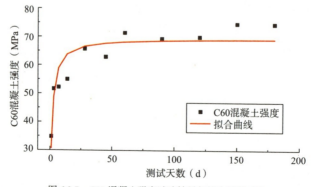

图 6.2.7 C80 混凝土强度试验结果与拟合结果对比

从图 6.2.6 和图 6.2.7 可以发现，计算结果与试验结果的吻合程度良好，可以用公式（6.2.1）的函数曲线拟合混凝土的强度发展关系。

前已述及混凝土弹性模量随时间的发展变化离散性较混凝土强度的大，这可能导致拟合公式计算的弹性模量与实测值之间存在较大的误差，为了进一步提高拟合精度，将 C60 混凝土弹性模量实测值中的 3d、45d、180d 和 360d 测量所得明显偏高的数据剔除。同时，在调整 28d 混凝土弹性模量的基础上进行混凝土弹性模量计算公式的拟合。

混凝土的弹性模量随时间的发展关系可以采用 B3 模型提出的关系式：

$$E(t) = E(28)\left(\frac{t}{4+0.85t}\right)^{0.5} \quad (6.2.2)$$

假定拟合的混凝土弹性模量的表达式为：

$$E(t) = E(28)\left(\frac{t}{A+Bt}\right)^{C} \quad (6.2.3)$$

式中，A、B 和 C 为需拟合的常数，根据试验数据通过最小二乘法进行曲线拟合；$E(28)$ 为实测的混凝土 28d 的弹性模量；t 为混凝土弹性模量的测试龄期，取 $t=28d$。

拟合得到 C60 混凝土的相关参数为 $A=3.223$，$B=0.975$，$C=0.082$，$E(28)$ 为 4.27GPa，相关系数为 0.695。C80 混凝土的相关参数为 $A=11.352$，$B=0.713$，$C=0.127$，$E(28)$ 为 4.24GPa，相关系数为 0.883。

弹性模量的发展曲线与强度的发展曲线相比，有较大的随机性，拟合的相关性相当。拟合曲线与试验结果的对比如图 6.2.8 和图 6.2.9 所示。

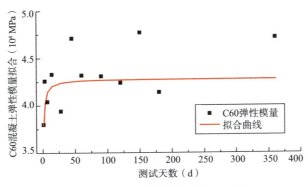

图 6.2.8　C60 混凝土弹性模量试验结果与拟合结果对比

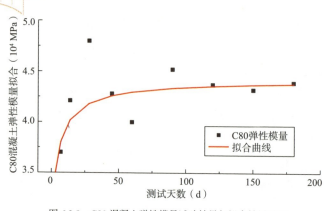

图 6.2.9　C80 混凝土弹性模量试验结果与拟合结果对比

从图 6.2.8 和图 6.2.9 可以发现，拟合结果能够较好地反映混凝土的弹性模量随时间的发展关系。

6.3　C60 外包混凝土收缩徐变试验分析

6.3.1　计算模型参数

混凝土收缩徐变试验是在自然环境下进行的，为了分析 CEB-FIP（MC90）、ACI209、GL2000 和 B3 收缩徐变预测模型是否能够正确预测北盘江大桥的收缩徐变试验结果，首先需要确定模型参数。

1）CEB-FIP（MC90）模型

混凝土试件浇筑 24h 后拆模，放置在自然条件下养护，养护龄期取 1d。加载龄期取 2d、7d、28d 和 90d。实测 28d 棱柱体轴心抗压强度为 50.7MPa，换算为圆柱体轴心抗压强度为 40.6MPa。混凝土类型为快硬、普通水泥。由于制作误差，模型实际直径为 255mm，计算时按模型实际尺寸计算，试件理论厚度 h 取 127.5mm。根据实测的外界环境湿度，取其平均值为 65.7%。收缩模型的养护龄期为 2d。

2）ACI209 模型

养护龄期取 1d。加载龄期取 2d、7d、28d 和 90d。大气相对湿度取 65.7%，体表比取 50.8mm，坍落度取 215mm，含气量为 3%，砂率为 42.9%，水泥含量为 350kg/m³，假定混凝土处于湿养条件。收缩模型的养护龄期为 2d。

3）GL2000 模型

养护龄期取 1d。加载龄期取 2d、7d、28d 和 90d。干燥龄期取 1d，大气相对湿度取 65.7%，体表比取 50.8mm，混凝土取为快干普通水泥。收缩模型的养护龄期为 2d。

4）B3 模型

养护龄期取 1d。加载龄期取 2d、7d、28d 和 90d。实测 28d 圆柱体轴心抗压强度为 40.9MPa。大气相对湿度取 65.7%，形状系数取 1.15，试件理论厚度取 101mm，水泥类型取为快干普通水泥，水含量为 145 kg/m³，水胶比 0.29，胶凝材料含量为 500kg/m³，集料水泥比为 3.93，干燥龄期取 1d，假定混凝土为普通养护。收缩模型的养护龄期为 2d。

6.3.2 收缩应变测试及分析

W 系列（C60 外包混凝土）各个测点收缩实测值随时间的变化曲线如图 6.3.1 所示。图中应变值压应变为正，拉应变为负。1-1、1-2、……，3-3 表示试件中的应变计编号，共 3 个试件，每个试件 3 个应变计。

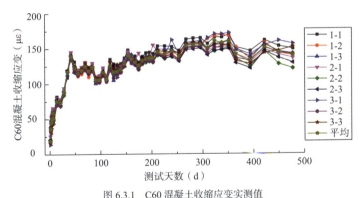

图 6.3.1 C60 混凝土收缩应变实测值

从图 6.3.1 中可以发现，各个测点混凝土收缩应变随时间的发展趋势较为一致。混凝土浇筑完成后的 6 周内，收缩应变发展较快，此后变缓。42d 测试的收缩应变最大达到 145με。42~112d，实测的收缩应变有所减小，分析原因是此段时间正值夏季，白天受到太阳辐射的作用，试件温度较高，温度传感器本身的实测值受到温度影响而增加，使实测值与初始值的差值减小，导致此阶段收缩应变有小幅度的回落。112~500d，收缩应变有缓慢的发展，总体的应变变化幅度较小。

与普通混凝土的收缩相比，试验采用的C60混凝土收缩应变早期发展较快，但是收缩应变值较小，在混凝土浇筑6周内收缩应变的变化比较明显。C60外包混凝土收缩实测平均值与已有的收缩、徐变预测模型计算值对比如图6.3.2所示。

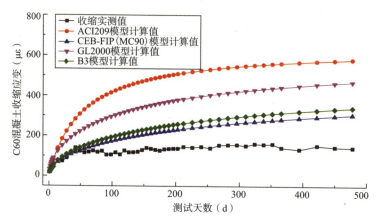

图6.3.2　C60混凝土收缩应变实测值与计算值对比

从图6.3.2中可以发现，四种收缩模型计算的收缩应变值均高于实测值。其中，ACI209模型计算值最大，与实测值的误差也最大，这是由于此模型规定的极限收缩应变较大的缘故。GL2000模型对外界相对湿度较为敏感，由于试件的外界环境相对湿度随时间变化，采用实测平均相对湿度的计算值与实测值也有较大误差，计算值大于实测值。混凝土浇筑后50d内，实测值与CEB-FIP（MC90）模型和B3模型计算值相差不大。50d后，实测值基本上处于平稳阶段，而CEB-FIP（MC90）模型和B3模型还呈现出较大的增长趋势，导致计算值大于实测值。综合对比发现，以上四种模型中，CEB-FIP（MC90）模型计算的收缩应变最小，与试验结果的吻合程度最接近。

6.3.3　收缩应变拟合计算

从已有的混凝土收缩模型可以发现，混凝土收缩模型主要有双曲幂函数表达式、双曲正切函数表达式和幂指数函数等。其中，ACI209模型给出的双曲幂函数表达式最为简单，收缩发展趋势与试验的吻合程度也最好。另外，从图6.3.2可以发现，原有的ACI209模型明显高估了C60高强混凝土的收缩应变，主要原因是原有模型规定的极限收缩应变明显比试验的C60高强混凝土的极限收缩应变大。因此，需要通过调整参数的方法对 ACI209 模型进行修正，使其能够较好地用于结构的计算分析。拟合的混凝土收缩应变如公式（6.3.1）所示。

$$\varepsilon_{sh}(t) = A\left(\frac{t}{35+t}\right)^{B} \tag{6.3.1}$$

式中，A、B 为需要拟合的参数；t 为混凝土收缩应变的测试天数（d）。

对于原有的 ACI209 模型，假定 B 为 1.0，但此假定值对高强混凝土不适用。对上述公式进行拟合分析可得 A=150.43，B=0.54，相关系数为 0.903。拟合得到的收缩应变曲线与实测值对比如图 6.3.3 所示。

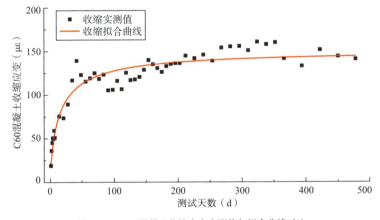

图 6.3.3　C60 混凝土收缩应变实测值与拟合曲线对比

从图 6.3.3 可以发现，拟合曲线能够较为正确地预测 C60 混凝土的长期变形，拟合曲线与实测值吻合良好，可为北盘江大桥长期变形计算分析提供参考。

6.3.4　徐变测试及分析

W 系列试验测试了 2d、7d、28d 和 90d 加载试件（分别为 W1、W2、W3 和 W4 试件组）的徐变系数实测值，并与计算值随时间发展的曲线进行了对比分析。徐变系数指徐变应变与初始弹性应变的比值。在对比分析图中，"天数"指的是 W1 组试件首次加载后的天数，即 2014 年 3 月 16 日后的天数，徐变系数实测值为扣除了相应龄期时混凝土收缩应变后的数值。

实际的加载过程中 W1 组出现一定的偏心受压，而受压较大的三个测点损坏，导致实测值与其他组有较大差异。除 W1 组以外，其余各组虽然有一定程度的偏心，但是传感器工作性能良好，实际测量的应变值能够较为正确地反映高强混凝土的长期变形特性。

1）W1组

W1组徐变系数实测值与计算值对比如图6.3.4所示。

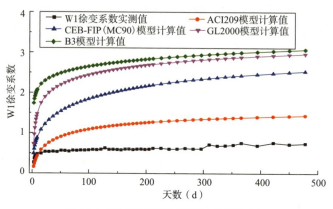

图6.3.4 W1组徐变系数实测值与计算值对比

从图6.3.4中可以发现，徐变在加载后21d内发展较快，第21d时徐变系数达到0.62。后期徐变系数发展较为缓慢，到持荷478d，徐变系数达到0.855，即加载一年半后实测的2d龄期加载的混凝土徐变系数比弹性应变小。如果比较图6.3.5中W2组7d加载的徐变试件，该组476d的徐变系数为1.297，即W2组的徐变系数较W1组大。按照一般规律，加载龄期越长，混凝土的徐变系数越小，W1组的徐变系数与一般的结果不符。分析其产生的主要原因发现，W1组试块为大偏心受压构件，受加载影响，初始弹性应变较大的3个测点失效，剩余6个测点的初始弹性应变较小，导致徐变系数较小。W1组徐变实测值虽然不理想，但仍作为分析比较将其列入。

从图6.3.4中还可看出，所有的预测模型都明显高估了C60外包混凝土的徐变系数。B3模型的预测结果与试验结果的误差最大，GL2000模型次之，ACI209模型在混凝土加载早期与试验结果吻合相对较好。

2）W2组

W2组徐变系数实测值与计算值对比如图6.3.5所示。

从图6.3.5中可以看出，W2组的徐变系数在加载70d内发展较快，70d徐变系数为1.018。加载70d后的徐变发展较慢，476d的徐变系数为1.297。

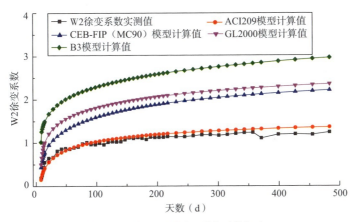

图 6.3.5 W2 徐变系数实测值与计算值对比

与 W1 组类似，从图 6.3.5 中可看出，B3 模型预测的计算值最大，CEB-FIP（MC90）模型和 GL2000 模型的预测结果相差不大，也高估了徐变值。所有的模型中，ACI209 模型与实测值吻合程度最好，能反映 W2 组的徐变系数随时间的发展关系。

3）W3 组

W3 组徐变系数实测值与计算值对比如图 6.3.6 所示。

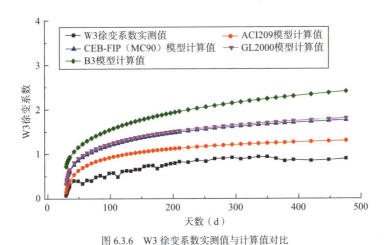

图 6.3.6 W3 徐变系数实测值与计算值对比

W3 组为 28d 加载，从图 6.3.6 中可以看出，其徐变系数在加载后 70d 内发展较快，70d 的徐变系数为 0.569。70d 后发展缓慢，加载后 448d 的徐变系数约为0.899。与W2组相比,W3组徐变系数小于W2组,即加载龄期越大,混凝土的徐变系数越小。

与W1和W2组类似,从图6.3.6还可看出,四种徐变模型都明显高估了W3组的徐变。B3模型的误差最大,GL2000模型和CEB-FIP(MC90)模型次之,ACI209模型的误差最小。

4)W4组

W4组徐变系数实测值与计算值对比如图6.3.7所示。

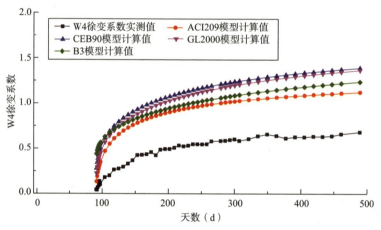

图6.3.7 W4徐变系数实测值与计算值对比

W4组为90d加载,从图6.3.7中可以看出,徐变系数在加载后84d发展较快,徐变系数为0.459。之后徐变系数发展缓慢,加载后399d的徐变系数为0.682。由于该组加载龄期最大,其徐变系数最小。

与W1、W2和W3组类似,从图6.3.7还可看出,所有的预测模型都高估了W4组的徐变系数。CEB-FIP(MC90)模型和GL2000模型的预测效果最差,B3模型的预测效果次之,ACI209模型的预测效果最好,但是仍然高估了W4组的徐变系数。

5)W系列及与徐变模型的对比分析

W1~W4组在2d、7d、28d和90d加载的徐变系数实测值随时间的变化关系如图6.3.8所示。

由图6.3.8可以看出,除了W1组以外,其余三组的徐变系数都是加载龄期越长,徐变系数越小,即W2组、W3组和W4在试验时段内的最大徐变系数分别是 1.297,0.899 和 0.682。徐变系数基本上都是在加载后三个月内开始趋于稳定，徐变发展速度较普通混凝土快。

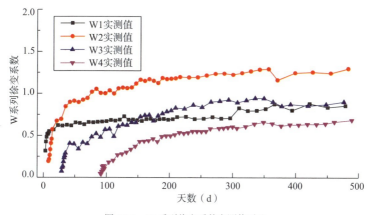

图 6.3.8　W 系列徐变系数实测值对比

除 W1 组实测值有较大误差以外，C60 外包混凝土的徐变系数随着加载龄期的增长，徐变系数变小，徐变在加载后的三个月内发展较快，三个月后发展较慢，徐变系数较普通混凝土小。

几种典型的预测模型明显地高估了 C60 外包混凝土的徐变。由于 B3 模型给出的是徐变度的概念，通过弹性模量的方式转化为徐变系数存在较大误差。与其他模型相比，B3 模型的预测效果总体来讲是最差的，GL2000 模型和 CEB-FIP（MC90）次之，ACI209 模型预测效果最好，但是计算的徐变系数仍然比实测值大。所有的预测模型明显地高估了 W 系列混凝土的徐变系数。

6.3.5　徐变系数拟合计算

与混凝土的收缩模型一样，有双曲幂函数、指数函数和双曲函数等函数形式可以用来拟合混凝土的徐变变形。其中，ACI209 模型表达式简单，易于进行数值拟合分析，如式（6.3.2）所示。

$$\phi(t,\tau) = \frac{(t-\tau)^d}{B+(t-\tau)^d}\phi_\infty \quad (6.3.2)$$

式中，ϕ_∞ 为极限徐变系数，通过试验数据拟合得到；B 和 d 为系数，也通过试验数据拟合得到；t 和 τ 分别为混凝土的计算龄期和加载龄期。

根据 C60 混凝土不同加载龄期的徐变试验结果，用公式（6.3.2）进行数值拟合，得到北盘江大桥 C60 外包混凝土徐变拟合模型。拟合得到的相关参数如表 6.3.1 所示。

W 系列徐变系数拟合参数　　　　　　　　　　　表 6.3.1

系　数	W1（2d）	W2（7d）	W3（28d）	W4（90d）
ϕ_∞	1.054	1.440	1.685	0.848
B	1.643	7.107	17.507	30.307
d	0.235	0.649	0.517	0.794
相关系数	0.926	0.986	0.960	0.990

由表 6.3.1 可以发现，除 W4 组的极限徐变系数为 0.848，小于 1 以外，其余加载龄期的极限徐变系数都大于 1。虽然拟合得到的 W3 组的徐变系数为 1.685，大于 W1 组和 W2 组的极限徐变系数，但是 W2 组早期的徐变大于 W3 组，加载后期 W2 的徐变系数发展较慢，W3 组发展较快，导致拟合得到的 W3 的极限徐变系数比 W2 组大。由于仅采用了 4 组不同加载龄期的徐变试验，且 W1 组试验出现测试问题，导致拟合得到的不同加载龄期的极限徐变系数随龄期发展的规律不明显。

与 ACI209 模型采用 $B=10$ 定值不同，拟合得到的系数 B 随着加载龄期的增加而逐渐增加，由 2d 加载龄期的 1.643 变为 90d 加载龄期的 30.307。进一步分析发现，系数 B 与加载龄期之间呈现明显的线性关系，如式（6.3.3）所示。

$$B = 0.304\tau + 4.3489 \tag{6.3.3}$$

式中，τ 为混凝土加载龄期（d），相关系数 R 为 0.921。

拟合得到的系数 d 的平均值为 0.548，与原有的 ACI209 模型规定混凝土徐变预测中取 $d=0.6$ 较为接近。

原有模型对试验结果拟合的相关系数都在 0.9 以上，证明拟合模型的正确性。W 系列徐变试验结果和拟合结果之间的对比关系如图 6.3.9~图 6.3.12 所示。图中横坐标"持荷天数"指加载后的天数。

由图 6.3.12 可以看出，拟合试验与计算拟合曲线结果吻合良好。

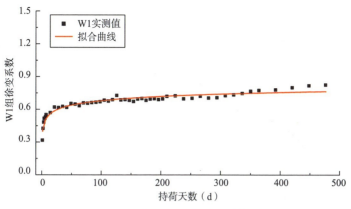

图 6.3.9　W1 徐变拟合结果与试验结果对比

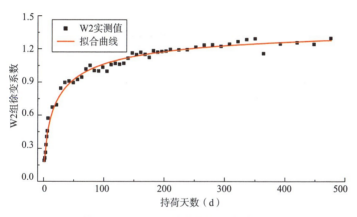

图 6.3.10　W2 徐变拟合结果与试验结果对比

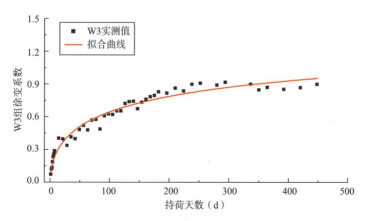

图 6.3.11　W3 徐变拟合结果与试验结果对比

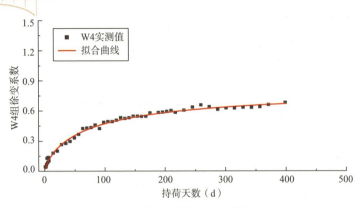

图 6.3.12　W4 徐变拟合结果与试验结果对比

6.4　C80 钢管内混凝土收缩徐变试验分析

6.4.1　计算模型参数

C80 钢管内混凝土试块放置在自然环境下养护，待达到加载龄期后进行徐变试验加载，并测量徐变。

1）CEB-FIP（MC90）模型

混凝土试块养护 d 数取 1d。C1 组初次加载龄期取 28d，C2、C3 和 C4 组加载龄期分别为 28d、120d 和 200d。实测 28d 棱柱体轴心抗压强度为 65.7MPa，换算的圆柱体轴心抗压强度为 52.6MPa。混凝土类型为快硬、普通水泥；实际制作的模型直径为 255mm，计算时按实际模型尺寸计算，构件理论厚度取 127.5mm。取相对湿度为 90%。收缩模型的养护天数为 28d。

2）ACI209 模型

养护天数取 1d；C1 初次加载龄期取 28d，C2、C3 和 C4 组加载龄期分别为 28d、120d 和 200d；大气相对湿度取 90%；体表比取 50.8mm；坍落度取 250mm；含气量为 2.5%；砂率为 44%；水泥含量为 406kg/m^3；假定混凝土为湿养条件。收缩模型的养护天数为 28d。

3）GL2000 模型

养护天数取 1d，C1 初次加载龄期取 28d，C2、C3 和 C4 组加载龄期分别为 28d、120d 和 200d；干燥天数取 1d；大气相对湿度取 90%；体表比取 50.8mm；混凝土取快干、普通水泥。收缩模型的养护天数为 28d。

4）B3 模型

养护天数取 1d；C1 初次加载龄期取 28d，C2、C3 和 C4 组加载龄期分别为 28d、120d 和 200d；实测 28d 圆柱体轴心抗压强度为 52.6MPa；大气相对湿度取 90%；形状系数取 1.15；构件理论厚度取 101mm；水泥类型取快干、普通水泥；水含量为 145 kg/m³；水胶比 0.272；胶凝材料含量为 534kg/m³；集料凝胶比为 3.14；干燥天数取 1d；假定混凝土为普通养护。收缩模型的养护天数为 28d。

6.4.2 收缩应变测试及分析

C80 钢管内混凝土的收缩试验结果如图 6.4.1 所示。C80 钢管内混凝土的收缩应变从混凝土浇筑 28d 后开始测量，主要是为扣除同期测量的 C 系列徐变试块的收缩应变。

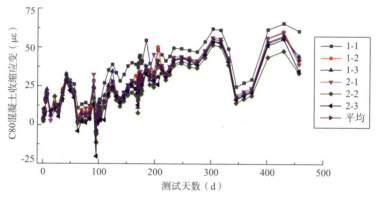

图 6.4.1　C80 混凝土收缩应变实测值

从图 6.4.1 可以发现，与 C60 外包混凝土相比，C80 管内混凝土的收缩应变较小，在测试初期收缩应变发展较为缓慢，受到外界环境的影响，收缩应变出现一定的波动。在测试的前 56d，收缩应变有一定的增长，此时的收缩应变为 30.4με，而后一直到 C1 组第二次加载的 100d，混凝土的收缩应变有小幅度的减少，甚至出现拉应变值，100d 后，实测的收缩应变又有缓慢的增加，最大的收缩应变为 57.8με。C80 管内混凝土的收缩应变比 C60 外包混凝土小，但是整体的收缩曲线变化趋势较为一致。

从测试 56~100d 之间收缩应变出现轻微减小的主要原因是，此段时间正处于七八月份，此时外界大气的温度较高，传感器本身受到外界温度的影响较大，而且试块本身也有一定的温度伸长量，在实际的试验数据处理中很难将此部分扣除，因此导致实测的收缩应变有减小的趋势。但是总体上来说，测试结果能够较为正确地反映 C80 高强混凝土的收缩特征。

C80 管内混凝土收缩试验结果与预测结果的对比如图 6.4.2 所示。

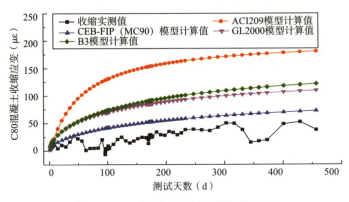

图 6.4.2　C80 混凝土收缩应变与预测结果对比

从图 6.4.2 可以看出，ACI209 模型计算值明显大于实测值。B3 模型和 GL2000 模型短期预测结果与实测值的误差相对较小，但是长期预测结果也明显大于实测值，只有 CEB-FIP（MC90）模型能够较好地预测长期的实测收缩值。

6.4.3　收缩应变拟合计算

采用式（6.3.1）的双曲幂函数曲线公式拟合得到的 C80 管内混凝土的收缩应变系数 $A=64.0$，$B=5.63$，相关系数为 0.724。

与 C60 混凝土相比，C80 混凝土的极限收缩应变由 150.3 变为 64.0，极限收缩应变减小一半多，说明了本工程中混凝土强度越高，其收缩应变越小。系数 B 由 0.54 变为 5.63，说明了受到测试时间和混凝土类型的影响，混凝土的收缩随时间增长速度有较大差别，C80 管内混凝土的收缩应变随时间的发展较为缓慢。

C80 混凝土的收缩实测值与拟合结果的对比如图 6.4.3 所示。

从图 6.4.3 可以发现，实测值和拟合曲线的吻合程度良好，拟合得到的收缩应变随时间的发展曲线能够较为正确地反映实际的发展变化情况。但是受到外界环境的影响，收缩测试结果有较大的波动，拟合结果的相关性比 C60 混凝土差。

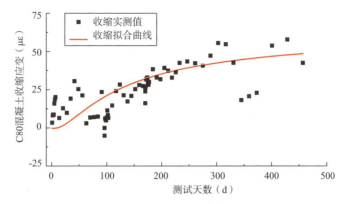

图 6.4.3　C80 混凝土收缩实测结果与拟合结果对比

6.4.4　徐变测试及分析

C 系列混凝土不同加载龄期和分次加载的徐变试验中，C1 组分为三次加载，分别在龄期为 28d、120d 和 200d 时加载。由于在不同的龄期受到不同的荷载作用，徐变应变的计算方法采用增量的徐变系数计算方法，直接给出了加载后的应变随时间的变化曲线。C 系列的其他组都是一次加载完成。

1）C1 组

C1 组各个测点实测的徐变应变随时间的变化关系如图 6.4.4 所示。

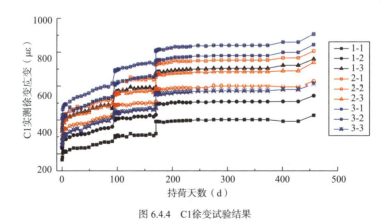

图 6.4.4　C1 徐变试验结果

因试件材料特性的分散性，从图 6.4.4 中可以看出，各个试件在第一次加载后的初始弹性应变并不相同，最小的压应变为 164.9με，最大的压应变为

217

411.9με。因此实测的各个测点的徐变应变也有较大的差别,初始弹性应变较大的测点,徐变应变较大,初始弹性应变较小的测点,徐变应变较小。

混凝土试块浇筑 28d 后,进行第一次加载,加载后 50d 内徐变发展较快,由加载后的 301.9με 变化到 56d 的 445.5με,徐变应变增长 143.6με,第一次加载后,徐变应变呈现较快的增长趋势,平均徐变应变变化率为 1.6με/d。第一次加载后 91d,进行第二次加载,第二次加载产生的弹性应变较小,因此加载后的应变由 540.5με 变为第三次加载前 564.3με,持荷 80d 产生的徐变应变仅为 23.9με,约为第一次加载产生徐变应变的 16.7%,平均徐变应变变化率为 0.3με/d;第一次加载后 170d,进行第三次加载,第三次加载产生的弹性应变较第二次大,加载后的应变由 630.9με 变化为 725.9με,徐变应变为 95.0με,平均徐变应变变化率为 0.33με/d。

以上分析表明,除第一次加载后徐变应变发展较快外,第二次加载和第三次加载后徐变应变发展较慢,除了加载后的弹性应变以外,徐变应变变化较小,第一次加载对徐变的影响较为显著。

徐变应变实测值和按照增量方法计算的徐变应变预测值如图 6.4.5 所示。

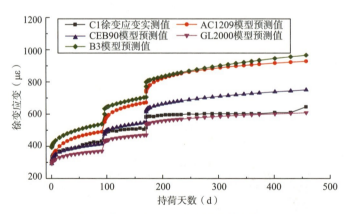

图 6.4.5 C1 徐变实测结果与预测结果对比

从图 6.4.5 可以发现,徐变应变预测值受预测模型影响较大。ACI209 模型和 B3 模型对其预测效果较差,CEB-FIP(MC90)模型的预测效果次之,GL2000 模型的预测效果最好。

GL2000 模型预测精度明显好于在 W 系列的主要原因是其对湿度的敏感程度大于 ACI209 模型和 CEB-FIP(MC90)模型,或者说 GL2000 模型对湿度较大的试件的预测精度大于上述两种模型。CEB-FIP（MC90）模型对于前两次加载的徐变系数的预测值与实测值吻合较好，但是对第三次加载，预测值明显大于实测值。产生误差的主要原因为，C80高强混凝土在持荷早期产生较大的徐变应变，徐变应变发展较快，在后期发展较为缓慢。

2) C2组

C2组徐变实测值和预测值对比如图6.4.6所示。

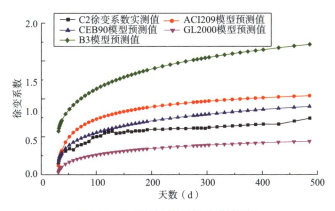

图6.4.6　C2徐变实测结果与预测结果对比

从图6.4.6中可以发现，随着时间的变化，混凝土的徐变逐渐增加，由于该组试块受到遮阳模板的遮挡作用，试验结果受到外界温度的影响较小，测试结果较为稳定。初始加载后70d内，徐变系数发展较快，徐变系数为0.5，比同龄期加载的C60混凝土（W3）徐变系数0.569小0.069。证明随着混凝土强度的增加，混凝土的徐变系数减小，加载后70d后，徐变系数发展较慢，加载后455d内的徐变系数最大为0.755，比C60混凝土的徐变系数最大值0.899小0.144。

从图6.4.6还可以发现，B3模型明显高估了C2组的徐变系数，ACI209模型的徐变系数计算结果也较大，GL2000模型明显低估了C2组混凝土的徐变，只有CEB-FIP（MC90）模型的预测效果较好。与C1组试验结果相同，CEB-FIP（MC90）模型的预测值与实测值的吻合程度最好。

3) C1与C2组对比

C1组与C2组徐变实测值对比如图6.4.7所示。

C1组与C2组的加载龄期相差不大，C1组的第一次加载的应力状态与C2组相同，C2组在一次性施加10MPa的应力后不再增加，但是C1组仍然继续施加应力，因此需要比较两组不同应力历史状态的混凝土徐变应变结果。C2组试块各个测点受到的初始弹性应变有一定的差距，最大的弹性应变为438.3με，最小的弹性应变为223.0με，弹性应变值相差约1倍，但是其平均弹性应变为320με，与C1组第一次加载的301.9με相差不大。C1组三次施加的总的弹性应变为410.5με，比C2组一次性施加的弹性应变大。主要原因是C1受到的外界荷载是C1组的2.2倍。

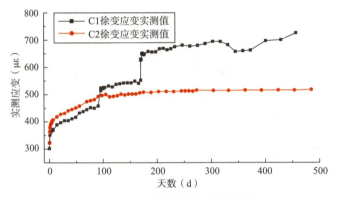

图6.4.7 C1和C2组实测平均应变对比结果

从图6.4.7所给出的实测C1组与C2组徐变随时间的变化关系可以发现，由于C2组一次性施加的弹性应变较C1大，因此加载后C2组的徐变应变比C1组也略大，C2组加载后91d的应变为491.1με，比C1组同龄期的应变467.9με，大23.2με，其差值与初始的弹性应变相差不大。C1组在第二次加载前，徐变应变为166.0με，C2徐变应变为171.1με，徐变相差不大，相应的变化趋势也相同。但是C1组进行第二次加载后，到第三次加载前的徐变应变为60.3με，C2组从71~168d的徐变应变为31.6με；C1组从第三次加载后到457d的徐变应变为79.6με，C2组从168~454d的徐变应变为10.0με。以上分析证明，C2组试件在没有后续外加荷载作用下，徐变应变变化量随着时间的变化逐渐减小，但是C1组试件随着时间的变化，继续施加外荷载，虽然徐变增量的变化速率有所减小，但是在实际施工过程中，荷载的分级施加仍能使混凝土产生一定的徐变增量。

4）C3组

C3组徐变实测值和计算值对比如图6.4.8所示。

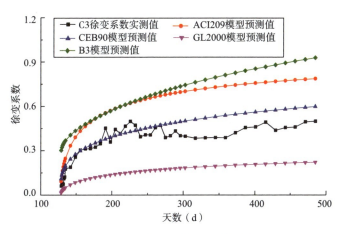

图 6.4.8　C3 徐变实测值与预测值对比

从图 6.4.8 可以发现，在加载后的 70d 内，C3 组试件徐变系数随时间的发展速度较快，此时徐变系数达到 0.388，约为加载后 357d 徐变系数的 72%。70d 后徐变系数发展较慢，加载后的 357d，徐变系数为 0.541。与 C2 组加载的徐变测试结果相比，该组试验的徐变系数较小。

对比预测计算的徐变系数结果发现，ACI209 模型和 B3 模型明显高估了 C3 组的徐变系数，GL2000 模型对外界混凝土的湿度敏感性太大，徐变预测结果明显低估了实测值，只有 CEB90 模型的计算结果与实测结果吻合良好。

5）C4 组

C4 组徐变实测值和计算值对比如图 6.4.9 所示。

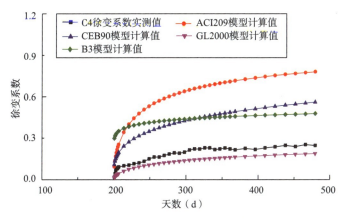

图 6.4.9　C4 徐变实测值与计算值对比

从图 6.4.9 可以发现，由于加载龄期最大，其徐变系数是所有加载组中最小的，徐变系数在加载后 70d 内发展较快，70d 的徐变系数为 0.175，约为加载后 280d 徐变系数的 64.9%。加载后 70d 徐变系数发展变缓，但是发展速率比 C2 和 C3 组大，一直持续到加载后 120d 左右，徐变系数达到 0.221，约为加载后 280d 徐变系数的 87.4%，此后，徐变发展明显变缓。

从图 6.4.9 还可以发现，ACI209 模型和 B3 模型明显高估了 C4 组的徐变系数。由于该组实测的徐变系数较小，CEB90 模型的计算值也偏大，只有 GL2000 模型的计算结果与实测结果的吻合程度较好。GL2000 模型对于长龄期加载的高强混凝土的预测效果比 CEB90 模型好。

6) C2，C3 和 C4 组试验结果对比

C2、C3 和 C4 组的徐变试验结果对比如图 6.4.10 所示。

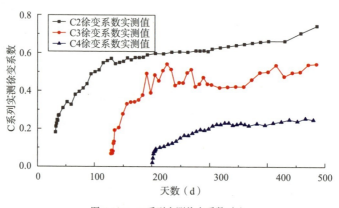

图 6.4.10 C 系列实测徐变系数对比

由图 6.4.10 可以看出，随着加载龄期的增加，混凝土的徐变系数逐渐减小，C2 组的加载龄期最短，其徐变系数最大，C4 组的加载龄期最长，其徐变系数最小。因采用遮阳模板，减小了外界温湿度的影响，C 系列试验结果的波动程度较 W 系列小。

6.4.5 徐变拟合结果

C 组中除了 C1 组分三次进行加载，其试验结果用实测的方式表示以外，其他各组都是采用一次性加载，可以将徐变应变转化为徐变系数。目前较多模型都是针对混凝土的徐变系数给出拟合公式，因此采用 C2，C3 和 C4 组试验结果

进行拟合，徐变系数的拟合公式仍然采用公式（6.3.2），通过非线性拟合，得到表 6.4.1 列出的 C80 高强混凝土的徐变参数值。

C 系列徐变系数拟合结果　　　　　表 6.4.1

参数	C2（28d）	C3（120d）	C4（200d）
ϕ_∞	1.377	0.513	0.482
B	7.748	17.075	12.700
d	0.338	1.020	0.470
相关系数	0.975	0.917	0.969

由表 6.4.1 可以发现，C 系列的徐变系数与加载龄期之间存在明显的线性关系，随着加载龄期的增大，徐变系数逐渐减小，由 30d 加载的 1.377 变为 201d 加载的 0.482，徐变应变减小幅度较大，通过最小二乘拟合得到了如下公式：

$$\phi_\infty = -0.0053\tau + 1.4063 \qquad (6.4.1)$$

式中，τ 为加载龄期（d），相关系数 R 为 0.8086。

与 ACI209 模型采用 B=10 的定值不同，拟合得到的系数 B 是一个变化值，但是与 C60 混凝土表现的规律不同，并非严格遵循加载龄期越大系数 B 越大的规律，但总体而言，120d 和 200d 加载拟合的系数 B 比 28d 加载的值大，且三个系数的平均值为 12.51，与 ACI209 规定的 10 相差不大。

式（6.3.2）中指数项 d 在原有的 ACI209 模型，规定取为 0.6，经过对比研究发现，拟合得到的系数 d 虽然与混凝土的加载龄期之间关系不明显，但是其平均值为 0.609，与 ACI209 模型中的 0.6 也相差不大。以上分析表明，拟合结果中除极限徐变系数比 ACI209 模型小外，其余系数的平均值与 ACI209 模型规定的值相差不大，表明极限徐变系数是控制 ACI209 模型预测精度的主要因素之一。预测模型对试验结果拟合的相关系数都在 0.9 以上，证明所选取的拟合模型是正确的。

图 6.4.11~ 图 6.4.13 给出了 C 系列徐变试验结果和拟合结果之间的对比情况，图中横坐标给出的"持荷天数"是指加载后的天数。

从图 6.4.11~ 图 6.4.13 可以发现，拟合试验曲线与计算结果吻合良好。证明本次试验得到的徐变拟合曲线能够较好地预测试验结果。

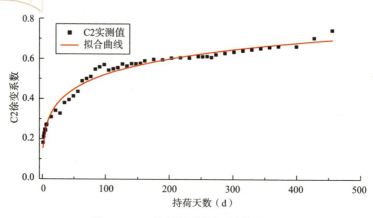

图 6.4.11　C2 徐变拟合结果与试验结果对比

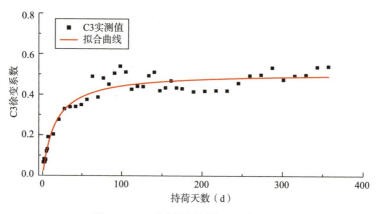

图 6.4.12　C3 徐变拟合结果与试验结果对比

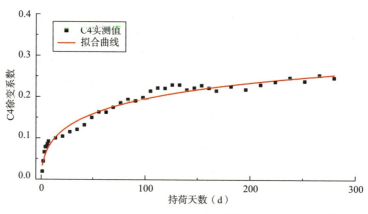

图 6.4.13　C4 徐变拟合结果与试验结果对比

6.5 钢管混凝土收缩徐变试验分析

6.5.1 收缩测试结果及分析

钢管混凝土中钢管各测点的收缩应变随时间的变化曲线及收缩应变平均值随时间的变化关系如图 6.5.1 和图 6.5.2 所示,压应变为"正",拉应变为"负"。

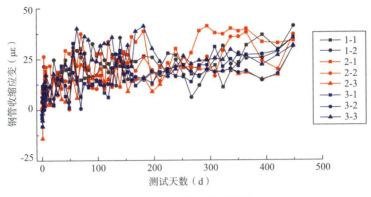

图 6.5.1 S1 钢管收缩试验结果

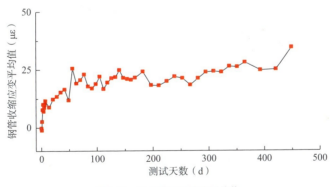

图 6.5.2 S1 钢管收缩应变平均值

从图 6.5.1 和图 6.5.2 可以发现,钢管混凝土收缩试件中钢管的应变随时间的变化趋势不明显,在加载后 150d 内呈现出较快的增长趋势,150d 后,应变增长速率较为缓慢。

钢管混凝土中混凝土的各测点的收缩应变随时间的变化曲线及收缩应变平均值随时间的变化关系如图 6.5.3 和图 6.5.4 所示,其中,压应变为"正",拉应变为"负"。

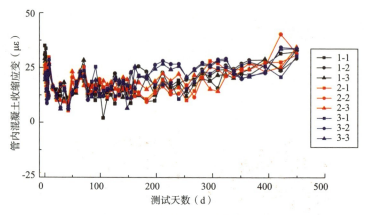

图 6.5.3　S1 钢管内混凝土收缩试验结果

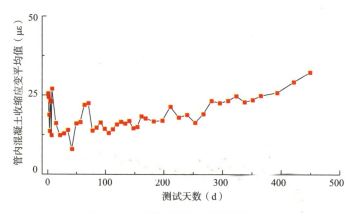

图 6.5.4　S1 钢管内混凝土收缩应变平均值

从图 6.5.3 可以发现,与钢管测点相比,钢管内混凝土各测点的收缩应变发展趋势较为一致,基本上未出现异常测点,可能是因该部分传感器埋置在混凝土内部,受外界温度等环境因素影响较小。与钢管测点不同,钢管内混凝土测点在收缩测试开始产生一定的压应变,随着时间的变化,压应变在测试后的 100d 内逐渐减小,随后压应变又逐渐增加,然后处于稳定状态,但是整体的收缩应变在 ±35με 以内。从图 6.5.4 更容易发现,在初始测量时刻,混凝土的收缩应变约为22με，随着时间的推移，在100d左右，收缩应变处于减小的趋势，然后又呈现出增加的趋势，而后逐渐趋于稳定。出现这种趋势的主要原因是，管内混凝土中添有膨胀剂，初期阶段膨胀作用轻微，随着时间的推移，膨胀作用抵消了收缩应变，使得混凝土收缩应变减小，而后又逐渐增加，并趋于稳定。

虽然从理论上讲，在理想状态下钢管和混凝土之间的收缩应变应该是相同的，但是由于受到外界环境等因素的影响，实测的钢管和混凝土之间的应变有一定差别。由于管内混凝土的收缩，会在钢管和混凝土之间产生应力重分布，这是管内混凝土的收缩对结构产生不利影响的最主要原因。钢管与混凝土各测点的收缩应变随时间变化曲线的对比如图6.5.5所示，其中，压应变为"正"，拉应变为"负"。

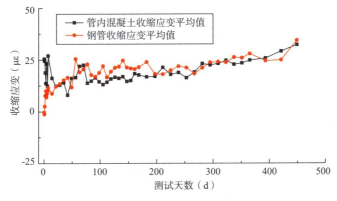

图 6.5.5　钢管和混凝土收缩应变对比

从图6.5.5可以发现，实测的钢管和混凝土之间的收缩应变并不一致，特别是在收缩应变测试前期，实测的钢管和混凝土的收缩应变还可能出现符号相反的情况，但是由于钢管混凝土结构本身的收缩应变比较小，整体的变化幅度为±35με范围内，且钢管和混凝土之间收缩应变的总体变化趋势较为一致，在收缩前期，应变较小，应变发展较快；收缩后期，应变较大，发展较为缓慢。对钢管混凝土结构的整体受力而言，其收缩应变较小，由此产生的收缩次内力也较小，对结构的整体性能影响不大。

与普通混凝土的收缩相比，在钢管混凝土结构中，因外侧钢管对钢管内混凝土的包裹作用明显地减少了钢管混凝土的收缩应变。从收缩应变测试结果可以发现，C80 混凝土本身的收缩应变较小，受到钢管的包裹作用，其实测收缩应变在 ±35με 以内，对结构的整体变形影响较小。钢管混凝土中的核心混凝土处于密闭状态，较少与周围环境有湿度的交换，使得其收缩应变比普通混凝土小。

6.5.2 徐变测试结果及分析

钢管混凝土中钢管各测点的应变随时间的变化曲线及应变平均值随时间的变化关系如图 6.5.6 和图 6.5.7 所示，其中，压应变为"正"，拉应变为"负"。

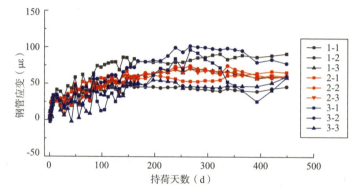

图 6.5.6 荷载作用下钢管应变

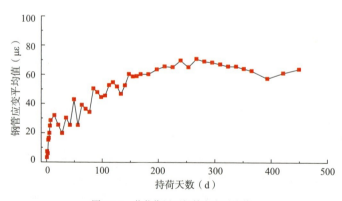

图 6.5.7 荷载作用下钢管应变平均值

从图 6.5.6 可以发现，与钢管混凝土的收缩应变测试结果相同，钢管测点受到外界环境的影响较大，各个测点的应变数值变化有一定的差别，整体来说，各个测点的应变随时间的变化趋势较为一致，在加载的前期应变变化较快，后期变化较慢。从图 6.5.7 给出的钢管应变平均值随时间的变化曲线可以发现，在外界荷载作用下，钢管应变逐渐增加，在加载后 200d 增长较快，钢管应变增加到 60με，此后钢管的应变变化较为缓慢，从 200~449d，钢管的应变有较小的减少趋势，减小到加载后 449d 的 51με。

钢管混凝土中混凝土各测点的徐变应变随时间的变化曲线及徐变应变平均值随时间的变化关系如图 6.5.8 和图 6.5.9 所示，其中，压应变为"正"，拉应变为"负"。

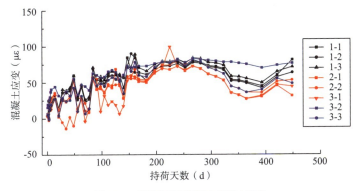

图 6.5.8　荷载作用下钢管内混凝土应变

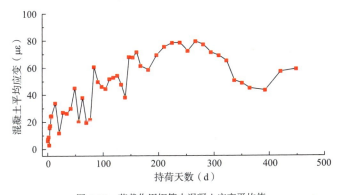

图 6.5.9　荷载作用钢管内混凝土应变平均值

从图 6.5.8 可以发现，钢管内混凝土测点受到外界环境的影响较小，其应变变化较为均匀。从图 6.5.9 给出的钢管内混凝土应变平均值随时间的变化曲线可以发现，在荷载作用下管内混凝土的徐变在加载后 250d 以内发展快，最大压应变约为 78με，250d 后，混凝土的应变又有小幅度的减小，减小到加载后 449d 的 59με，但是减小幅度不大。

钢管与混凝土各测点的应变随时间变化曲线的对比如图6.5.10所示，其中，压应变为"正"，拉应变为"负"。

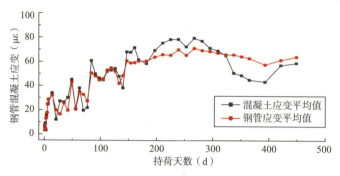

图6.5.10 荷载作用下钢管和钢管内混凝土应变对比

从图6.5.10可以发现，与钢管混凝土收缩试件不同，在荷载作用下，除了在加载后期管内混凝土的徐变应变偏小外，钢管应变和钢管内混凝土的徐变变化趋势较为一致。从试验角度证明了钢管混凝土构件长期变形计算时钢管和混凝土之间可近似采用完全黏结的假定，即钢管和混凝土之间的应变变化相同。图6.5.10给出的荷载作用下钢管和混凝土之间的应变吻合程度明显比图6.5.5给出的钢管和混凝土之间的收缩应变吻合程度好。因徐变试件处于庇荫状态，受到外界环境影响较收缩试件小。

由于钢管混凝土结构中只有钢管内混凝土发生徐变，而钢管对其徐变具有抑制作用，钢管内混凝土的徐变会引起钢管和钢管内混凝土的应力重分布，减小钢管内混凝土的部分徐变应变，进而导致钢管混凝土的徐变应变较普通混凝土的徐变应变小。因此，钢管混凝土的长期变形预测模型较普通混凝土复杂，需要通过按照龄期调整的有效模量法或有限元数值计算方法进行相关的数值计算，而不是简单用数值拟合的方法。

6.6 收缩徐变修正模型

1）修正CEB-FIP（MC90）模型

混凝土桥梁的收缩徐变分析，一般是基于假定的混凝土相关参数进行的，与实际的工程材料和环境有所不同。ACI209模型和B3模型在计算混凝土的徐变系数时,需要实际施工的混凝土配合比信息,计算较为复杂,一般不在设计阶段的理论分析时采用,而在施工阶段分析时采用。CEB-FIP(MC90)模型和GL2000模型需要的参数类型较少,常在设计阶段的理论分析时采用。

北盘江大桥的参数取值如表6.6.1所示。其中,GL2000模型中考虑到管内混凝土几乎无水分散失,取 $1-1.086RH^2=0$,管内混凝土环境湿度为95.6%,外包混凝土环境湿度根据当地气象资料取年平均湿度82.4%。CEB-FIP(MC90)模型环境湿度取值同GL2000模型。

收缩徐变预测模型参数取值 表6.6.1

模　型	f_{cm}(MPa)		环境湿度 H(%)		考虑收缩开始时间(d)	水泥种类
	钢管内混凝土	外包混凝土	钢管内混凝土	外包混凝土		
CEB-FIP(MC90)	56		95.0	82.40	3	快干普通水泥
GL2000	56		95.60	82.40	3	快干普通水泥

注:f_{cm}为28d混凝土圆柱体抗压强度平均值。

通过前述实测值与CEB-FIP(MC90)模型和GL2000模型理论计算值的对比分析表明,混凝土的实测值与CEB-FIP(MC90)模型的计算值,除个别实测值外,实测的混凝土收缩和徐变应变均比CEB-FIP(MC90)模型的计算值小外,总体吻合程度良好。对于部分实测的混凝土收缩和徐变应变比CEB-FIP(MC90)模型的计算值小的问题,可以通过修改混凝土强度和相对湿度的方法进一步提高收缩徐变的计算值与实测值的吻合程度。

尽管已有较多文献通过修改CEB-FIP(MC90)模型计算公式中的系数来进一步提高拟合精度,但是受到试验数据和Midas有限元程序依时材料特性输入的限制,实施中有一定的困难。因此,北盘江大桥在Midas有限元数值计算时,采用修改混凝土强度和相对湿度的方法修改CEB-FIP(MC90)模型。需要注意的是,该CEB-FIP(MC90)修改模型不能用于北盘江大桥混凝土材料的收缩、徐变模型计算。表6.6.2和表6.6.3给出C60和C80混凝土采用修正CEB-FIP(MC90)模型试算时的4种混凝土强度和相对湿度的取值分别为A1~A4和B1~B4。

C60 混凝土试算参数　　　　　　　　　　　　表 6.6.2

参数	A1	A2	A3	A4
混凝土强度（MPa）	50.0	75.5	56.0	75.5
相对湿度（%）	65.7	65.7	82.4	82.4

注：表中混凝土强度为立方体试块的强度测试值，有限元模型计算时乘以 0.8 的系数转化为圆柱体轴心受压构件的强度。下同。

C80 混凝土试算参数　　　　　　　　　　　　表 6.6.3

参数	B1	B2	B3	B4
混凝土强度（MPa）	65.5	80.3	56.0	80.3
相对湿度（%）	96.0	90.0	95.0	95.6

修正模型计算结果与 C60 混凝土试验结果的对比如图 6.6.1～图 6.6.5 所示。

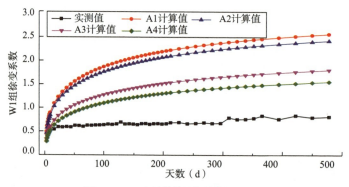

图 6.6.1　W1 组计算结果与试验结果对比

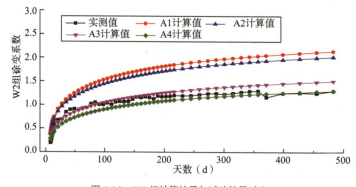

图 6.6.2　W2 组计算结果与试验结果对比

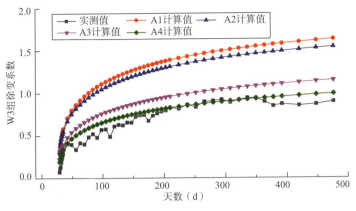

图 6.6.3 W3 组计算结果与试验结果对比

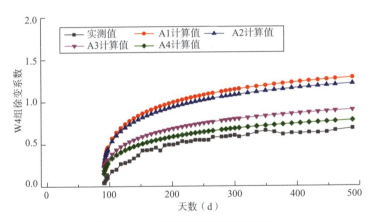

图 6.6.4 W4 组计算结果与试验结果对比

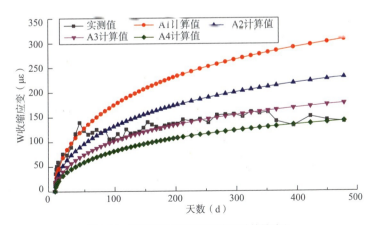

图 6.6.5 W 系列收缩计算结果与试验结果对比

从图 6.6.1~ 图 6.6.5 可以发现，除了 W1 组徐变计算值比实测值较大以外，W2、W3、W4 组的实测值和计算值吻合良好。选取不同的参数能显著影响 CEB-FIP（MC90）的计算值，当选取 A4 组时，徐变计算值与实测值吻合较好。因此，在有限元计算分析时，选取混凝土的强度为 75.5MPa，相对湿度为 82.4%。

与基于理论分析所采用的 C60 混凝土的强度取值相比，由于选取了较高的混凝土强度，使计算得的徐变系数较小，与实测值吻合程度良好。除与混凝土的徐变应变对比外，还与收缩应变进行了对比。从图 6.6.5 还可以发现，混凝土收缩虽然初期 A3 组的计算值与实测值吻合程度较好，但后期 A4 组的计算值与实测值吻合程度较好。因此，无论从收缩对比还是徐变对比来看，都是 A4 组的计算值与实测值吻合度最好。

修正模型计算值与 C80 混凝土实测值的对比如图 6.6.6~ 图 6.6.9 所示。

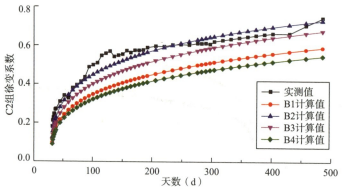

图 6.6.6　C2 组计算结果与试验结果对比

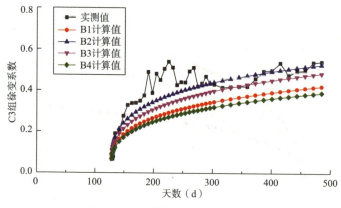

图 6.6.7　C3 组计算结果与试验结果对比

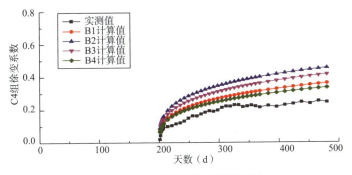

图 6.6.8　C4 组计算结果与试验结果对比

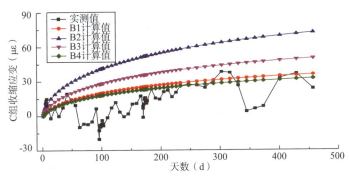

图 6.6.9　C 系列收缩计算结果与试验结果对比

从图 6.6.6~图 6.6.9 可以发现，除了 C4 组中计算值均比实测值大以外，C2 组和 C3 组的实测值与混凝土强度取 80.3MPa 和相对湿度取 90% 时的计算值相差不大。而基于理论分析所采用的混凝土强度 56MPa，相对湿度 95.6% 的计算值比实测值稍小。将 C80 混凝土的强度取为 56MPa 明显存在一定的不足，因此在有限元计算分析时，选取混凝土的强度为 80.3MPa，相对湿度为 90%，能够得到较好的结果。

从图 6.6.9 中还可以发现，收缩实测值和计算值对比表明，相对湿度选取 95% 时，计算值与实测值吻合较好。当相对湿度取 90% 时，计算值偏大。整体而言，C80 混凝土的收缩应变较小，虽然相对湿度取 90% 在一定程度上高估了其收缩应变，但是徐变的计算值吻合程度较好。因此，有限元计算分析时，选取 C80 混凝土的强度为 80.3MPa，相对湿度为 90%。

综上所述，北盘江大桥成桥后的长期变形计算分析可以选取修正的 CEB-FIP（MC90）模型。其中，C60 外包混凝土的立方体抗压强度取 75.5MPa，相对湿度取 82.4%；C80 管内混凝土的立方体抗压强度取 80.3MPa，相对湿度取为

90%。这里选取的 CEB-FIP（MC90）模型中混凝土强度和相对湿度的值没有明确的物理意义，只是通过调整 CEB-FIP（MC90）模型中的参数，使其计算值与实测值更好地吻合。

在有限元计算分析模型中，除调整了两种混凝土的收缩徐变预测模型外，还根据实测值对两种混凝土的弹性模量进行了修正，其中 C60 混凝土弹性模量调整为 41GPa，C80 混凝土弹性模量调整为 43GPa。计算过程中不再考虑混凝土的强度和弹性模量随时间的变化。

2）数值拟合模型

数值拟合模型，即为直接通过试验数据拟合得到的外包混凝土和管内混凝土的收缩徐变预测模型，直接将拟合公式作为有限元模型计算的依据。

（1）外包混凝土收缩模型

W 系列 C60 外包混凝土的收缩测试从混凝土浇筑完成 3d 后开始测量。通过试验数据的拟合得到如下计算公式：

$$\varepsilon_{sh}(t) = 150.43 \left(\frac{t}{35+t} \right)^{0.54} \tag{6.6.1}$$

（2）外包混凝土徐变模型

虽然 W1 组为两天加载，但因试验测试元件故障，因此，采用表 6.3.1 中 W2 组徐变参数可得：

$$\phi(t,\tau) = 1.44 \frac{(t-\tau)^{0.649}}{7.107 + (t-\tau)^{0.649}} \tag{6.6.2}$$

（3）钢管内混凝土收缩模型

采用 6.4.3 节中所述收缩参数可得：

$$\varepsilon_{sh}(t) = 64.00 \left(\frac{t}{35+t} \right)^{5.63} \tag{6.6.3}$$

（4）钢管内混凝土徐变模型

采用表 6.4.1 中 C2 组徐变参数可得：

$$\phi(t,\tau) = 1.377 \frac{(t-\tau)^{0.338}}{7.784 + (t-\tau)^{0.388}} \tag{6.6.4}$$

数值拟合模型也对两种混凝土的弹性模量进行了修正，取值与修正的 CEB-FIP（MC90）模型相同，且不考虑强度和弹性模量随时间的发展。

CHAPTER 7
第 7 章

拱圈收缩徐变分析
ANALYSIS OF SHRINKAGE AND CREEP FOR THE ARCH RING

DESIGN PRINCIPLES OF
LONG SPAN
REINFORCED CONCRETE ARCH BRIDGE ON HIGH SPEED RAILWAY

CHAPTER 7

7.1 概述

高速铁路对轨道的平顺性要求很高，尤其是采用无砟轨道时，由于不能通过道砟来调节轨道的高程，轨道扣件可调量相对较小，能否有效控制桥梁建成后的桥面后期变形十分重要。研究表明，混凝土收缩和徐变是桥梁长期变形发展的主要因素，收缩和徐变引起混凝土的应变会使混凝土桥的上拱或下挠随时间不断发展。随着跨度的增大，混凝土桥对收缩和徐变愈加敏感。因此，为确保轨道的平顺性和高速行车的安全性，就必须准确预测混凝土桥梁收缩和徐变变形（特别是长期徐变变形），并对铺轨后的长期徐变变形以及由于收缩和徐变引起的内力变化加以严格控制。

收缩和徐变过大而影响桥梁正常使用乃至造成工程事故的案例有很多。美国的 Parrotts 桥在使用 12 年后，195m 主跨跨中下挠约 635mm；挪威的 Stolma 桥在 3 年时间，301m 主跨跨中下挠约 92mm；加拿大的 Grand-Mere 桥在使用 9 年后，181.4m 主跨跨中下挠约 300mm；西太平洋加罗林群岛的 Koror-Babeldaob 桥建成 19 年后，为整平由于混凝土徐变引起的跨中下挠加铺桥面板，反而使变形进一步加剧，于 3 个月后垮塌；国内早期建成的大跨度混凝土公路桥梁也出现过跨中挠度过大的问题，其中，黄石长江大桥跨中最大挠度达 320mm。

国内外对高速铁路预应力混凝土简支梁桥徐变上拱的限制与控制进行了较为系统的深入研究，但对采用劲性骨架法施工的大跨度混凝土拱桥施工过程和成桥后徐变变形的研究甚少。另外，虽然许多学者进行了混凝土收缩和徐变的试验研究，然而多关注于普通混凝土的收缩和徐变，对高强混凝土的收缩和徐变试验研究较少。

混凝土收缩和徐变效应对混凝土拱桥受力和变形的影响较为显著，尤其是沪昆高速铁路北盘江大桥，其拱桥跨度达 445m，拱圈施工采用悬臂拼装钢管桁架成拱后，在钢管内灌注高强混凝土形成钢管混凝土劲性骨架拱，以钢管混凝土劲性骨架为支撑，纵向分段，横向分环逐步形成拱圈混凝土截面。拱圈结构的刚度与强度是逐步组合形成的，同一截面不同位置的混凝土龄期不同，且结构体系经过多次转换，使得结构受力、变形及其影响因素变得十分复杂。

收缩和徐变效应分析的有效性取决于混凝土收缩应变和徐变系数计算模型

的选取及分析方法的合理运用。在工程实践中往往直接选用已有的收缩和徐变预测模型，并根据试验特别是现场试验测试数据，对已有模型进行修正，推算出混凝土收缩和徐变的长期时变特性。

7.2 混凝土收缩徐变预测模型简介

从 1907 年美国材料试验学会（ASTM）首先发现混凝土的徐变特性至今，学术界和工程界对混凝土徐变开展了长期和广泛的研究，先后提出了黏弹性理论、渗出理论、黏性流动理论、塑性流动理论、微裂缝理论及内力平衡理论等。虽然取得了许多重要成果，但迄今为止还没有一种被普遍接受的理论。

经过几十年的工程实践和浩繁的研究实验资料积累，先后出现了多种函数形式的徐变表达式，如幂函数、对数函数、双曲函数、指数函数等。这些函数形式基本上是建立在试验数据基础上的经验公式，由于试验条件的局限和研究者的侧重点不同，所考虑的影响因素也不尽相同。其中，具有代表性的有欧洲混凝土协会（CEB）与国际预应力协会（FIP）建议的 CEB-FIP 模式，美国混凝土协会 209 委员会提出的 ACI209 模式，美国的 Gardner 和 Lockman 对 G-Z 模型（Gardner 和 Zhao 基于大量收缩徐变数据提出的收缩徐变模型）改进后提出的 GL2000 模型，以及美国的 Bazant 提出的 BP 系列模式。

随着人们对混凝土收缩徐变的认识加深，对结构影响的分析、计算理论和方法也在不断地发展。从 20 世纪 70 年代至今，CEB-FIP 对徐变系数的计算公式已修改了三次，先后推出 1970、1978、1990 模型。ACI209 委员会则在原有模式框架的基础上，通过对模式中收缩徐变影响因素的调整以及在试验的基础上对各种材料参数的修正，来达到提高预测精度，不断逼近材料本质的目的。同样，ACI209 委员会先后推出了 1978 模式、1982 模式和 1992 模式。Bazant 于 1978 及 1980 年提出了将徐变区分为基本徐变与干燥徐变的 BP 模式和 BP2 模式。1995 年又在以上两个模式的基础上提出了更为简化的、理论性更强的 B3 模式，并指出模式中各种材料参数的表达式有待于进一步的理论修正。

7.2.1 CEB-FIP（MC78）模型

1978 年，欧洲混凝土协会（CEB）与国际预应力协会（FIP）提出混凝土收缩和徐变的预测模型。提出考虑环境温度、相对湿度以及构件尺寸等因素的收缩应变计算公式，采用收缩应变基准值与描述收缩随时间发展的函数的乘积形式。将徐变分为滞后弹性变形和塑性变形两部分，徐变系数采用一系列系数之和的形式，计算比较复杂。

CEB-FIP（MC78）模型被《公路钢筋混凝土及预应力混凝土桥涵设计规范》（JTJ 023—1985）所采用，在国内桥梁工程界有较为广泛的影响力。

1）徐变模型

CEB-FIP（MC78）模型将徐变分为可恢复徐变和不可恢复徐变两部分组成，分别对应滞后弹性变形和塑性流动变形，并将不可恢复部分的徐变又分成加载时的初始徐变和滞后徐变。

$$\varepsilon(t,\tau) = \sigma J(t,\tau) = \frac{\sigma}{E_c(\tau)} + \frac{\sigma \cdot \phi(t,\tau)}{E_c} \quad (7.2.1)$$

式中，E_c 为 28 d 混凝土弹性模量；$E_c(\tau)$ 为加载龄期时混凝土弹性模量，根据混凝土抗压强度确定，考虑混凝土弹性模量随时间的发展；$J(t,\tau)$ 为徐变度；$\phi(t,\tau)$ 为徐变系数；t 为计算徐变时的混凝土龄期；τ 为混凝土加载龄期。其中：

$$\phi(t,\tau) = \beta_a(\tau) + 0.4\beta_d(t-\tau) + \phi_f[\beta_f(t) - \beta_f(\tau)] \quad (7.2.2)$$

$$\beta_a(\tau) = 0.8\left[1 - \frac{R(\tau)}{R_\infty}\right] \quad (7.2.3)$$

式中，$\beta_d(t-\tau)$ 为随时间而增长的滞后弹性应变，规范中可查图取值；$R(\tau)/R_\infty$ 为混凝土龄期为 τ 时的弹度 $R(\tau)$ 与最终强度 R_∞ 之比，可查图取值；ϕ_f 为流塑系数，$\phi_f = \phi_{f1} \cdot \phi_{f2}$；$\phi_{f1}$ 为依周围环境而定的系数，可查表 7.2.1 取值；ϕ_{f2} 为依理论厚度 h 而定的系数，可查图取值，$h = \lambda \times 2A_u/u$；$\lambda$ 为依周围环境而定的系数，可查表 7.2.1 取值；A_u 为构件混凝土截面面积；u 为与大气接触的截面周边长度；$\beta_f(t)$、$\beta_f(\tau)$ 为随混凝土龄期而增长的滞后塑性应变，与理论厚度 h 有关，可查图取值。

ϕ_{f1}、λ 和 ε_{s1} 值 表 7.2.1

环境条件	相对湿度（%）	ϕ_{f1}	ε_{s1}	λ
水中	—	0.8	10×10^{-5}	30
很潮湿的空气中	90	1.0	-13×10^{-5}	5.0
野外一般条件	70	2.0	-32×10^{-5}	1.5
很干燥的空气中	40	3.0	-52×10^{-5}	1.0

2）收缩模型

$$\varepsilon_s(t,t_s) = \varepsilon_{s0}[\beta_s(t) - \beta_s(t_s)]$$
$$\varepsilon_{s0} = \varepsilon_{s1} \cdot \varepsilon_{s2} \tag{7.2.4}$$

式中，t 为混凝土龄期；t_s 为收缩开始时间；ε_{s1} 为依周围环境而定的系数，可查表 7.2.1 取值；ε_{s2} 为依理论厚度 h 而定的系数，可查图取值；β_s 为与混凝土龄期及理论厚度 h 有关的系数，可查图取值。

7.2.2　CEB-FIP（MC90）模型

CEB-FIP（MC90）模型是在 CEB-FIP（MC78）模型基础上提出的。在收缩应变计算公式中，考虑了混凝土类型及其强度、干燥时间和构件尺寸等因素的影响。徐变系数表达式较 CEB-FIP（MC78）模型有较大变化，按整体来描述徐变规律，不再把徐变明确划分为滞后弹性变形和塑性变形。采用一系列乘积的形式，即在给定的荷载持荷期之后的徐变，可根据随混凝土载入龄期而变的名义徐变系数与描述徐变随时间发展的函数乘积来预测，考虑了水泥种类、持荷时间、混凝土强度、环境平均相对湿度等影响。

现行行业规范《公路钢筋混凝土及预应力混凝土桥涵设计规范》（JTG 3362—2018）采用 CEB-FIP（MC90）徐变模型。

1）徐变模型

$$\varepsilon(t,\tau) = \sigma J(t,\tau) = \frac{\sigma}{E_c(\tau)} + \frac{\sigma \cdot \phi(t,\tau)}{E_c} \tag{7.2.5}$$

式中，E_c 为 28 d 混凝土弹性模量；$E_c(\tau)$ 为加载龄期时混凝土弹性模量，根据混凝土抗压强度确定，考虑混凝土弹性模量随时间的发展；$J(t,\tau)$ 为徐度；$\phi(t,\tau)$ 为徐变系数；t 为计算徐变时的混凝土龄期；τ 为混凝土加载龄期。其中：

$$E_c = 2.15 \times 10^4 \left(\frac{f_{cm}}{10}\right)^{\frac{1}{3}} \quad (7.2.6)$$

$$E_c(\tau) = E_c \sqrt{\exp\left[s\left(1 - \sqrt{\frac{28}{\frac{\tau}{t_0}}}\right)\right]} \quad (7.2.7)$$

$$\phi(t,\tau) = \phi_0 \beta_c(t-\tau) \quad (7.2.8)$$

$$\phi_0 = \phi_{RH} \beta(f_{cm}) \beta(\tau) \quad (7.2.9)$$

$$\beta_c(t-\tau) = \left(\frac{\dfrac{t-\tau}{t_0}}{\beta_H + \dfrac{t-\tau}{t_0}}\right)^{0.3} \quad (7.2.10)$$

式（7.2.6）中，f_{cm} 为混凝土 28 d 的抗压强度平均值（MPa）。

式（7.2.7）中，t_0 取 1 d；s 为与水泥类型有关的系数，且：

$s=0.20$，快干高强水泥；

$s=0.25$，快干普通水泥；

$s=0.38$，慢干水泥。

式（7.2.8）中，ϕ_0 为名义徐变系数；$\beta_c(t-\tau)$ 为荷载作用下徐变时程曲线系数。

式（7.2.9）中：

$$\phi_{RH} = 1 + \frac{1 - \dfrac{RH}{RH_0}}{0.46\left(\dfrac{h}{h_0}\right)^{\frac{1}{3}}} \quad (7.2.11)$$

$$\beta(f_{cm}) = \frac{5.3}{\left(\dfrac{f_{cm}}{f_{cm0}}\right)^{0.5}} \quad (7.2.12)$$

$$\beta(\tau) = \cfrac{1}{0.1 + \left(\cfrac{\tau}{t_0}\right)^{0.2}} \qquad (7.2.13)$$

式（7.2.10）中：

$$\beta_H = 150\left[1 + 1.2\left(\frac{RH}{RH_0}\right)^{18}\right]\frac{h}{h_0} + 250 \leqslant 1500 \qquad (7.2.14)$$

式（7.2.11）和式（7.2.14）中，h 为构件理论厚度（mm）；h_0 取 100mm；RH 为环境的相对湿度（%）；RH_0 取 100%。式（7.2.12）中，f_{cm0} 取 10MPa。

2）收缩模型

$$\varepsilon_s(t, t_s) = \varepsilon_{s0}\beta_s(t - t_s) \qquad (7.2.15)$$

式中，t 为混凝土龄期；t_s 为收缩开始时间；$\beta_s(t - t_s)$ 为收缩时程曲线系数。其中：

$$\varepsilon_{s0} = \varepsilon_s(f_{cm})\beta_{RH} \qquad (7.2.16)$$

$$\beta_s(t - t_s) = \left[\cfrac{\cfrac{t - t_s}{t_0}}{350\left(\cfrac{h}{h_0}\right)^2 + \cfrac{t - t_s}{t_0}}\right]^{0.5} \qquad (7.2.17)$$

式（7.2.16）和式（7.2.11）中，t_0 取 1 d；h 为构件理论厚度（mm），h_0 取 100mm；其中：

$$\varepsilon_s(f_{cm}) = \left[160 + 10\beta_{sc}\left(9 - \frac{f_{cm}}{f_{cm0}}\right)\right] \times 10^{-6} \qquad (7.2.18)$$

$40\% \leqslant RH < 99\%$ 时，

$$\beta_{RH} = -1.55 \times \left[1 - \left(\frac{RH}{RH_0}\right)^3\right] \qquad (7.2.19a)$$

$RH \geqslant 99\%$ 时，

$$\beta_{RH} = 0.25 \qquad (7.2.19b)$$

式（7.2.18）中，f_{cm} 为混凝土 28d 的抗压强度平均值（MPa）；f_{cm0} 取 10MPa；

β_{sc} 为与水泥类型有关的系数,且:

慢干水泥,$\beta_{sc}=4$;

普通和快干水泥,$\beta_{sc}=5$;

高强度快干水泥,$\beta_{sc}=8$。

式(7.2.19)中,RH 为环境的相对湿度(%);RH_0 取 100%。

7.2.3 ACI209 模型

1)徐变模型

D. E. Branson 在 1964 年提出徐变系数使用双曲幂函数形式的表达式,如下所示:

$$\phi(t,\tau) = \frac{(t-\tau)^d}{B+(t-\tau)^d}\phi_\infty \quad (7.2.20)$$

式中,ϕ_∞ 为徐变系数终极值;B 和 d 为试验所确定的常数;t 为计算徐变时的混凝土龄期;τ 为混凝土加载龄期。美国混凝土协会 ACI209 委员会建议采用该双曲幂函数形式的徐变系数表达式。美国混凝土协会 ACI209 委员会在 1982 年的报告中建议试验所确定常数取 $B=10$,$d=0.6$。

ACI209 委员会先后推出了 ACI209(1978)模型、ACI209(1982)模型和 ACI209R(1992)模型。ACI209 模型的徐变系数和收缩应变均采用连乘形式,表示为终极徐变值或终极收缩值与随时间发展的校正系数的乘积表达式。如 ACI209R(1992)模型的徐变系数表达式为:

$$\phi(t,\tau) = \frac{(t-\tau)^{0.6}}{10+(t-\tau)^{0.6}}\phi_\infty \quad (7.2.21)$$

公式(7.2.21)的适用条件为加载龄期大于 7 d,其中:

$$\phi_\infty = 2.35\gamma_c \quad (7.2.22)$$

$$\gamma_c = K_{CA} \cdot K_{CH} \cdot K_{CS} \cdot \gamma_{sc} \cdot \gamma_{ac} \cdot \gamma_{asc} \quad (7.2.23)$$

式中,γ_c 为 t 时刻的徐变系数;K_{CA} 为加载龄期校正系数;K_{CH} 为相对湿度校正系数;K_{CS} 为构件形状和尺寸校正系数;γ_{sc} 为坍落度校正系数;γ_{ac} 为细骨料含量校正系数;γ_{asc} 为空气含量校正系数。其中:

当潮湿环境养护时, $K_{CA} = 1.25(\tau)^{-0.118} \quad (7.2.24a)$

当蒸汽养护时，
$$K_{CA} = 1.13(\tau)^{-0.094} \quad (7.2.24b)$$

当 $RH > 40\%$，
$$K_{CH} = 1.27 - 0.0067RH \quad (7.2.25)$$

加载后第一年，
$$K_{CS} = 1.14 - 0.00092h \quad (7.2.26a)$$

终极值，
$$K_{CS} = 1.10 - 0.00067h \quad (7.2.26b)$$

$$\gamma_{sc} = 0.82 + 0.00264s \quad (7.2.27)$$

$$\gamma_{ac} = 0.88 + 0.0024f \quad (7.2.28)$$

$$\gamma_{asc} = 0.46 + 0.09A_c, \quad A_c \geqslant 1.0 \quad (7.2.29)$$

式中，RH 为环境的相对湿度（％）；h 为构件平均厚度（mm）；s 为混凝土坍落度（mm）；f 为细集料重量占全部集料重量之比；A_c 为混凝土中空气含量的百分比。

2）收缩模型

$$\varepsilon_{sc}(t) = \frac{t - t_s}{b + (t - t_s)} \varepsilon_\infty \quad (7.2.30)$$

$$\varepsilon_\infty = 780\gamma_s \times 10^{-6} \quad (7.2.31)$$

$$\gamma_s = K_{SH} \cdot K_{SS} \cdot \gamma_{ss} \cdot \gamma_{as} \cdot \gamma_{ass} \quad (7.2.32)$$

式中，t 为混凝土龄期，t_s 为收缩开始时间，γ_s 为 $(t-t_s)$ 时刻的收缩应变，K_{SH} 为相对湿度校正系数，K_{SS} 为构件形状和尺寸校正系数，γ_{ss} 为坍落度校正系数，γ_{as} 为细骨料含量校正系数，γ_{ass} 为空气含量校正系数。其中：

当 $40\% \leqslant RH \leqslant 80\%$，
$$K_{SH} = 1.40 - 0.010RH \quad (7.2.33a)$$

当 $80\% < RH \leqslant 100\%$，
$$K_{SH} = 1.40 - 0.0102RH \quad (7.2.33b)$$

加载后第一年，
$$K_{SS} = 1.23 - 0.00015h \quad (7.2.34a)$$

终极值，
$$K_{SS} = 1.17 - 0.00014h \quad (7.2.34b)$$

$$\gamma_{ss} = 0.89 + 0.00164s \quad (7.2.35)$$

当 $f \leqslant 50\%$ 时，
$$\gamma_{as} = 0.30 + 0.014f \quad (7.2.36a)$$

当 $f > 50\%$ 时，
$$\gamma_{as} = 0.90 + 0.002f \quad (7.2.36b)$$

$$\gamma_{\text{ass}} = 0.95 + 0.008 A_c \tag{7.2.37}$$

式中，RH 为环境的相对湿度（%）；h 为构件平均厚度（mm）；s 为混凝土坍落度（mm）；f 为细集料重量占全部集料重量之比；A_c 为混凝土中空气含量的百分比。

7.2.4 GL2000 模型

N.J.Gardner 和 J.W.Zhao 通过综合研究 Davis 和 Brooks 等人长期试验结果后，提出了收缩徐变预测表达式，被称之为 GZ（1993）模型。Gardner 和 Lockman 对已有的 GZ 模型加以改进，修正了 GZ 模型在加载初期负的应力松弛和不合理徐变恢复的缺陷，提出了 GL2000 模型。

GL2000 模型在计算徐变系数时考虑了计算龄期、加载龄期、干燥开始时龄期、构件体表比、相对湿度等 5 个参数，并单独采用一项徐变系数来修正构件在加载前混凝土就干燥的情况。另外，GL2000 模型也适用于强度 70MPa 的高强混凝土，且考虑了加载前混凝土的干燥对加载后徐变变形的影响。

1）GL2000 徐变模型

GL2000 模型荷载引起的混凝土长期徐变变形定义与 CEB-FIP（MC 90）模型一样。

$$\varepsilon(t,\tau) = \frac{\sigma}{E_c(\tau)} + \frac{\sigma \cdot \phi(t,\tau)}{E_c} \tag{7.2.38}$$

式中，与 CEB-FIP（MC 90）模型一样，E_c 为 28 d 混凝土弹性模量，$E_c(\tau)$ 为加载龄期时的混凝土弹性模量，但计算公式与 CEB-FIP（MC 90）模型不同；$\phi(t,\tau)$ 为徐变系数；t 为计算徐变时的混凝土龄期；τ 为混凝土加载龄期。其中：

$$E_c = 3500 + 4300\sqrt{f_{\text{cm}}} \tag{7.2.39}$$

$$E_c(\tau) = 3500 + 4300\sqrt{f_{\text{cm}\tau}} \tag{7.2.40}$$

$$\phi(t,\tau) = \phi(t_c)\left\{2\left[\frac{(t-\tau)^{0.3}}{(t-\tau)^{0.3}+14}\right] + \left(\frac{7}{\tau}\right)^{0.5}\left(\frac{t-\tau}{t-\tau+7}\right)^{0.5} + 2.5\left(1-1.086RH^2\right)\left[\frac{t-\tau}{t-\tau+0.15\left(\frac{V}{S}\right)^2}\right]^{0.5}\right\} \tag{7.2.41}$$

式（7.2.39）中，f_{cm}为混凝土28d的抗压强度平均值（MPa）。

式（7.2.40）中，$f_{cm\tau}$为混凝土加载龄期时的抗压强度平均值（MPa），且

$$f_{cm\tau} = f_{cm} \frac{t^{0.75}}{a + bt^{0.75}} \quad （7.2.42）$$

其中：

Ⅰ型水泥：$a = 2.8$，$b = 0.77$；

Ⅱ型水泥：$a = 3.4$，$b = 0.72$；

Ⅲ型水泥：$a = 1.0$，$b = 0.92$。

式（7.2.41）中，RH为环境的相对湿度，用小数表示；其中：

当$\tau = t_c$时，$\quad\quad\quad \varphi(t_c) = 1 \quad\quad\quad （7.2.43a）$

当$\tau > t_c$时，$\quad \varphi(t_c) = \left[1 - \left(\dfrac{\tau - t_c}{\tau - t_c + 0.15\left(\dfrac{V}{S}\right)^2}\right)^{0.5}\right]^{0.5} \quad （7.2.43b）$

式中，t_c为混凝土开始干燥或混凝土潮湿养护结束时的龄期；V/S为混凝土构件的体积表面积比，单位为mm。

2）GL2000收缩模型

GL2000模型收缩应变发展方程，如式（7.2.44）所示：

$$\varepsilon_s(t) = \varepsilon_{su} \beta(h) \beta(t) \quad （7.2.44）$$

式中：

$$\varepsilon_{su} = 0.0009 K \sqrt{\frac{30}{f_{cm}}} \quad （7.2.45）$$

$$\beta(h) = 1 - 1.18 RH^4 \quad （7.2.46）$$

$$\beta(t) = \left[\frac{t - t_s}{t - t_s + 0.15\left(\dfrac{V}{S}\right)^2}\right]^{0.5} \quad （7.2.47）$$

式（7.2.45）中，f_{cm}为混凝土28d的抗压强度平均值，单位为MPa；K为与水泥类型有关的系数，且：

Ⅰ型水泥，$K=1.0$；

Ⅱ型水泥，$K=0.7$；

Ⅲ型水泥，$K=1.15$。

式（7.2.46）中，RH 为环境的相对湿度（用小数表示）。

式（7.2.47）中，t 为混凝土的计算龄期；t_s 为混凝土开始干燥或混凝土潮湿养护结束时的龄期；V/S 为混凝土构件的体积与表面积比，单位为 mm。

7.2.5　B3 模型

Bazant 和 Panula 在 1978 年对世界范围内采集到的庞大徐变试验数据库进行了计算机分析和拟合研究。在基于扩散理论和活化能理论基础之上，Bazant 于 1979 年提出了由基本徐变与干燥徐变组合而成的徐变表达式，称为 B-P 模型。

$$\phi(t,\tau,t_c) = E(\tau)[C_0(t,\tau) + C_d(t,\tau,t_c) - C_p(t,\tau,t_c)] \quad (7.2.48)$$

式中，t 为计算徐变时的混凝土龄期；τ 为混凝土加载龄期；t_c 为混凝土开始干燥或混凝土潮湿养护结束时的龄期；$C_0(t,\tau)$ 为单位应力产生的基本（无水分转移）徐变，$C_d(t,\tau,t_c)$ 为单位应力产生的干燥（有水分转移）徐变，$C_p(t,\tau,t_c)$ 为干燥以后徐变减小值。

Bazant 等人于 1991 年提出 BP-KX 模型，1995 年提出较 BP-KX 模型更加简洁的 RILEM B3 模型，该模型也更加符合实际情况。B3 模型建立的理论依据是混凝土固化理论，该理论是将弹性理论、黏弹性理论和流变理论相结合，考虑由于水泥水化、固相物增多时模拟混凝土宏观物理力学性质随时间不断变化的新理论。

1）B3 徐变模型

B3 模型是根据一系列的收缩和徐变预测模型（BP-KX 模型等）建立的一个最新的模型。它的徐变度计算表达式由物理意义明确的三部分组成，具体表达式如下：

$$J(t,\tau) = q_1 + C_0(t,\tau) + C_d(t,\tau,t_c) \quad (7.2.49)$$

式中，q_1 为瞬时弹性柔度；$C_0(t,\tau)$ 为基本徐变函数；$C_d(t,\tau,t_c)$ 为干燥徐变函数；t 为计算徐变时的混凝土龄期；τ 为混凝土加载龄期；t_c 为混凝土开始干燥龄期。其中，瞬时弹性柔度为：

$$q_1 = \frac{0.6 \times 10^6}{E_c} \quad (7.2.50)$$

$$E_c = 4734\sqrt{f_{cm}'} \qquad (7.2.51)$$

式中，E_c 为 28d 混凝土弹性模量；f_{cm}' 为混凝土 28d 的标准圆柱体抗压强度。

基本徐变柔度函数为：

$$C_0(t,\tau) = q_2 Q(t,\tau) + q_3 \ln\left[1 + (t-\tau)^{0.1}\right] + q_4 \ln\left(\frac{t}{\tau}\right) \qquad (7.2.52)$$

其中：

$$q_2 = 185.4 c^{0.5} (f_{cm}')^{-0.9} \qquad (7.2.53)$$

$$Q(t,\tau) = Q_f(\tau)\left[1 + \left(\frac{Q_f(\tau)}{Z(t,\tau)}\right)^{r(\tau)}\right]^{\frac{-1}{r(\tau)}} \qquad (7.2.54)$$

$$Q_f(\tau) = \left(0.086\tau^{\frac{2}{9}} + 1.21\tau^{\frac{4}{9}}\right)^{-1} \qquad (7.2.55)$$

$$Z(t,\tau) = \tau^{-m}\ln[1+(t-\tau)^n] \qquad (7.2.56)$$

$$r(\tau) = 1.7\tau^{0.12} + 8 \qquad (7.2.57)$$

$$q_3 = 0.29\left(\frac{w}{c}\right)^4 q_2 \qquad (7.2.58)$$

$$q_4 = 20.3\left(\frac{a}{c}\right)^{-0.7} \qquad (7.2.59)$$

式（7.2.52）~式（7.2.59）中，c 为水泥含量（kg/m^3）；q_2 为老化黏弹性柔度；q_3 为非老化黏弹性柔度；q_4 为非老化流变柔度；w/c 为水灰比；a/c 为集料水泥比；$m=0.5$，$n=0.1$。

干燥徐变柔度为：

$$C_d(t,\tau,t_c) = q_5\left[e^{-8RH(t)} - e^{-8RH(\tau)}\right]^{0.5}, \quad \tau \geq t_c \qquad (7.2.60)$$

$$q_5 = 7.57 \times 10^5 (f_{cm}')^{-1}(\varepsilon_{sh\infty})^{-0.6} \qquad (7.2.61)$$

$$H(t) = 1 - \left[\left(1 - \frac{RH}{100}\right)S(t)\right] \qquad (7.2.62)$$

$$H(\tau) = 1 - \left[\left(1 - \frac{RH}{100}\right)S(\tau)\right] \quad (7.2.63)$$

$$K_t = 8.5 \times 10^{-2} \tau^{-0.08} (f_{cm}')^{-0.25} \quad (7.2.64)$$

$$S(t) = \tanh\sqrt{\frac{t - t_c}{\tau_{sh}}} \quad (7.2.65)$$

$$\tau_{sh} = K_t (K_s D)^2 \quad (7.2.66)$$

式中，RH 为环境相对湿度；D 为构件理论厚度，$D = 2v/s$；K_s 取值如表 7.2.2 所示。

截面形状系数 K_s 的取值表　　　　　　　表 7.2.2

截面形状	无限平板	圆柱	棱柱	球体	立方体
K_s	1.00	1.15	1.25	1.30	1.55

徐变可以由下式求出：

$$\varepsilon_c = \sigma \cdot J(t, t_0) \quad (7.2.67)$$

式中，σ 为作用在混凝土上的应力。

2）B3 收缩模型

B3 模型收缩应变发展方程定义如下：

$$\varepsilon_{sh}(t, t_s) = -\varepsilon_{sh\infty} K_{RH} S(t) \quad (7.2.68)$$

式中，$\varepsilon_{sh\infty}$ 为终极收缩应变，K_{RH} 为相对湿度系数，$S(t)$ 为时间系数。

$$\varepsilon_{sh\infty} = \varepsilon_{s\infty} \frac{E(7 + 600)}{E(t_s + \tau_{sh})} \quad (7.2.69)$$

$$E(t) = E(28)\left(\frac{t}{4 + 0.85t}\right)^{0.5} \quad (7.2.70)$$

$$\varepsilon_{S\infty} = -\alpha_1 \alpha_2 \left[1.9 \times 10^{-2} w^{2.1} (f_{cm}')^{-0.28} + 270\right] \times 10^{-6} \quad (7.2.71)$$

式（7.2.69）~式（7.2.71）中，t 为混凝土收缩的计算龄期，t_s 为混凝土开始干燥龄期。其中：

Ⅰ型水泥，$\alpha_1 = 1.0$；

Ⅱ型水泥，$\alpha_1 = 0.85$；

Ⅲ型水泥，$\alpha_1 = 1.1$。

蒸汽养护，$\alpha_2 = 0.75$；

水中或100%相对湿度环境养护，$\alpha_2 = 1.0$；

标准养护，$\alpha_2 = 1.2$。

$K_{RH} = 1 - RH^3$，$RH \leqslant 0.98$；

$K_{RH} = -0.2$，$RH = 1 R$；

K_{RH} 线性插值，$0.98 \leqslant RH \leqslant 1$。

7.2.6 收缩徐变系数计算示例

由于混凝土收缩徐变机理的复杂性和相应试验结果的离散性，预测模型对试验结果的描述都存在一定的偏差，且不同模型之间在收缩徐变预测时也表现出不同程度的差异。考虑到ACI209模型以及B3模型在计算时需要知道配合比等材料信息，而这些信息在北盘江大桥设计分析时尚无法获得。因而着重考虑采用CEB-FIP（MC78）模型、CEB-FIP（MC90）模型和GL2000模型进行计算对比。

取加载龄期为5d、收缩开始时间为3d、管内混凝土环境湿度为90%［CEB-FIP（MC78）模型］和95%［CEB-FIP（MC90）模型、GL2000模型］、外包混凝土环境湿度为70%［EB-FIP（MC78）模型］和82.4%［CEB-FIP（MC90）、GL2000］及该北盘江大桥相关参数，分别计算得到了各预测模型下钢管内填混凝土、外包混凝土的徐变系数及收缩应变曲线，如图7.2.1、图7.2.2所示。对于GL2000，由于管内混凝土取相对湿度为0.96，其对应的收缩应变取0。

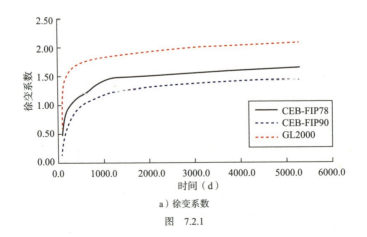

a）徐变系数

图 7.2.1

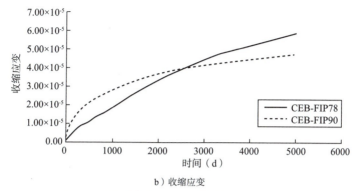

b）收缩应变

图 7.2.1 钢管内填混凝土徐变系数及收缩应变计算结果

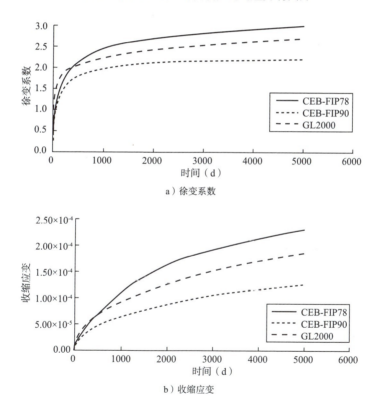

图 7.2.2 外包混凝土徐变系数及收缩应变计算结果

从图 7.2.1 和图 7.2.2 可以发现，由于 CEB-FIP（MC78）模型中图表的不连续性，导致曲线出现不光滑现象。同时，还可以发现，这三种模型对北盘江大桥的管内混凝土和外包混凝土的收缩与徐变行为的描述有较大的差异。

7.3 基于预测模型的计算分析

7.3.1 概述

混凝土收缩徐变模型是建立在试验结果的均值基础上，因此，采用 7.2.6 收缩徐变系数计算示例中的模型参数建立有限元分析模型。各模型参数取值见表 7.3.1。

模型参数取值表　　　　　　　　表 7.3.1

模　型	f_{cm} （MPa）	环境湿度 RH（%）		考虑收缩开始时间（d）	水泥种类
		管内混凝土	外包混凝土		
CEB-FIP （MC78）	56	90.00	70.00	3	快干普通水泥
CEB-FIP （MC90）	56	95.00	82.40	3	快干普通水泥
GL2000	56	95.00	82.40	3	快干普通水泥

模型外包混凝土中的普通钢筋配筋采用 $\phi32$、$\phi25$ 及 $\phi22$ 三种规格，等宽段截面配筋示意如图 7.3.1 所示。采用 CSBNLA 分析时 [对应的收缩与徐变模型为 CEB-FIP（MC90）模型和 GL2000 模型]，将分别考虑不计普通钢筋影响和计入普通钢筋影响两种情况。

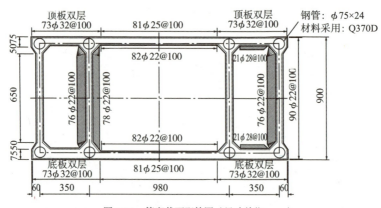

图 7.3.1　等宽截面配筋图（尺寸单位：cm）

有限元模型按照设计模拟拟定的施工过程。主拱圈施工分析共设置 269 个施工阶段，拱上建筑施工设置 12 个施工阶段，成桥后的收缩徐变计算设置 9 个施工阶段，共计 290 个施工阶段。

其中，8 个关键施工阶段分别为劲性钢骨架合龙完成、钢管内填混凝土施工完成、浇筑外包边箱混凝土完成、浇筑外包中箱混凝土完成、拱上建筑施工完成、成桥后 1 年、成桥后 5 年、成桥后 10 年。

7.3.2 CEB-FIP（MC78）模型

按照 CEB-FIP（MC78）模型采用 Midas 计算混凝土收缩徐变各相关参数并进行施工全过程分析，得到拱圈节点位移及截面各组分的应力。模型不考虑外包混凝土截面配筋。

全桥各施工阶段累计位移如图 7.3.2 所示，位移结果取向上为正。

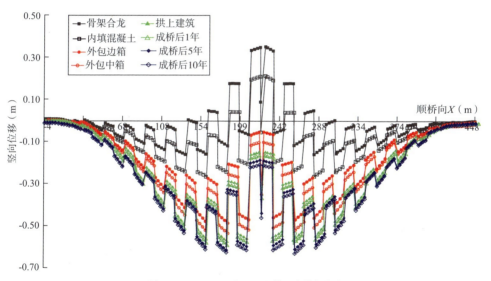

图 7.3.2　CEB-FIP（MC78）模型主拱圈位移

钢管骨架合龙至成桥后 10 年期间钢管、钢管内混凝土和外包混凝土最大应力变化如图 7.3.3 所示，受拉为正，受压为负。

其中，钢管最大压应力主要出现在拱圈 $L/4$ 截面的下弦；钢管内混凝土最大压应力主要出现在拱圈 $3L/8$ 截面的上弦；外包混凝土最大压应力在拱脚、拱圈 $L/8$ 和拱圈 $L/4$ 截面的边箱底板均有出现且数值相差不大。

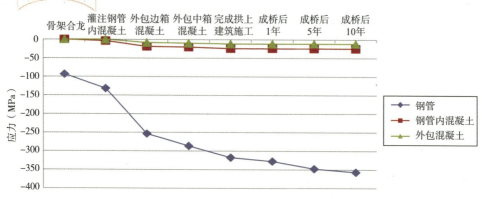

图 7.3.3　CEB-FIP（MC78）模型最大应力变化

7.3.3　CEB-FIP（MC90）模型

分别按考虑外包混凝土截面配筋与不考虑外包混凝土截面配筋两种情况进行应力分析。不考虑外包混凝土截面配筋时，分别采用 Midas 和 CSBNLA 软件进行分析，计算表明，Midas 与 CSBNLA 软件分析结果十分吻合。以下为 CSBNLA 软件的分析结果。

不考虑外包混凝土截面配筋时，各阶段累计位移如图 7.3.4 所示，位移向上为正。

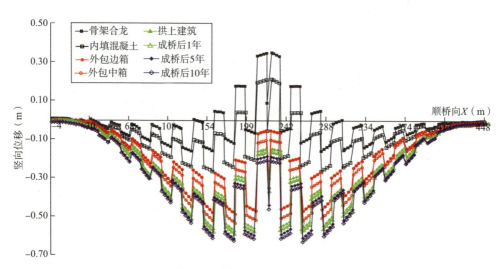

图 7.3.4　CEB-FIP（MC90）模型主拱圈位移（不考虑截面配筋）

考虑外包混凝土截面配筋时，各阶段累计位移如图 7.3.5 所示，向上为正。

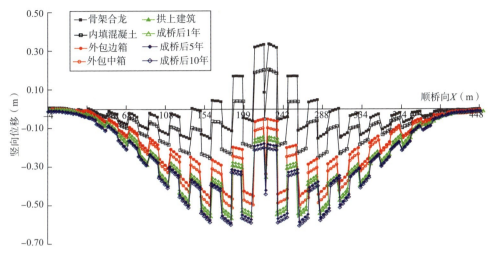

图 7.3.5　CEB-FIP（MC90）模型主拱圈位移（考虑截面配筋）

不考虑外包混凝土截面配筋时，钢管骨架合龙至成桥后 10 年期间钢管、钢管内混凝土和外包混凝土最大应力变化如图 7.3.6 所示，受拉为正，受压为负。

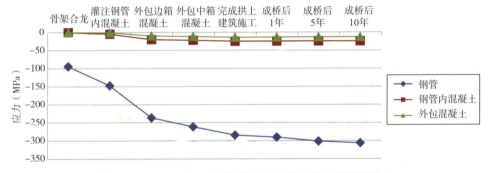

图 7.3.6　CEB-FIP（MC90）模型最大应力变化（不考虑截面配筋）

考虑外包混凝土截面配筋时，钢管骨架合龙至成桥后 10 年期间钢管、钢管内混凝土和外包混凝土最大应力变化如图 7.3.7 所示，受拉为正，受压为负。

其中，钢管最大压应力主要出现在拱圈 $L/4$ 截面的下弦，钢管内混凝土最大压应力主要出现在拱圈 $3L/8$ 截面的上弦，外包混凝土最大压应力主要出现在拱圈 $L/4$ 截面的边箱底板。

与不考虑外包混凝土截面配筋相比，考虑外包混凝土截面配筋时的钢管、钢管内混凝土和外包混凝土最大压应力有所减小。

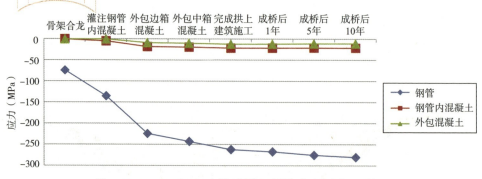

图 7.3.7 CEB-FIP（MC90）模型最大压应力变化（考虑截面配筋）

7.3.4 GL2000 模型

采用 CSBNLA 软件，分别按考虑外包混凝土截面配筋与不考虑外包混凝土截面配筋两种情况进行位移和应力分析。

不考虑外包混凝土截面配筋时，各阶段累计位移如图 7.3.8 所示，向上为正。

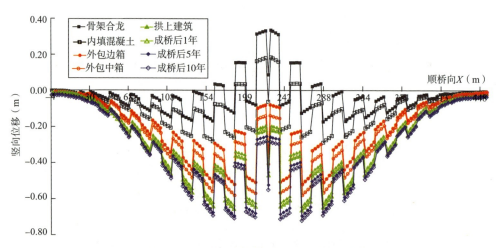

图 7.3.8 GL2000 模型主拱圈位移（不考虑截面配筋）

考虑外包混凝土截面配筋时，各阶段累计位移如图 7.3.9 所示，向上为正。

不考虑外包混凝土截面配筋时，钢管骨架合龙至成桥后 10 年期间钢管、钢管内混凝土和外包混凝土最大应力变化如图 7.3.10 所示，受拉为正，受压为负。

考虑外包混凝土截面配筋时，钢管骨架合龙至成桥后 10 年期间钢管、钢管内混凝土和外包混凝土最大应力变化如图 7.3.11 所示，受拉为正，受压为负。

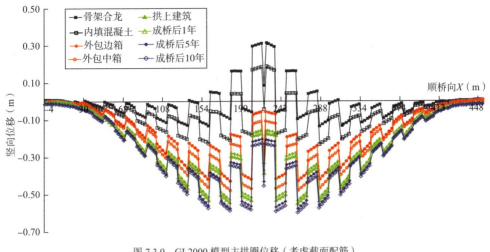

图 7.3.9　GL2000 模型主拱圈位移（考虑截面配筋）

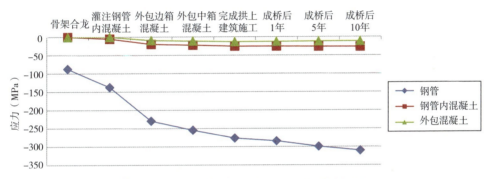

图 7.3.10　GL2000 模型最大应力变化（不考虑截面配筋）

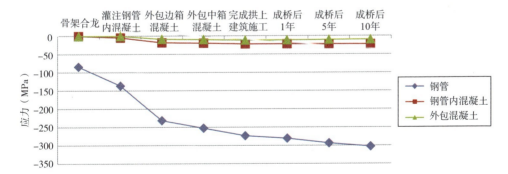

图 7.3.11　CEB-FIP（MC90）模型最大应力变化（考虑截面配筋）

其中，钢管最大压应力主要出现在拱圈 $L/4$ 截面的下弦，钢管内混凝土最大压应力主要出现在拱圈 $3L/8$ 截面的上弦，外包混凝土最大压应力主要出现在拱

圈 $L/4$ 截面的边箱底板。

与不考虑外包混凝土截面配筋相比，考虑外包混凝土截面配筋时的钢管、钢管内混凝土和外包混凝土最大压应力有所减小。

7.3.5 各模型计算值对比分析

采用 CEB-FIP（MC78）模型、CEB-FIP（MC90）模型和 GL2000 模型计算的成桥后 10 年内相对于成桥阶段的跨中截面相对位移如图 7.3.12 所示。其中，MC78 模型采用 Midas 计算；MC90 模型和 GL2000 模型采用 CSBNLA 计算，并分别按照不考虑普通钢筋的影响和考虑普通钢筋的影响进行分析。

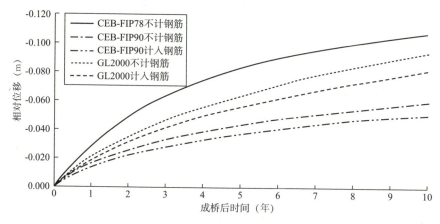

图 7.3.12 成桥 10 年时跨中截面相对位移

从图 7.3.12 可以发现：CEB-FIP（MC78）模型计算的相对位移最大，成桥后 10 年的相对位移为 -0.107m。CEB-FIP（MC90）模型计算的相对位移最小，考虑普通钢筋的影响时成桥后 10 年的相对位移为 -0.051m。GL2000 模型计算的相对位移介于两者之间。计入普通钢筋影响后，对混凝土的长期收缩徐变效应有明显的抑制作用。成桥后 10 年的相对位移仍有继续发展的趋势。

为此，采用 GL2000 模型，按照不考虑普通钢筋的影响，将计算时间延长至 30 年，如图 7.3.13 所示。

从图 7.3.13 可以看出，相对位移在成桥 10 年时约为成桥 30 年时的 65%。

采用 CEB-FIP（MC78）模型、CEB-FIP（MC90）模型和 GL2000 模型计算的成桥后 10 年时钢管、钢管内混凝土和外包混凝土最大应力如图 7.3.14 所示，受拉为正，受压为负。

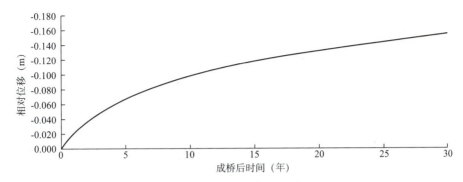

图 7.3.13 成桥后至成桥后 30 年跨中截面相对位移

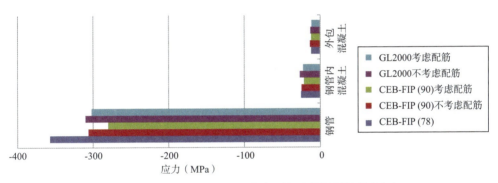

图 7.3.14 成桥后 10 年时钢管、钢管内混凝土和外包混凝土最大应力

从图 7.3.14 可以发现，成桥后 10 年时：CEB-FIP（MC78）模型计算的钢管应力最大，达 357MPa；CEB-FIP（MC90）模型计算的钢管应力最小；GL2000 模型计算的钢管应力介于两者之间。GL2000 模型计算的钢管内混凝土应力最大，达 26.6MPa；CEB-FIP（MC90）模型计算的钢管内混凝土应力最小；CEB-FIP（MC78）模型计算的钢管内混凝土应力介于两者之间。CEB-FIP（MC90）模型计算的外包混凝土应力最大，达 13.2MPa；CEB-FIP（MC78）模型计算的外包混凝土应力最小；GL2000 模型计算的外包混凝土应力介于两者之间。

与不计入普通钢筋影响相比，计入普通钢筋影响后，成桥 10 年时的钢管应力、钢管内混凝土应力、外包混凝土应力最大分别减小 8.8%、15.8% 和 10.6%。说明普通钢筋对混凝土的长期收缩徐变效应有明显的抑制作用。

另外，收缩徐变效应使钢管和钢管内混凝土应力增加，外包混凝土应力减小。其中钢管内混凝土应力增加的原因是钢管内混凝土施工时间早于外包混凝土，由已有模型可知，加载龄期越大，混凝土的收缩徐变越小，从而导致外包混凝土施工相同阶段管内混凝土收缩徐变效应弱于外包混凝土。由于普通钢筋能一定程度上分担截面应力，考虑普通钢筋影响后，钢管、钢管内混凝土和外包混凝土应力均有所减小。

7.4 基于预测模型的概率分析

结构的确定性分析中，采用的收缩、徐变预测模型均在一定程度上具有随机变量的特点，存在着统计和系统误差。变形不敏感的结构，如小跨度混凝土桥梁、钢筋混凝土梁、普通框架结构等，采用参数期望值进行确定性分析能够保证足够的精度。但对北盘江大桥这类大跨桥梁结构，收缩、徐变对结构长期变形影响关系到其能否满足列车长期高速运营的安全性和舒适性要求，有必要考虑预测的随机性。通过预测和评估成桥后收缩、徐变对轨道平顺性的长期影响，确定结构设计的安全性和使用性，制定保持轨道平顺性的工程措施。

7.4.1 随机因子选取

影响混凝土收缩、徐变的因素可分为内部因素和外部因素两大类。内部因素主要包括水泥品种、集料种类、混凝土配合比、混凝土强度、添加剂等。外部因素包括环境条件（温度、相对湿度）、应力条件、外部荷载等。

1995 年，Bazant 等人提出的混凝土收缩、徐变 B3 模型，把徐变划分为基本徐变和干燥徐变两个部分。考虑了水灰比（w/c）、水泥含量（c）、集灰比（a/c）、混凝土 28 d 抗压强度（f_{cm}）、抗压弹性模量（E_{28}）、相对湿度（RH）、构件体表比（V/S）及温度影响系数（RT），同时认为混凝土的徐变不存在终值。收缩应变考虑了用水量（w）、混凝土 28d 抗压强度（f_{cm}）、水泥类型、养护条件及相对湿度等因素。

为综合考虑以上各影响因素的相对重要性及影响程度，使得选用的随机变量具有代表性，且能够很好地表现混凝土收缩、徐变模型的不确定特性，减少抽样次数，简化计算，在随机性分析的数值模型中引入 7 个不确定性随机因子，即：徐变系数不确定因子 α_1、收缩应变不确定因子 α_2、混凝土抗压强度不确定因子 α_3、混凝土弹性模量模型不确定因子 α_4、荷载不确定因子 α_5、环境湿度不确定因子 α_6、加载龄期不确定因子 α_7。

7.4.2 随机因子统计特性

确定性分析中，考虑了 CEB-FIP（MC78）模型、CEB-FIP（MC90）模型和 GL2000 模型。考虑到现有文献中鲜有关于 CEB-FIP（MC78）模型随机性的研究文献，因而，着重考虑 CEB-FIP（MC90）模型和 GL2000 模型的概率分析。各随机因子的统计特性如表 7.4.1 和表 7.4.2 所示。

CEB-FIP（MC90）模型随机因子统计特性　　　　表 7.4.1

随机因子	均值(μ)	变异系数(σ/μ)	分布类型
徐变系数不确定因子 α_1	1	0.35	正态分布
收缩应变不确定因子 α_2	1	0.46	正态分布
混凝土抗压强度不确定因子 α_3	1	0.10	正态分布
混凝土弹性模量模型不确定因子 α_4	1	0.20	正态分布
荷载不确定因子 α_5	1	0.05	正态分布
环境湿度不确定因子 α_6	1	0.039	均匀分布
加载龄期不确定因子 α_7	1	0.11	均匀分布

GL2000 模型随机因子统计特性　　　　表 7.4.2

随机因子	均值(μ)	变异系数(σ/μ)	分布类型
徐变系数不确定因子 α_1	1	0.26	正态分布
收缩应变不确定因子 α_2	1	0.25	正态分布
混凝土抗压强度不确定因子 α_3	1	0.10	正态分布
混凝土弹性模量模型不确定因子 α_4	1	0.20	正态分布
荷载不确定因子 α_5	1	0.05	正态分布
环境湿度不确定因子 α_6	1	0.039	均匀分布
加载龄期不确定因子 α_7	1	0.11	均匀分布

7.4.3 考虑随机性的应变表达

混凝土长期收缩、徐变应变定义为：

$$\varepsilon(t,t_0) = \sigma \cdot J(t,t_0) + \varepsilon_{\text{sh}}(t) \tag{7.4.1}$$

式中，$J(t,t_0)$ 为徐变度，$\varepsilon_{\text{sh}}(t)$ 为收缩应变。徐变度为在 t_0 时刻施加单位荷载，在 t 时刻产生的应变。

$$J(t,t_0) = \frac{1}{E_c(t_0)} + \frac{\varphi(t,t_0)}{E_c} \tag{7.4.2}$$

式中，$E_c(t_0)$ 为加载龄期混凝土弹性模量，E_c 为 28d 混凝土弹性模量，$\varphi(t,t_0)$ 为徐变系数。

根据 Bazant 等人的研究，徐变模型的随机性指徐变度函数的随机性。因此，在式（7.4.1）中引入徐变和收缩应变不确定因子 α_1 和 α_2，并将式（7.4.2）代入，得到考虑徐变和收缩模型随机性的混凝土长期收缩、徐变应变为：

$$\varepsilon(t,t_0) = \sigma \cdot \alpha_1 J(t,t_0) + \alpha_2 \varepsilon_{\text{sh}}(t) = \sigma \cdot \left[\frac{1}{\dfrac{E_c(t_0)}{\alpha_1}} + \frac{\dfrac{\varphi(t,t_0)}{E_c}}{\alpha_1} \right] + \alpha_2 \varepsilon_{\text{sh}}(t) \tag{7.4.3}$$

从式（7.4.3）中可以发现，徐变度离散性可以等效为修改弹性模量。由于加载龄期混凝土弹性模量和 28d 混凝土弹性模量都除以一个相同的系数，所以不会影响到弹性模量的发展方程。对收缩的影响即为修改终极收缩应变。

因此，考虑到混凝土弹性模量、混凝土强度、环境湿度以及加载龄期等的随机性，混凝土的长期应变为：

$$\varepsilon(t,t_0) = \sigma \cdot \left[\frac{1}{\dfrac{\alpha_4 E_c^{\alpha_3 f_c, \alpha_7 t_0}}{\alpha_1}} + \frac{\varphi(t, \alpha_7 t_0, \alpha_3 f_c, \alpha_6 H)}{\dfrac{\alpha_4 E_c^{\alpha_3 f_c}}{\alpha_1}} \right] + \alpha_2 \varepsilon_{\text{sh}}(t, \alpha_3 f_c, \alpha_6 H) \tag{7.4.4}$$

7.4.4 拉丁超立方体抽样（LHS）

拉丁超立方体抽样法是一种模拟和求解随机问题的有力工具，其优势在于提高抽样精度及减少抽样次数。

拉丁超立方体抽样法（Latin Hypercube Sampling，简称 LHS）由 Mckay 等人于 1979 年提出，是对分层抽样法的改进。它的基本思想是：将每一个随机参数 X_i 的分布函数领域在概率上 N 等分为 $\Delta X_i^k (k=1,2,\cdots,N)$，即每一等分都具有相同的概率 $1/N$，在每一次确定性计算步骤中严格保证每一等分内抽样一次。如

果随机参数有 n 个,对于一般的问题只需要进行 N 次确定性计算。如果抽样次数 N 大于随机参数的个数 n,则抽样值 X_i^k 在划分的领域区间 ΔX_i^k 内可不必进行随机选取,而是取区间 ΔX_i^k 的中值,如图 7.4.1 所示。

$$F_i(X_i^k) = \frac{k - \frac{1}{2}}{N} \quad (7.4.5)$$

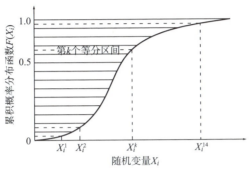

图 7.4.1 LHS 抽样法示意图图要重画

对每一个随机变量 $X_i(i=1,2,\cdots\cdots,n)$ 均进行上述抽样,得到各随机变量的抽样值 X_i^k,同时产生相对应的整数 $k(k=1,2,\cdots\cdots,N)$,然后利用随机种子函数生成整数 k 的随机排列 r_i^k,再通过 r_i^k 找出与其相对应的 X_i^k。

利用经过随机排列后的抽样值 $X_i(i=1,2,\cdots\cdots,n)$ 进行 N 次确定性计算,即可得到样本总量为 N 的随机性计算结果。

7.4.5 随机因子抽样

引入 $\alpha_1 \sim \alpha_7$ 随机因子,根据假定的分布类型,利用拉丁超立方体抽样法进行 7 次抽样,得到各随机因子的抽样值,见表 7.4.3 和表 7.4.4。

CEB-FIP(MC90)模型随机因子抽样值 表 7.4.3

随机因子	随机因子抽样值						
	样本1	样本2	样本3	样本4	样本5	样本6	样本7
徐变系数不确定因子 α_1	1.27706	0.87187	1.51282	1.12814	0.48718	0.72294	1.00000

续上表

随机因子	随机因子抽样值						
	样本1	样本2	样本3	样本4	样本5	样本6	样本7
收缩应变不确定因子 α_2	1.00000	1.67399	0.32601	1.36414	0.63586	0.83159	1.16841
混凝土抗压强度不确定因子 α_3	0.92084	0.96339	1.14652	1.03661	0.85348	1.00000	1.07916
混凝土弹性模量不确定因子 α_4	0.70696	1.29304	1.00000	1.15832	1.07322	0.84168	0.92678
荷载不确定因子 α_5	1.00000	1.03958	1.07326	0.96042	1.01831	0.92674	0.98170
环境湿度不确定因子 α_6	1.01930	0.98070	1.05790	1.03860	0.96140	0.94210	1.00000
加载龄期不确定因子 α_7	0.94556	1.05444	1.00000	1.10887	1.16331	0.83669	0.89113

GL2000 模型随机因子抽样值　　表7.4.4

随机因子	随机因子抽样值						
	样本1	样本2	样本3	样本4	样本5	样本6	样本7
徐变系数不确定因子 α_1	1.20582	0.90481	1.38095	1.09519	0.61905	0.79418	1.00000
收缩应变不确定因子 α_2	1.00000	1.36630	0.63370	1.19790	0.80210	0.90848	1.09153
混凝土抗压强度不确定因子 α_3	0.92084	0.96339	1.14652	1.03661	0.85348	1.00000	1.07916
混凝土弹性模量不确定因子 α_4	0.70696	1.29304	1.00000	1.15832	1.07322	0.84168	0.92678
荷载不确定因子 α_5	1.00000	1.03958	1.07326	0.96042	1.01831	0.92674	0.98170
环境湿度不确定因子 α_6	1.01930	0.98070	1.05790	1.03860	0.96140	0.94210	1.00000
加载龄期不确定因子 α_7	0.94556	1.05444	1.00000	1.10887	1.16331	0.83669	0.89113

7.4.6　CEB-FIP（MC90）模型随机分析

将表7.4.3中随机因子的7个样本分别代入确定性计算模型进行确定性计算，分别按考虑外包混凝土截面配筋与不考虑外包混凝土截面配筋两种情况，得到各模型拱上建筑施工完成至成桥后10年的拱圈节点位移，以及各截面的钢管、钢管内灌注混凝土、外包混凝土应力。然后对每个样本计算得到的结果进行统计分析，即可得到位移或应力的统计特性。

所有随机分析分别给出均值 μ、标准差 σ、$\mu \pm 2\sigma$（98%置信区间）、

$\mu \pm 1.645\sigma$（95%置信区间）以及 $\mu \pm \sigma$（84%置信区间）。

1）位移

不考虑外包混凝土截面配筋时，跨中截面总位移和相对位移分别如图7.4.2a）和图7.4.2b）所示。

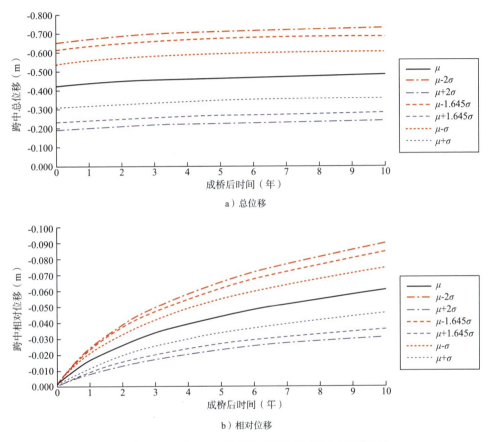

图7.4.2 CEB-FIP（MC90）模型跨中截面位移（不考虑截面配筋）

考虑外包混凝土截面配筋时，跨中截面总位移和相对位移分别如图7.4.3a）和图7.4.3b）所示。

2）应力

不考虑外包混凝土截面配筋时，钢管骨架合龙至成桥后10年期间钢管、钢管内混凝土和外包混凝土最大压应力分别如图7.4.4~图7.4.6所示，受拉为正，受压为负。

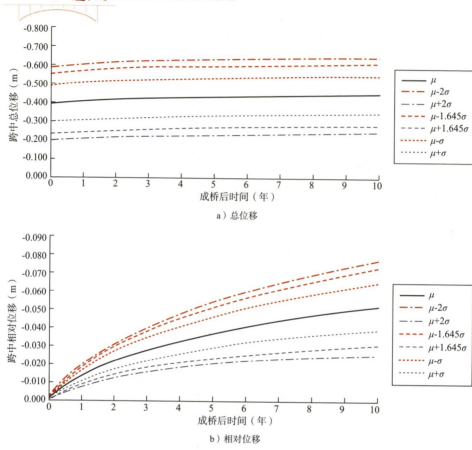

a）总位移

b）相对位移

图 7.4.3　CEB-FIP（MC90）模型跨中截面（考虑截面配筋）

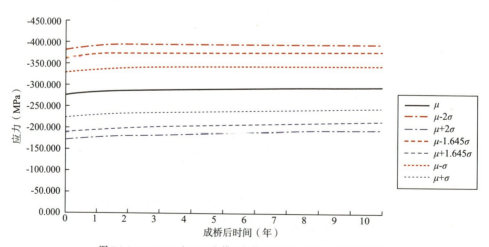

图 7.4.4　CEB-FIP（MC90）模型钢管最大应力（不考虑截面配筋）

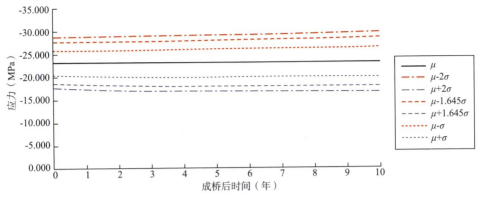

图 7.4.5 CEB-FIP（MC90）模型钢管内混凝土最大应力（不考虑截面配筋）

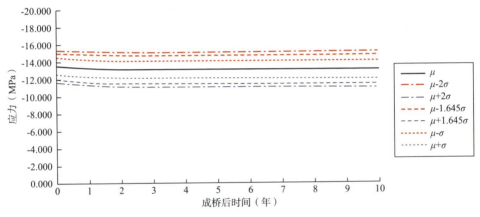

图 7.4.6 CEB-FIP（MC90）模型外包混凝土最大应力（不考虑截面配筋）

考虑外包混凝土截面配筋时，钢管骨架合龙至成桥后 10 年期间钢管、钢管内混凝土和外包混凝土最大压应力分别如图 7.4.7~图 7.4.9 所示，受拉为正，受压为负。

7.4.7　GL2000 模型随机分析

将表 7.4.4 中随机因子的 7 个样本分别代入确定性计算模型进行确定性计算，分别按考虑外包混凝土截面配筋与不考虑外包混凝土截面配筋两种情况，得到各模型拱上建筑施工完成至成桥后 10 年的拱圈节点位移，以及各截面的钢管、钢管内灌注混凝土、外包混凝土应力。然后对每个样本计算得到的结果进行统计分析，即可得到位移或应力的统计特性。

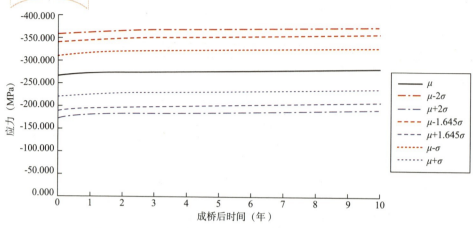

图 7.4.7 CEB-FIP（MC90）模型钢管最大应力（考虑截面配筋）

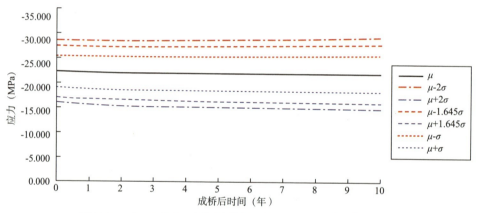

图 7.4.8 CEB-FIP（MC90）模型钢管内混凝土最大应力（考虑截面配筋）

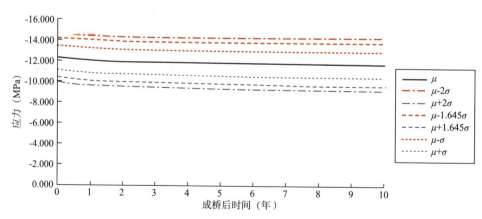

图 7.4.9 CEB-FIP（MC90）模型外包混凝土最大应力（考虑截面配筋）

所有随机分析分别给出均值 μ、标准差 σ、$\mu \pm 2\sigma$（98%置信区间）、$\mu \pm 1.645\sigma$（95%置信区间）以及 $\mu \pm \sigma$（84%置信区间）。

1）位移

不考虑外包混凝土截面配筋时，跨中截面总位移和相对位移分别如图7.4.10a）和图7.4.10b）所示。

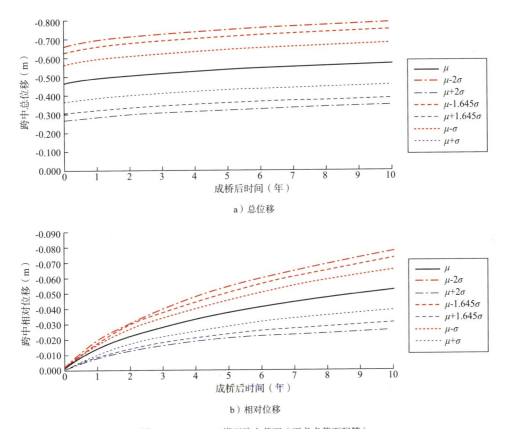

图 7.4.10　GL2000模型跨中截面（不考虑截面配筋）

考虑外包混凝土截面配筋时，跨中截面总位移和相对位移分别如图7.4.11a）和图7.4.11b）所示。

2）应力

不考虑外包混凝土截面配筋时，钢管骨架合龙至成桥后10年期间钢管、钢管内混凝土和外包混凝土最大压应力分别如图7.4.12~图7.4.14所示，受拉为正，受压为负。

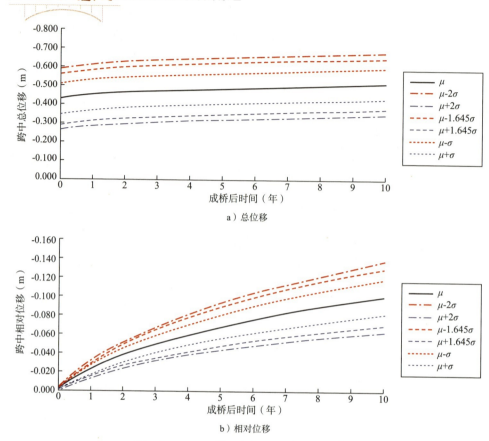

a）总位移

b）相对位移

图 7.4.11　GL2000 模型跨中截面（考虑截面配筋）

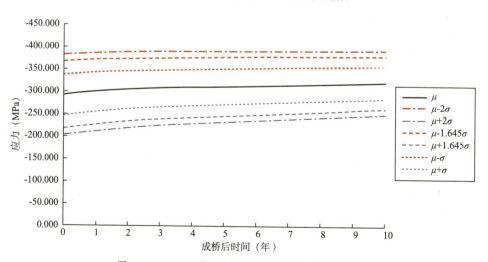

图 7.4.12　GL2000 模型钢管最大应力（不考虑截面配筋）

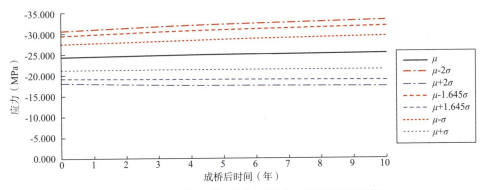

图 7.4.13 GL2000 模型钢管内混凝土最大应力（不考虑截面配筋）

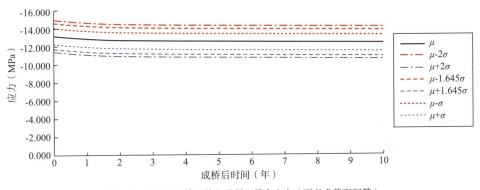

图 7.4.14 GL2000 模型外包混凝土最大应力（不考虑截面配筋）

考虑外包混凝土截面配筋时，钢管骨架合龙至成桥后 10 年期间钢管、钢管内混凝土和外包混凝土最大压应力分别如图 7.4.15~图 7.4.17 所示，受拉为正，受压为负。

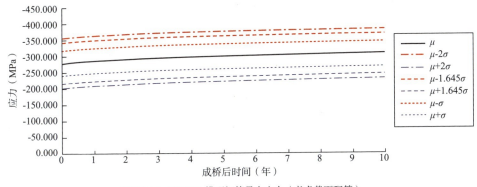

图 7.4.15 GL2000 模型钢管最大应力（考虑截面配筋）

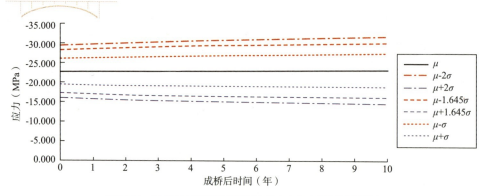

图 7.4.16　GL2000 模型钢管内混凝土最大应力（考虑截面配筋）

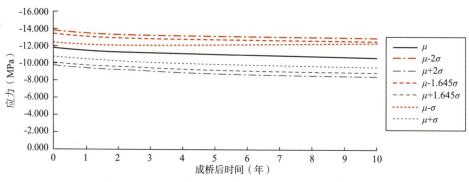

图 7.4.17　GL2000 模型外包混凝土最大应力（考虑截面配筋）

7.4.8　各模型计算值对比分析

相对于成桥时，成桥后 10 年内跨中截面的相对位移在不同置信区间的上限值如图 7.4.18 所示。

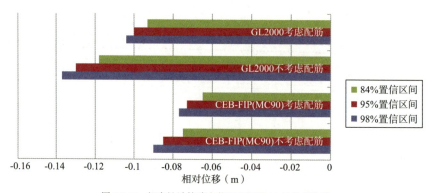

图 7.4.18　概率性计算跨中截面成桥后 10 年相对位移

从图 7.4.18 可以发现：CEB-FIP（MC90）模型的计算结果小于 GL2000 模型的计算结果。考虑外包混凝土截面配筋的计算结果小于不计入普通钢筋的计算结果，普通钢筋对混凝土的长期收缩徐变效应有明显的抑制作用。其中，GL2000 模型在 98% 置信区间的成桥 10 年后，不考虑外包混凝土截面配筋的跨中截面相对位移上限达 –0.137m。

成桥后 10 年阶段各个组分的最大应力在不同置信区间的上限值如图 7.4.19~图 7.4.21 所示。

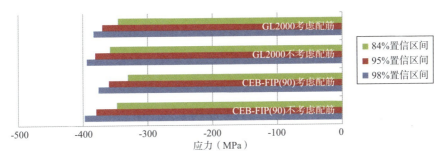

图 7.4.19 各模型概率性计算成桥后 10 年钢管最大应力上限

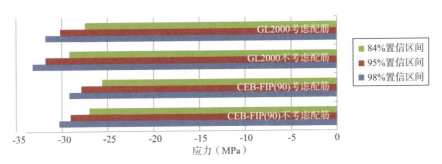

图 7.4.20 各模型概率性计算成桥后 10 年钢管内混凝土最大应力上限

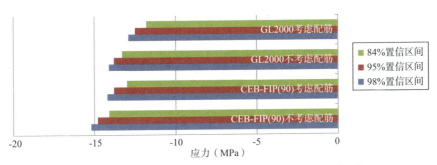

图 7.4.21 各模型概率性计算成桥后 10 年外包混凝土最大应力上限

由图 7.4.19~图 7.4.21 可以发现：与确定性计算结果相同，不考虑外包混凝土截面配筋后，普通钢筋能一定程度上分担截面应力，使钢管、内填混凝土和外包混凝土最大应力上限减小。钢管应力较高，特别是在高置信概率水平，钢管最大应力上限值有可能超过 370MPa，钢管存在一定的屈服可能。内填混凝土应力较高，最大压应力上限值均大于 20MPa。在高置信概率水平，内填混凝土部分最大应力上限值甚至超过 30MPa，有可能导致混凝土发生非线性徐变。

计算结果表明，拱圈混凝土处于受压状态，但在特定施工阶段，压应力储备水平较低，如果存在不利的偶然因素（如温度效应等），不排除拱圈开裂的可能。拱圈开裂将导致短期变形和长期变形的增大，因此，在实桥施工中需要加强混凝土应力的监测监控。

7.5 基于修正模型的静力仿真分析

7.5.1 修正 CEB-FIP（MC90）模型

基于修正的 CEB-FIP（MC90）模型和 Midas 有限元程序，对北盘江大桥施工和成桥阶段的长期变形进行计算分析，分析拱圈关键截面的竖向位移以及钢管、管内混凝土和外包混凝土应力随时间变化情况。

全桥各施工阶段位移如图 7.5.1 所示，竖向位移向下为负值，向上为正值。

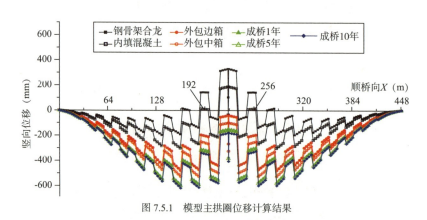

图 7.5.1 模型主拱圈位移计算结果

从图 7.5.1 可以发现，受到施工荷载混凝土收缩和徐变变形的影响，随着施工的进行，整个拱圈各个截面的竖向位移逐渐增加。与拱圈设计高程相比，

$L/4$、$3L/8$ 和拱顶截面在成桥 10 年后的最大竖向位移分别为 442mm、443mm 和 417mm。与拱上建筑施工完成相比，成桥 10 年后，$L/4$、$3L/8$ 和拱顶截面的最大竖向位移增量分别为 21mm、31mm 和 46mm。成桥 5 年到成桥 10 年期间，拱顶截面的竖向位移增长速度约为 2.4mm/年。随着时间的增长，混凝土徐变引起的拱顶截面的应变还有继续增长的趋势，但增长速度变缓。以上结果表明，在不考虑拱上建筑的长期变形前提下，拱顶截面在成桥 10 年后的竖向位移达 46mm，大于无砟轨道铺设时最大 20mm 的调节高度，对于拱圈整体的竖向变形应引起重视。

钢管骨架合龙至成桥后 10 年期间钢管、钢管内混凝土和外包混凝土最大应力变化如图 7.5.2 所示，受拉为正，受压为负。

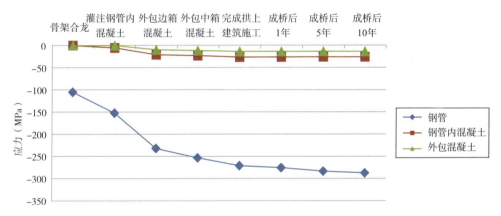

图 7.5.2 修正的 CEB-FIP（MC90）模型最大应力变化

其中，钢管最大压应力均出现在下弦，其在拱圈位置除骨架合龙时出现在拱脚、灌注钢管内混凝土出现在 $L/8$ 截面外，均出现在拱圈 $L/4$ 截面。钢管内混凝土最大压应力除灌注钢管内混凝土时出现在下弦外侧钢管内外，均出现在拱圈 $3L/8$ 截面的上弦外侧钢管。外包混凝土最大压应力均主要出现在边箱底板，外包边箱混凝土至拱上结构施工完成时出现在拱圈 $L/4$ 截面，成桥 1 年时出现在拱圈 $L/8$ 截面，成桥 5 和 10 年时出现在拱脚截面。

通过修正 CEB-FIP（MC90）模型计算得到的施工阶段和成桥后的拱圈应力值表明：

（1）钢管最大压应力均出现在下弦，受混凝土收缩徐变的影响，所有截面钢管压应力均随时间的变化而增加，成桥 10 年后，$L/4$ 截面下弦钢管压应力最大，可达287.09MPa，最大压应力仍然处在Q375钢材的屈服强度以内，结构受力是安全的。拱上建筑施工完成后到成桥10年间，拱顶截面上弦钢管压应力增加最大，增量值为19.65MPa，约为拱上建筑施工完成后应力的8.7%，增幅较大。

（2）钢管内混凝土最大压应力主要出现在上弦外侧钢管内。与钢管的受力相同，受混凝土收缩徐变的影响，钢管内混凝土压应力总体上随时间而增加，拱上结构施工完成时达到最大压应力26.14MPa，约为C80混凝土强度设计值35.9MPa的72.8%。虽然受力较大，但桥梁结构仍然有较大的安全储备。成桥后，钢管内混凝土压应力有小幅度减少。

（3）与中箱底板混凝土相比，边箱底板混凝土压应力较大。受混凝土收缩徐变的影响，边箱底板混凝土压应力总体上随时间而增加，拱上结构施工完成时达到最大压应力13.36MPa，约为C80混凝土强度设计值27.5MPa的48.6%。成桥后，外包混凝土压应力有小幅度减少。

因此，在整个施工阶段中，钢管、钢管内混凝土和外包混凝土的应力都在规范规定的范围内，整个结构的受力是安全的。拱上建筑施工完成到成桥10年期间，钢管应力增加，钢管内混凝土应力略有减小，外包混凝土应力也略有减小。

采用修正的CEB-FIP（MC90）模型和修正的混凝土弹性模量，使得计算值与工程实际的符合程度有较大的提高。需要注意的是，有限元值计算假定与拱圈实际的受力情况尚有差别。主要在于，一是实际桥梁结构的施工过程与计算采用的施工过程有一定的不同，混凝土的收缩徐变特性与混凝土的加载龄期有较大的关系，正确选择合适的施工间隔时间能进一步提高预测精度；二是模型未建立拱上建筑模型，只将拱上建筑荷载作为集中荷载施加到拱圈上，只能估算拱圈的长期变形，不能模拟拱上建筑混凝土收缩徐变对桥面长期变形的影响。

7.5.2 拟合模型

施工阶段，混凝土收缩徐变特性虽然会使实际形成的拱圈形状和高程与理论计算有所不同，但是可以通过小幅度调整拱上建筑高度使成桥时的轨道高程满足设计要求。成桥后，如果拱圈由于收缩、徐变再发生较大的竖向位移，将对桥梁的使用性能带来不利影响。因此，对轨道平顺性要求很高的高速铁路，对运营期间的拱圈变形预测和控制十分重要。

与7.5.1节给出的应力和位移的全量结果不同，以下分析为基于整个拱上建筑形成以后的增量结果。

采用拟合模型计算的主要截面拱圈竖向位移随时间的变化关系如图 7.5.3 和图 7.5.4 所示，图中负值表示拱圈竖向位移向上为正，向下为负。

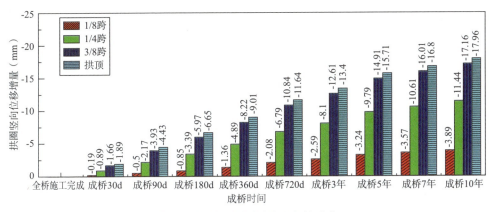

图 7.5.3　各截面竖向位移增量随时间变化

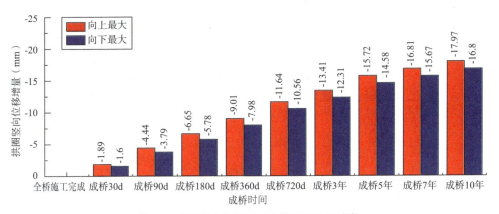

图 7.5.4　拱圈竖向最大和最小位移增量随时间变化

从图 7.5.3 和图 7.5.4 可以发现，桥梁施工完成后，受到混凝土收缩徐变的影响，拱圈位移随时间的变化逐渐增加，各截面的竖向位移变化量均为负值，即往下增加。拱顶截面增加量最大，成桥 10 年后拱顶截面竖向位移增量 17.96mm，不足修正的 CEB-FIP（MC90）模型计算的 46.00mm 的 1/2。主要原因，一是修正的 CEB-FIP（MC90）模型计算的收缩和徐变应变在早期发展速度比实测值低，使计算结果偏小；二是修正的 CEB-FIP（MC90）模型计算的收缩和徐变应变在后期发展速度较快，而试验是后期发展速度缓慢，使得计算值大于实测值。因拱桥施工工期较长，成桥 10 后，如果采用拟合模型，拱上结构施工完成到成桥 10 年，徐变应变发展较慢，而修正 CEB-FIP（MC90）模型的发展速度较快，因此出现上述差异。

从计算可以知道，成桥 10 年后拱顶截面竖向位移增量在 20mm 范围内，但如果加上拱上立柱的收缩徐变，桥面的竖向位移可能超过 20mm。

从对图 7.5.3 和图 7.5.4 分析还可发现，越靠近拱顶截面，拱圈的竖向位移增量越大，拱顶截面的竖向位移增加最快，$L/8$ 截面的竖向位移增加最慢。在混凝土徐变 7 年到徐变 10 年间，拱顶截面的竖向位移增量约为 –0.4mm/ 年。

钢管应力最大的拱脚截面在钢管骨架合龙至成桥后 10 年期间的钢管、钢管内混凝土和外包混凝土应力变化如图 7.5.5~ 图 7.5.7 所示，受拉为正，受压为负。

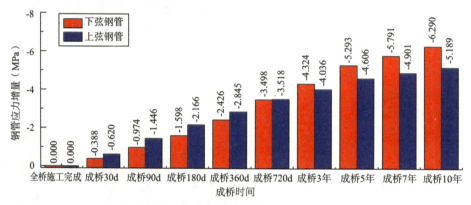

图 7.5.5　拱脚截面钢管应力增量随时间变化

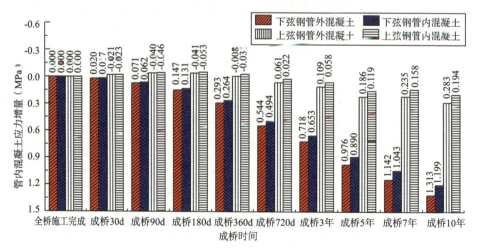

图 7.5.6　拱脚截面钢管内混凝土应力增量随时间变化

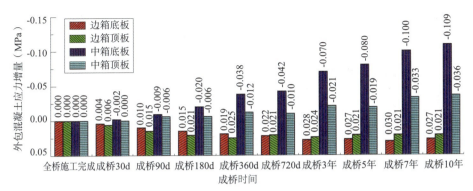

图 7.5.7 拱脚截面外包混凝土应力增量随时间变化

从图 7.5.5 可以发现，受到混凝土收缩徐变的影响，拱脚截面的钢管应力随时间的变化逐渐增加，下弦钢管的应力大于上弦钢管，下弦钢管应力由成桥阶段的 –266.850MPa，变为成桥 10 年后的 –273.140MPa，增幅为 –6.290MPa。从图 7.5.6 中可以发现，受到钢管混凝土应力重分布的影响，管内混凝土的压应力随时间的变化逐渐减小，其中下弦管内混凝土的应力变化量较大，从成桥阶段的 –18.99MPa 变为成桥 10 年后的 –17.67MPa，压应力减小 1.313MPa，减小量约为最大应力的 6.9%；上弦管内混凝土的应力变化量较小，上弦管外的最大应力减小 0.283MPa。从图 7.5.7 中可以发现，边箱顶底板混凝土的应力随着时间的变化逐渐减小，其中边箱底板混凝土在施工阶段受到的应力较大，在混凝土收缩徐变影响下，边箱底板混凝土应力从成桥的 –11.52MPa 减小到成桥后 10 年的 –11.48MPa，压应力减小 0.027MPa；中箱顶、底板混凝土的应力随着时间的变化逐渐增加，其中，中箱底板混凝土的压应力在成桥 10 年后比成桥阶段增加 –0.109MPa。

钢管混凝土应力最大的 $3L/8$ 截面在钢管骨架合龙至成桥后 10 年期间的钢管、钢管内混凝土和外包混凝土应力变化如图 7.5.8~图 7.5.10 所示，受拉为正，受压为负。

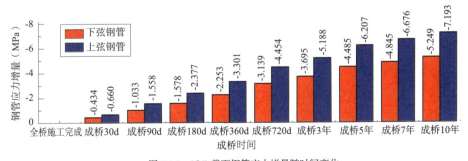

图 7.5.8 $3L/8$ 截面钢管应力增量随时间变化

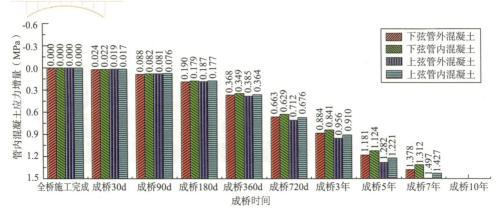

图 7.5.9　3L/8 截面钢管内混凝土应力增量随时间变化

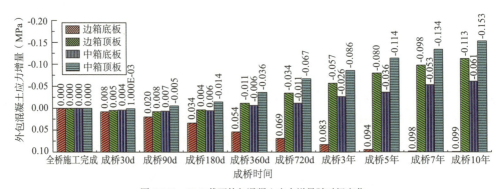

图 7.5.10　3L/8 截面外包混凝土应力增量随时间变化

从图 7.5.8 可以发现，受混凝土收缩徐变的影响，3L/8 截面的钢管应力随时间的变化逐渐增加，下弦钢管的应力与上弦钢管相差不大；上弦钢管应力由成桥时的 −247.22MPa，变为成桥 10 年后的 −252.47MPa，增幅为 −5.249MPa。从图 7.5.9 可以发现，受到钢管混凝土应力重分布的影响，钢管内混凝土的压应力随时间的变化逐渐减小，其中，上弦外管内混凝土的应力变化量较大，从成桥阶段的 −22.64MPa 变化到成桥 10 年后的 −20.93MPa，压应力减小 1.71MPa，约为最大应力的 7.5%；下弦钢管内混凝土的应力变化量与上弦钢管内混凝土相差不大，下弦杆外侧的最大应力减小 1.58MPa，上下弦钢管内混凝土的应力相差不大。从图 7.5.10 可以发现，边箱底板混凝土的应力随着时间的变化逐渐减小，其中边箱底板混凝土在施工阶段受到的应力最大，从成桥时的 −10.79MPa 减小到成桥 10 年后的 −10.70MPa，压应力减小约 0.099MPa。边箱顶板混凝土的应力随时间变化先减小后增加，成桥 10 年后的最大压应力增加约 −0.113MPa。中箱顶底板混凝土的应力随着时间的变化逐渐增加，其中，中箱顶板混凝土的压应力在成桥 10 年后比成桥阶段增加 –0.153MPa。

外包混凝土应力最大的 $L/8$ 截面在钢管骨架合龙至成桥后 10 年期间的钢管、钢管内混凝土和外包混凝土应力变化如图 7.5.11~图 7.5.13 所示，受拉为正，受压为负。

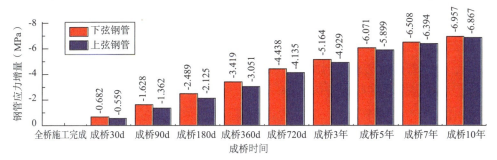

图 7.5.11　钢管应力增量随时间变化

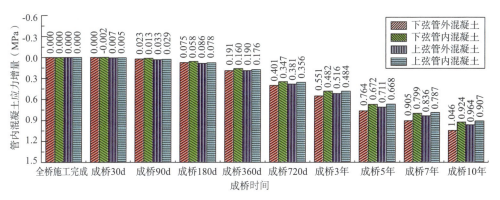

图 7.5.12　管内混凝土应力增量随时间变化

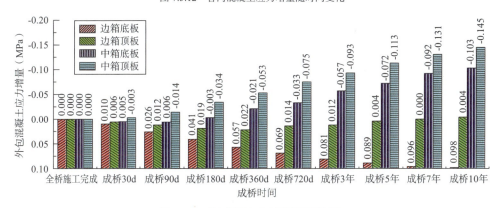

图 7.5.13　外包混凝土应力增量随时间变化

从图 7.5.11 可以发现，受到混凝土收缩徐变的影响，$L/8$ 截面的钢管应力随时间的变化逐渐增加，下弦钢管的应力大于上弦钢管，下弦钢管应力由成桥阶段的 –237.49MPa，变为成桥 10 年后的 –244.44MPa，增幅为 –6.957MPa。从图 7.5.12 可以发现，受到钢管混凝土应力重分布的影响，钢管内混凝土的压应力随时间的变化逐渐减小，其中下弦外钢管内混凝土的应力变化量较大，从成桥阶段的 –15.87MPa 变化到成桥 10 年后的 –14.82MPa，压应力减小 1.046MPa，约为最大应力的 6.6%。上弦钢管内混凝土的应力变化量与下弦管内混凝土相差不大，上弦管外的最大应力减小 0.964MPa。从图 7.5.13 可以发现，与拱脚截面不同，$L/8$ 截面上下弦钢管内混凝土的应力相差不大。边箱底板混凝土的应力随着时间的变化逐渐减小，其中边箱底板混凝土在刚成桥后受到的应力最大，从成桥的 –11.84MPa 减小到成桥后 10 年的 –11.74MPa，压应力减小 0.098MPa。边箱顶板混凝土的应力随时间变化先减小后增加，成桥 10 年后的整体应力变化不大。中箱顶底板混凝土的应力随着时间的变化逐渐增加，其中，中箱顶板混凝土的压应力在成桥 10 年后应力增量为 –0.145MPa。

从上述钢管和混凝土应力随时间的变化可以发现，成桥后拱圈受到混凝土收缩徐变的作用，钢管压应力逐渐增大。钢管内混凝土压应力逐渐减小。边箱底板压应力最大，但是成桥后，受到收缩徐变的影响，边箱底板的压应力逐渐减小。边箱顶板混凝土压应力随时间的变化先减小后增加，整体上呈现增加的趋势。中箱顶板和底板混凝土最晚浇筑，应力变化最小，成桥后，压应力逐渐增加。

与修正 CEB-FIP（MC90）模型的计算结果相同，从拱上结构施工完成到成桥 10 年期间，受混凝土收缩徐变的影响，钢管压应力增加，管内混凝土压应力减小，边箱底板混凝土压应力减小，中箱底板、边箱顶板和中箱顶板混凝土压应力增加。钢管压应力和箱梁顶板混凝土压应力增加量较小，对结构的整体受力安全性影响不大。但是与修正 CEB-FIP（MC90）模型不同的是，采用拟合模型计算的竖向位移和应力增量均比修正的 CEB-FIP（MC90）模型小。

CHAPTER 8
第 8 章

温度作用效应分析
ANALYSIS OF TEMPERATURE EFFECT

DESIGN PRINCIPLES OF
LONG SPAN
REINFORCED CONCRETE ARCH BRIDGE ON HIGH SPEED RAILWAY

CHAPTER 8

8.1 概述

外界环境温度变化对长期暴露在自然环境下的桥梁产生着不可避免的作用。引起周围环境温度变化的因素很多，如太阳辐射、环境散射、气流作用等。这些因素使桥梁结构周围的温度场处在一个不断变化的过程中，并进一步使得桥梁结构自身的温度场在时间上不断变化。同时，因为混凝土是一种导热性能较差的材料，外界温度的变化速度远大于混凝土的反应速度，混凝土结构温度变化相对于外界环境温度变化具有很强的滞后性，这就使得混凝土结构内部产生较大的温度梯度，呈现空间上的不均匀性。此外，在浇筑混凝土时，由于混凝土自身的特性，产生的水化热从内部改变着结构的温度场分布。在内外因素的综合作用下，桥梁各部分处于不同的温度状态，从而产生温度变形。当结构为超静定结构时，受到内外约束阻碍时就会产生相当大的温度应力。

对温度效应的研究大多是针对混凝土结构，特别是混凝土箱形梁结构开展的。钢管混凝土结构作为一种复合型结构，钢材和混凝土的热力学特性不同，对普通混凝土的研究结论无法直接应用于钢管混凝土结构上。钢管混凝土劲性骨架外包混凝土结构的截面热力学特性就更为复杂，既在钢管内填充混凝土，又在钢管外包裹混凝土，使得截面成为"混凝土－钢管－混凝土"的组合形式，温度场分布更不易确定。这种结构在外界连续的热流和混凝土对温度的滞后反应作用下，截面上会产生随时间近似周期性变化、在空间上非均匀分布的温度场。不均匀分布的温度场将使拱肋截面产生温度自应力，并在超静定拱中产生次内力和次应力。因此，钢管混凝土劲性骨架外包混凝土结构的温度问题主要是温度场随时间和空间的变化与分布规律问题。根据已知的温度场边界条件，可求得构件内部的温度场分布，继而根据温度场分布来求解温度应力。

8.2 拱圈温度场观测与分析

混凝土箱形拱圈的温度场受桥梁所处环境及箱体本身材料等因素的影响，将随着时间的变化而改变，是一个随机过程。为了得到箱形拱圈温度场的变化规律，需要对温度场进行长期的观测，了解温度分布特征、影响因素，获取相应的统计参数。因此，为了全面获取北盘江大桥拱圈温度场在周期性的气候条件变化下的特征，需要对拱圈代表性截面的温度场进行观测。

混凝土箱形结构的温度场在太阳辐射较为强烈的顶板和腹板将产生较大的竖向温度梯度，且箱形梁顶板的竖向温度梯度衰减速度很快。考虑到箱体沿桥梁纵向的热流可以忽略不计，各个截面可以采取一致的温度分布模式。拱圈各个横截面在一天中受到阳光照射的程度有所不同，纵向和横向温度梯度分布会有一定的差异，1/4 拱圈在成桥阶段可能受到桥面对阳光的遮挡作用，影响测量结果的准确性，要适当避开遮挡。

8.2.1 测试方案

温度传感器布置在拱脚和 L/4 截面处，如图 8.2.1 所示。两截面温度传感器布置的原则相同。

图 8.2.1 拱圈温度传感器布置截面

拱脚截面和 1/4 拱圈截面温度传感器布置分别如图 8.2.2 和图 8.2.3 所示。两截面均只在截面的一侧布置传感器。考虑到 1/4 拱圈截面受太阳照射的时间比拱脚截面长，向阳侧温差变化较大，传感器布置在向阳侧。为分析背阳侧温度场和向阳侧温度场的差异，拱脚截面的温度传感器布置在背阳侧。

8.2.2 测试原则

设计一般考虑太阳辐射引起的短时温差效应，以某一时刻的最大温度梯度为设计控制值。因此，在温度效应分析中，对于温度场的观测，主要是选择天气晴朗、太阳辐射比较强烈的典型日期进行测量，同时选择一个阴雨天气温度变化较小的日期进行对比。

选取一年中典型的温度时段，每季度开展现场一次观测，每次连续观测

3~5d 温度场，每隔 2h 测量一次。每个截面在 10min 内完成全部测点的温度测试，可认为一次得到的温度场实测数据是同一时刻的观测值，同时准确记录测量的时间。根据现场情况，晚间适当减小测量的频率。

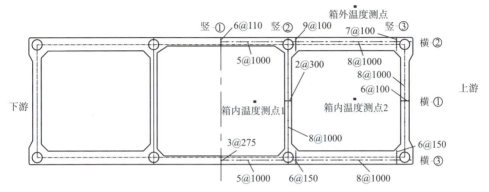

图 8.2.2　拱脚截面温度传感器布置情况（尺寸单位：mm）

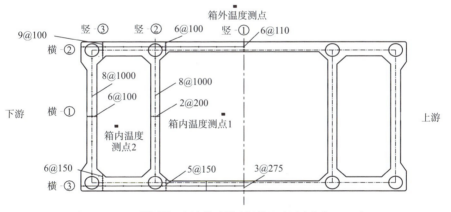

图 8.2.3　1/4 拱圈截面温度传感器布置情况（尺寸单位：mm）

对于能够显著影响混凝土温度场分布的热力学参数，如热传导系数、密度、比热容等参数的取值等，受试验条件的限制，未进行相关测试，相应的参数取值均从既有的经验公式中获取。

8.2.3　温度场测试及分析

传感器根据施工进程分阶段埋置，在成桥阶段进行相应的观测，根据实测结果，传感器成活率在 80% 以上。

1）拱脚截面

拱脚截面环境温度变化趋势如图 8.2.4 所示。

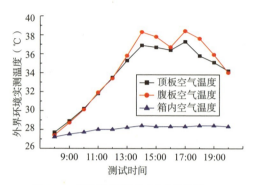

图 8.2.4　拱脚截面环境温度变化趋势图

从图 8.2.4 可以发现，由于拱脚截面箱内处于封闭状态，箱内空气与外界环境无法进行热交换，所以在测试周期内，温度变化范围很小，温差保持在 1.2℃ 以内。顶板和腹板与外界环境直接接触，在测试周期内出现了较大的温度波动，其中顶板外界环境最大温差 9.6℃，腹板外界环境最大温差 11℃。

拱脚边箱顶板温度变化趋势如图 8.2.5 所示。图中传感器编号的顺序横向从左到右，竖向从上到下。

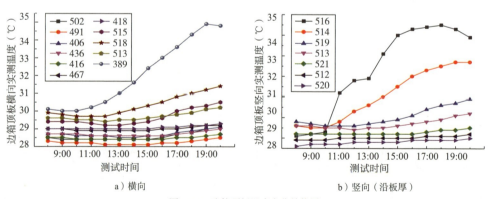

a）横向　　　　　　　　　　　　b）竖向（沿板厚）

图 8.2.5　边箱顶板温度变化趋势图

从图 8.2.5 可以发现，边箱顶板位置在一天当中的 8:00~12:00 时段内处于背阳面，横向温度变化较小，而随着太阳方位角的不断变化，在 13:00 以后逐渐受到太阳照射的作用，温度开始有所回升，横向最大温差达 6.5℃。沿板厚方向最大温差达 5.6℃。

拱脚中箱顶板温度变化趋势如图 8.2.6 所示。图中传感器编号的顺序横向从左到右，竖向从上到下。

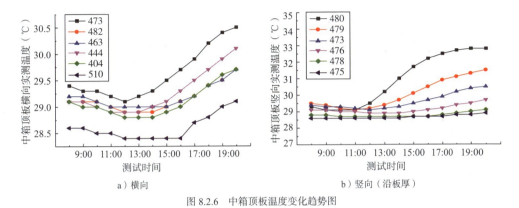

图 8.2.6　中箱顶板温度变化趋势图

从图 8.2.6 可以发现，中箱顶板由于在一天当中大部分时间无法受到太阳照射，所以横向温度变化较小，变化值保持在 1.4℃ 以内。沿板厚方向最大温差 4.0℃。

拱脚边箱底板温度变化趋势如图 8.2.7 所示。图中传感器编号的顺序横向从左到右，竖向从上到下。

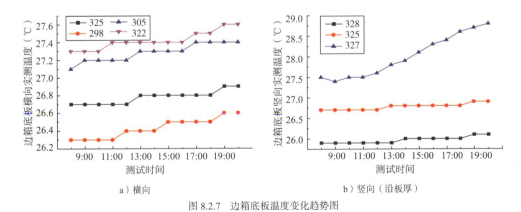

图 8.2.7　边箱底板温度变化趋势图

从图 8.2.7 可以发现，边箱底板在整个测试周期内均无法受到太阳辐射的作用，所以温度变化较小，最大横向温差只有 1.0℃，沿板厚方向最大温差 2.7℃。

拱脚箱体腹板竖向温度变化趋势如图 8.2.8 所示。图中传感器编号的顺序从上到下。

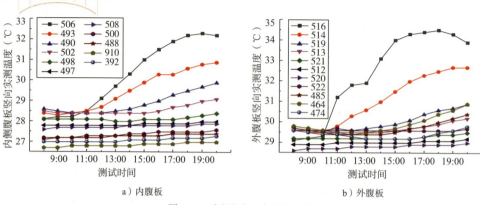

图 8.2.8 腹板竖向温度变化趋势图

从图 8.2.8 可以发现，箱梁内侧和外侧腹板在测试周期内均无法受到太阳的照射作用，只有靠近顶板位置的部位出现较大的温度波动，沿内腹板竖向由上而下，温度变化逐渐变小，内侧和外侧腹板最大温差分别为 5.3℃和 5.6℃。

拱脚箱体腹板横向（沿板厚方向）温度变化趋势如图 8.2.9 所示。图中传感器编号的顺序从左到右。

从图 8.2.9 可以看出，内侧腹板沿板厚方向温差较小，最大温差 0.2℃。外侧腹板沿板厚方向温差较大，最大温差 6.5℃。

2）1/4 拱圈截面

1/4 拱圈截面环境温度变化趋势如图 8.2.10 所示。

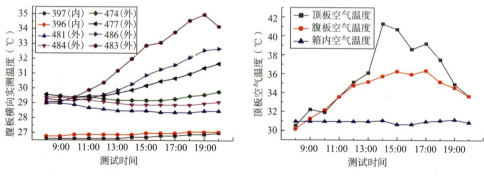

图 8.2.9 腹板横向温度变化趋势图　　图 8.2.10 桥址处 1/4 截面环境温度变化趋势图

从图 8.2.10 可以发现，由于箱内处于封闭状态，箱内空气与外界环境无法直接进行热交换，所以在测试周期内，温度变化范围很小，保持在 0.5℃以内。

顶板和腹板空气与外界环境直接接触，在测试周期内出现了较大的温度波动，其中，顶板外界环境最大温差 10.8℃，腹板外界环境最大温差 6.2℃。

边箱顶板温度变化趋势如图 8.2.11 所示。图中传感器的编号顺序横向从左到右，竖向从上到下。

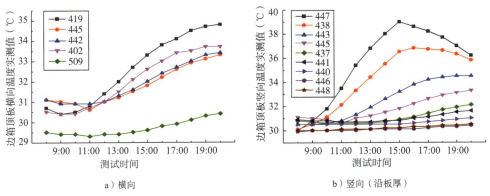

图 8.2.11　边箱顶板温度变化趋势图

边箱顶板在测试周期内始终受到太阳照射作用，边箱顶板在测试周期内 8:00~15:00 始终受到太阳的照射作用，温度不断升高，在 15:00 达到峰值，15:00 以后随着太阳方位角的变化，温度开始回降。边箱顶板温度和外界环境温度普遍高于拱脚截面顶板温度，横向最大温差为 4.4℃，沿板厚方向最大温差 8.9℃。

1/4 拱圈截面中箱顶板竖向温度变化趋势如图 8.2.12 所示。图中传感器的编号顺序从上到下。

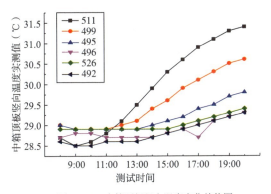

图 8.2.12　中箱顶板竖向温度变化趋势图

从图 8.2.6 可以发现，中箱顶板由于受到拱上建筑的影响，长时间处于庇荫状态，且距离太阳照射部位较远，温度变化比较平缓，沿板厚方向最大温差 2.1℃。

1/4 拱圈截面边箱底板温度变化趋势如图 8.2.13 所示。图中传感器的编号顺序横向从左到右，竖向从上到下。

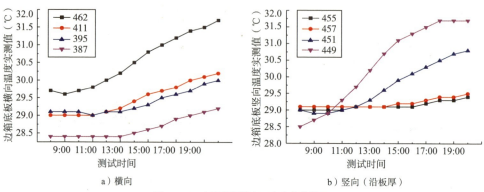

图 8.2.13　边箱底板横向温度变化趋势图

从图 8.2.13 可以发现，由于边箱底板在整个测试周期内均无法受到太阳辐射的作用，没有受到太阳的直射作用，在测试周期内温度没有出现较大的波动，温度变化较小。横向最大温差 2.5℃，沿板厚方向最大温差 2.4℃。

1/4 拱圈截面中箱底板竖向温度变化趋势如图 8.2.14 所示。图中传感器的编号顺序从上到下。

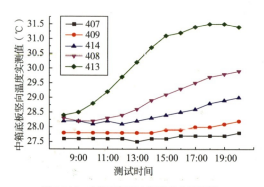

图 8.2.14　中箱底板竖向温度变化趋势图

从图 8.2.14 可以发现，与边箱相同，由于中箱底板同样始终处于庇荫状态，温度没有出现较大的波动，沿板厚方向最大温差 3.8℃。

1/4 拱圈截面箱体腹板竖向温度变化趋势如图 8.2.15 所示。图中传感器编号顺序从上到下。

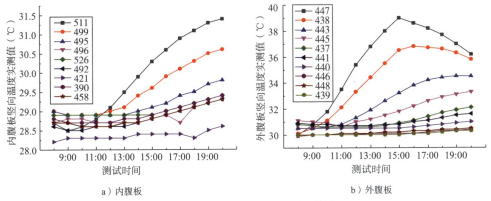

图 8.2.15　腹板竖向温度变化趋势图

从图 8.2.15 可以发现，内腹板始终处于庇荫状态，无法受到太阳辐射作用，温度变化较为平缓，最大竖向温差 2.8℃。外侧腹板在测试周期内 8:00—15:00 受到太阳照射作用，温度逐渐升高，15:00 以后随着太阳方位角的不断变化，温度不断下降，沿外腹板竖向由上而下，温度变化逐渐变小，竖向最大温差 9.0℃。

1/4 拱圈截面箱体腹板横向（沿板厚方向）温度变化趋势如图 8.2.16 所示。图中传感器编号顺序从左到右。

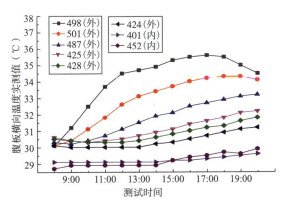

图 8.2.16　腹板横向温度变化趋势图

从图 8.2.16 可以发现，内侧腹板沿板厚方向温差较小，最大温差 0.4℃。外侧腹板沿板厚方向最大温差 5.0℃。

8.3 拱圈温度效应分析

8.3.1 概述

在日照等因素的作用下,拱圈结构的温度场分布及温度场应力在时间上是瞬时变化的,在空间上是非线性分布的。了解拱圈各处应力随时间变化的分布规律有利于掌握拱圈抗裂性。

日照作用下的温度场和温度应力沿截面的高度和宽度方向,温度场和温度应力存在着明显的非线性特征,温度场和温度应力都随时间而变化,每天、每月、每季、每年的温度场和温度应力都有变化,具有一定的随机性。日照的周期性也决定了它产生的温度场和温度应力也具有一定的周期性。日照作用与桥梁所处的纬度、海拔、当地的大气透明度以及所用的材料等因素息息相关,由此而产生的温度场和温度应力具有很大的变异性。温度应力具有明显的时间性、非线性,且应力、应变有时并不服从虎克定律。

利用有限元软件 ANSYS 的空间网格和时间步长的功能可以很好地模拟温度场和温度应力的上述特点。因此,针对拱圈的代表性截面,首先是利用 ANSYS 软件分析截面温度场的分布情况,然后利用间接耦合的方法来确定拱圈截面的温度应力分布。

8.3.2 基本假定与分析方法

1) 基本假定

计算拱圈截面上的温度应力时,采用以下几个假定。

(1) 沿桥轴线方向温度分布均匀。严格来说,由于边界条件的复杂性,混凝土拱圈的温度分布是空间三维问题。但考虑到桥梁为细长结构,截面尺寸远小于拱圈曲率半径,沿桥轴线纵向的热传导与横向的热传导相比几乎可以忽略。因此,可以假定沿桥轴线方向温度均匀分布,从而将拱肋的温度分布近似地简化为二维问题。

(2) 混凝土是匀质、各向同性的材料。

(3) 混凝土未发生开裂,符合弹性变形规律。

(4) 梁单元满足伯努利平截面假定。

（5）双向温差应力采用单向温差应力的叠加计算。

2）温度场分析

ANSYS 软件的热分析模块既可以分析稳态问题，也可以分析瞬态问题，同时既能处理线性也能处理非线性问题。拱圈的日照温度场分布显然是个瞬态问题。在拱圈温度场的分析过程中，将混凝土认为是匀质、各向同性材料，所以其导热微分方程是线性的。但边界条件是边界温度的函数，是非线性的。因此，温度分布研究是一个非线性瞬态问题。

采用 ANSYS 软件的热分析模块进行平面温度场及空间温度场分析。平面温度场分析采用四节点单元 PLANE55，在模拟不规则几何区域时，其可退化成 6 节点三角形单元。空间温度场分析可选用 SHELL131、SOLID70、SOLID80 和 SOLID90 单元。

用有限元法分析日照温度场的前提是要确定边界温度条件。与热传导问题的三类边界条件相对应，ANSYS 提供了指定边界温度、指定边界热流密度及给定流体介质温度和热交换系数三种方法来施加边界条件，分析采用第三种方法来施加温度边界。

3）温度应力分析

温度场分析和结构分析的结合本质上是一种耦合场分析。耦合场分析考虑两个或两个以上的物理场之间的相互作用。这种分析包括直接和间接耦合分析。

直接耦合时，多个物理场（如热 - 电）的自由度同时进行计算，称为直接方法，适用于多个物理场各自的响应互相依赖的情况。由于平衡状态要满足多个准则才能取得，直接耦合分析往往是非线性的。每个节点上的自由度越多，矩阵方程就越庞大，耗费的机时也越多。

间接耦合分析是以特定的顺序求解单个物理场的模型。前一个分析的结果作为后续分析的边界条件施加，有时也称之为序贯耦合分析。间接耦合分析主要用于物理场之间单向的耦合关系。例如，一个场的响应（如热）将显著影响到另一个物理场（如结构）的响应，反之不成立。一般来说比直接耦合方法效率高，而且不需要特殊的单元类型。

ANSYS 软件求解热应力问题时，可以采用直接耦合和间接耦合两种方法。直接耦合要求使用包含位移自由度和温度自由度的单元，同时施加热荷载及边界和应力荷载及边界，此方法只进行一个分析过程，直接求解出节点的温度和应力。

间接耦合方法实际上是两个过程,在第一个过程中,选用合适的温度场分析单元对结构离散并给定热边界条件,进行瞬态分析得到温度分布。然后保持节点和单元网格划分不变,进入第二个分析过程,将热分析单元转化为应力分析对应的单元类型,并指定应力分析边界条件,把第一个分析过程中得到的温度场作为应力分析问题的外荷载施加到结构上,求解后就可以得到所需要的位移和应力。

采用间接耦合方法需要注意的是,在建模时,单元的划分应能同时满足温度场分析和应力场分析的要求。而且温度场分析所选用的单元的形状、节点数目以及插值函数阶次应与应力分析所选用的单元相同,例如:PLANE55 对应 PLANE42,SOLID70 对应 SOLID45,SHELL63 对应 SHELL131 等。

8.3.3 温度场分析

主要计算点位置和编号如图 8.3.1 所示。

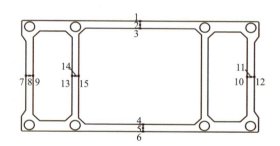

图 8.3.1 混凝土拱圈主要位置和编号示意图

1) 顶板温度

拱圈顶板日温度变化曲线如图 8.3.2 所示。

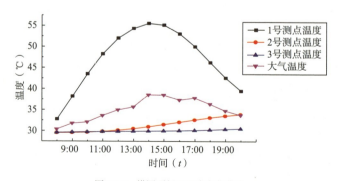

图 8.3.2 拱圈顶板日温度变化曲线

从图 8.3.2 可以发现，拱圈顶板日温度变化规律总体与大气温度相同，呈现正弦规律。顶板顶面的最高温度远高于空气的最高温度，这是太阳辐射、对流换热以及与周围环境辐射换热的综合作用的结果。拱圈顶板从外侧至内侧，温度波动范围逐渐减小，顶板外表面温度波动范围为 22.8℃，顶板中部温度波动范围为 4.4℃，顶板内表面温度波动范围为 0.9℃。说明在厚度方向温度的波动范围急速下降。约在 14:00 时，顶板的内外表面的正温差达到最大。

2）底板温度

拱圈底板日温度变化曲线如图 8.3.3 所示。

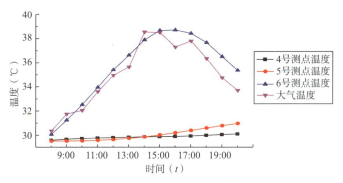

图 8.3.3　拱圈底板日温度变化曲线

从图 8.3.3 可以发现，拱圈底板日温度变化规律总体与大气温度相同，呈现正弦规律，特别是底板外表面几乎与大气温度变化同步。底板的日最高温度明显小于顶板，进一步说明太阳辐射是影响拱圈温度场的主要因素。同样，拱圈底板从外至内，温度波动范围逐渐减小。约在 15:00 时，底板的内外表面的正温差达到最大。

3）西侧腹板温度

西侧腹板日温度变化曲线如图 8.3.4 所示。

从图 8.3.4 可以发现，西侧腹板日温度变化规律总体与大气温度相同，呈现正弦规律。8:00 至 14:00，西侧腹板外表面的温度几乎与气温变化同步。在 14:00 之后，西侧腹板外表面的温度比气温高出 7~8℃，这是由于西侧表面在 8:00 至 14:00 时不受太阳直射，而 14:00 之后太阳直射西侧腹板，其外表面温度比气温高。同样，西侧腹板从外至内，温度波动范围逐渐减小。约在 18:00 时，西侧腹板的内外表面的正温差达到最大。

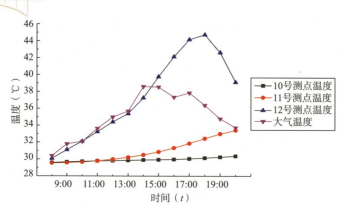

图 8.3.4 拱圈西侧腹板日温度变化曲线

4）东侧腹板温度

东侧腹板日温度变化曲线如图 8.3.5 所示。

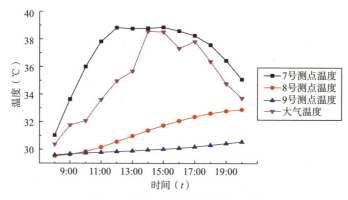

图 8.3.5 拱圈东侧腹板日温度变化曲线

从图 8.3.5 可以发现，东侧腹板日温度变化规律总体与大气温度相同，呈正弦规律变化。在 8:00 至 14:00 东侧腹板外表面的温度高于气温，14:00 之后东侧腹板外表面的温度几乎与气温基本同步，这是由于东侧表面在 8:00 至 14:00 时受太阳直射，综合大气温度较高，而 14:00 之后太阳不再直射东侧腹板，其外表面温度与气温变化同步。同样，东侧腹板从外至内，温度波动范围快速减小。约在 12:00 时，东侧腹板的内外表面的正温差达到最大。

5）中间腹板温度

中间腹板（东侧内腹板）日温度变化曲线如图 8.3.6 所示。

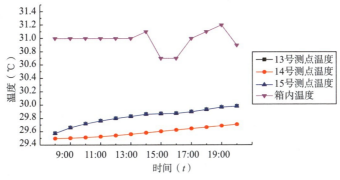

图 8.3.6 拱圈内腹板日温度变化曲线

从图 8.3.6 可以发现，内腹板（靠东侧）日温度变化量很小，不超过 0.5℃。从边箱侧表面到中箱侧表面，温度中部低两边高，但大小差异不超过 0.5℃。箱内气温日变化量小于 0.1℃。

从以上日温度变化曲线和分析可以发现，截面上各点的温度变化与大气温度保持相同的态势，大致呈正弦规律，但在相位上滞后于气温的变化。在日照作用下，拱圈截面上温度有较大的变化，拱圈顶板的最高温度可达 55.3℃。

8.3.4 沿截面高度方向的温度场分布

选取图 8.3.7 所示 A–A 截面、B–B 截面、C–C 截面，分析温度场沿截面高度方向的分布规律。

1）拱圈上部正温差

拱圈上部沿高度方向的正温差曲线如图 8.3.8 所示。

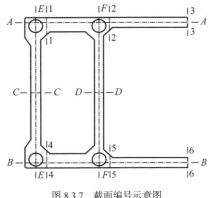

图 8.3.7 截面编号示意图

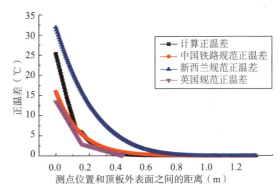

图 8.3.8 上部梁高方向的正温差分布曲线

箱梁上部的最大正温差为 25.33℃。计算值与国内外规范的比较发现：新西兰规范对日照下的温度变化估计范围更大，在深度上也偏于保守；英国规范则偏于不安全，这可能与英国本身纬度较高，太阳的辐射偏小有关；与我国铁路规范最接近，但 T_0 的值偏于保守，这可能是由于采用了标准设计值的原因。同时计算得到的正温差分布深度中，我国铁路规范的深度值偏小，在 0.55m 左右。

2）拱圈下部正温差

拱圈下部沿高度方向的正温差分布曲线如图 8.3.9 所示。

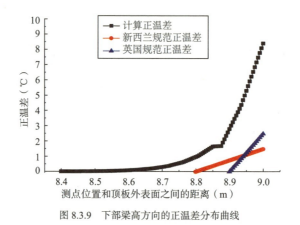

图 8.3.9　下部梁高方向的正温差分布曲线

箱梁下部的最大正温差为 8.4℃。由于我国的铁路规范未对箱梁下部的温度变化做出规定，因此仅将计算温差与英国规范和新西兰规范得到的温差进行对比。从图 8.3.9 中可知新西兰规范和英国规范对于箱梁下部正温差的规定都偏于不安全。靠近底板区域则与规范值相差较多，这是由于相对于顶板，底板的温度场边界更难以准确确定。考虑地面对太阳辐射和大气散射的反射后，底板温度边界取值有可能偏大。

8.3.5　沿混凝土板厚度方向的温度场分布

为了研究沿板厚方向的温度场分布，按沿混凝土板厚方向分组为图 8.3.7 所示的 1-1 截面、2-2 截面、3-3 截面、4-4 截面、5-5 截面、6-6 截面、C-C 截面、D-D 截面，分别研究这些截面的温度分布。

顶板混凝土沿厚度方向的温度变化曲线如图 8.3.10 所示，包含了 1-1 截面、2-2 截面、3-3 截面，这三个截面位于顶板的不同位置。

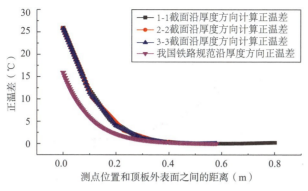

图 8.3.10 顶板厚度方向的正温差分布曲线

从图 8.3.10 可以发现，3 个截面的温度变化基本一致。这反映了截面沿厚度方向温度变化的一致性。3 个截面的最大温差在 25.79~25.94℃ 之间，高于铁路规范，说明直接套用铁路规范的取值偏于不安全，在温差变化深度方面，计算值和规范值相差不大，均在 0.5~0.6m。

底板混凝土沿厚度方向的温度变化曲线如图 8.3.11 所示，包含了 4-4 截面、5-5 截面、6-6 截面，这 3 个截面位于底板的不同位置。

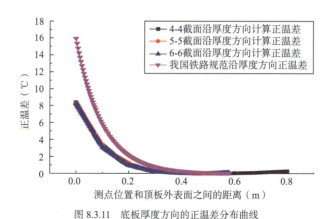

图 8.3.11 底板厚度方向的正温差分布曲线

从图 8.3.11 可以发现，3 个截面的温度变化基本一致，最大温差为 8.23~8.40℃，低于铁路规范。说明铁路规范是偏于安全的。在温差变化深度方面，计算值和规范值相差不大，均在 0.5~0.6m。

外侧腹板混凝土沿厚度方向图（C-C 截面）的温度变化曲线如图 8.3.12 所示。

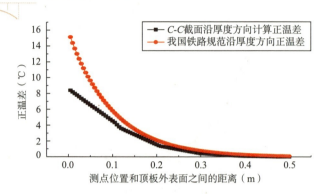

图 8.3.12　外侧腹板厚度方向的正温差分布曲线

从图 8.3.12 可以发现，该截面的最大温差为 8.7℃，低于铁路规范中的 T_0'，温度变化深度不论是计算值还是规范值，均在 0.45m 左右。对比底板混凝土和外侧腹板混凝土沿厚度方向温度变化曲线可以知道，底板和外侧腹板在厚度方向不仅温差的最大值相近，而且变化深度范围也一致。因此可将温度沿混凝土板厚方向的变化分为两类，一类为顶板，另一类为底板和外侧腹板，分别规定不同的温度变化曲线，以得到更精确的结果。

内侧腹板混凝土沿厚度方向（D–D 截面）的温度变化曲线如图 8.3.13 所示。

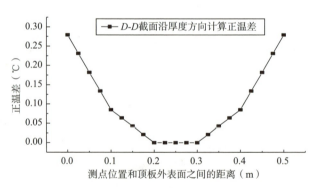

图 8.3.13　内侧腹板沿厚度方向的正温差分布曲线

从图 8.3.13 可以发现，内侧腹板混凝土沿厚度方向温度变化不超过 0.5℃，变化范围很小，可忽略不计。

8.3.6　沿宽度方向的温度场分布

截面不仅在高度方向上有温度差异，在宽度方向上也存在温度的非线性分布。通过分析 A—A 截面、B—B 截面的温差分布状态，以揭示截面沿宽度方向的温度场分布状态。

拱圈顶、底板沿宽度方向（A—A 截面、B—B 截面）正温差的计算结果与铁路规范中的温差曲线对比如图 8.3.14 所示。

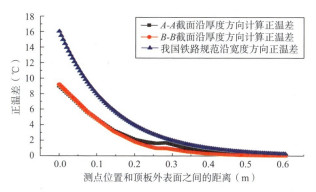

图 8.3.14　拱圈顶、底板沿宽度方向正温差分布曲线

从图 8.3.14 可以发现，顶、底板计算得到的沿宽度方向最大温差相差不大，均为 9.0℃左右。宽度方向上最大温差计算值小于规范值，但两者变化深度基本一致，在 0.5~0.6m。

8.3.7　温度应力

利用 ANSYS 平面应变单元模型，计算各时刻横向温度应力和纵向自应力。利用空间梁单元模型，得到各时刻的纵向约束温度应力。

拱圈顶板最大横向温度应力和最大主应力分别如图 8.3.15 和图 8.3.16 所示，图中抠除了钢管单元，以便能够清晰地显示混凝土的应力。

拱圈底板最大横向温度应力和最大主应力分别如图 8.3.17 和图 8.3.18 所示。图中抠除了钢管单元。

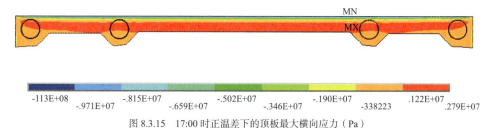

图 8.3.15　17:00 时正温差下的顶板最大横向应力（Pa）

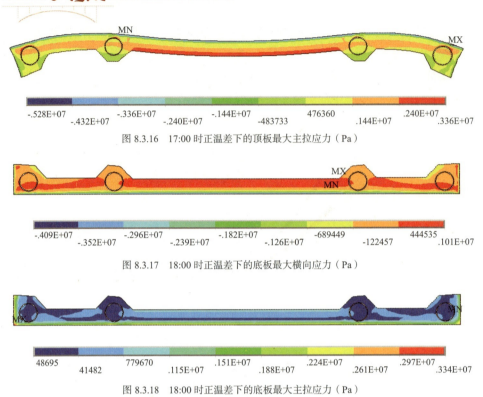

图 8.3.16　17:00 时正温差下的顶板最大主拉应力（Pa）

图 8.3.17　18:00 时正温差下的底板最大横向应力（Pa）

图 8.3.18　18:00 时正温差下的底板最大主拉应力（Pa）

拱圈腹板最大竖向温度应力和最大主应力分别如图 8.3.19 和图 8.3.20 所示，图中抠除了钢管单元。考虑到东西腹板温度应力分布类似，且东侧腹板更为不利，图中只给出了东侧腹板应力。

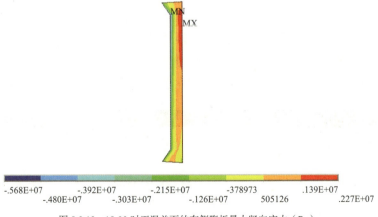

图 8.3.19　18:00 时正温差下的东侧腹板最大竖向应力（Pa）

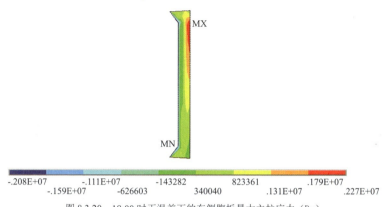

图 8.3.20　18:00 时正温差下的东侧腹板最大主拉应力（Pa）

拱圈典型时刻截面高度方向温差和宽度方向温差引起的自应力云图分别如图 8.3.21 和图 8.3.22 所示，图中抠除了钢管单元。

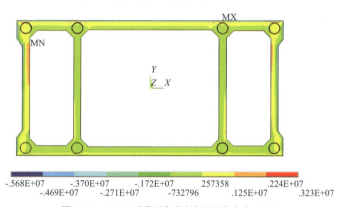

图 8.3.21　14:00 时截面高度方向温差自应力（Pa）

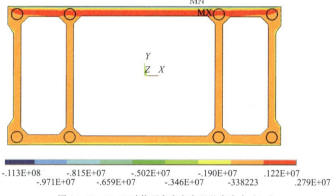

图 8.3.22　14:00 时截面宽度方向温差自应力（Pa）

根据上述计算结果，可以得出如下结论：

（1）无论是正温差还是负温差，均会在混凝土温度较低处产生拉应力，温度较高处产生压应力，即拉应力在白天产生于拱圈内表面，夜间产生于拱圈外表面。

（2）高应力区集中在顶板和腹板上部，因为这两个区域均属太阳直接辐射的影响范围，温度波动较大。

（3）在 16:00 —18:00 之间，各板的正温差应力均达到最大。

（4）顶板和底板由横向拉应力起控制作用，腹板由竖向拉应力起控制作用。

（5）正温差作用下，顶板、底板和腹板对应的最大主拉应力分别为 3.36MPa、3.34MPa 和 2.27MPa，已接近 C60 混凝土的轴心抗拉强度 3.5MPa，超过混凝土"有箍筋及斜筋"时的主应力容许值 3.15MPa，表明在白天日照最强时应采取相应的控制温度应力的措施。

（6）正温差下的顶板横向应力达 2.79MPa。考虑到拱圈纵向的压应力会导致横向混凝土抗拉强度的降低，加上混凝土施工灌注工艺也会影响到横向抗拉强度，应注意预防较大的横向应力可能引起的纵向开裂。

（7）截面上存在着较大的纵向温度自应力。白天高度方向温差自应力最大值为 3.23MPa，宽度方向温差自应力最大值为 2.79MPa，可见温度自应力的作用相当明显。

（8）上述计算只考虑了温度荷载的单独作用，未与其他荷载效应组合叠加。由于拱圈主要为受压结构，在考虑其他荷载作用后，将在一定程度上抵消温度引起的纵向应力作用。

8.3.8 拱圈变形

高度方向温差引起的拱圈变形如图 8.3.23 所示。

温差引起的拱圈变形最大值达 7.6mm，需要在施工中注意考虑温度变形的影响。

8.3.9 劲性骨架的影响

北盘江大桥的拱圈较为特殊，虽然截面为普通的箱形截面，但与普通混凝土箱形截面和钢管混凝土截面不同的是，箱形截面混凝土内嵌有钢管混凝土劲性骨架。为分析混凝土拱圈截面内有钢管劲性骨架和无钢管劲性骨架时，其温度场和温度应力的差异，建立相应的平面模型，通过对比分析，确定钢管骨架的影响。

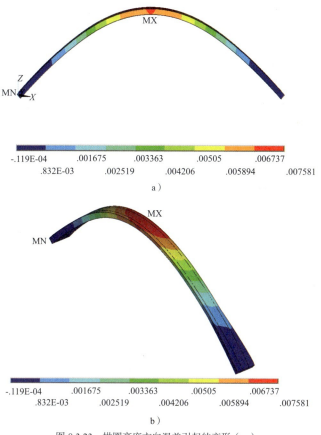

图 8.3.23 拱圈高度方向温差引起的变形（m）

根据前面的计算可以知道，05:00时和17:00时左右是温度场和温度应力的最不利时刻。为了更直观地说明两模型的差异，将这两个时刻有钢管劲性骨架的混凝土拱圈模型的温度场和温度应力计算结果与无钢管劲性骨架的混凝土拱圈模型的温度场和温度应力计算结果之差以 ANSYS 云图（温度应力云图已抠除钢管单元）的形式显示，如图 8.3.24 所示。

由图 8.3.24 可以发现，在 05:00 时和 17:00 时这两个最不利时刻，两模型温度场的计算结果最多相差 2.21℃，但这一较大差值仅仅出现在紧靠钢管附近的区域。对于其他绝大部分区域，两种模型的计算结果的差值都在 0.5℃ 以内。根据统计，截面上最多只有 6% 的单元的差值超过 0.5℃，13% 的单元的差值超过 0.3℃。相对于温度而言，温差才是影响温度应力的主要原因。在顶板、底板和腹板中，大部分区域为同一颜色，说明两种模型各板内外表面的温差是一致的。

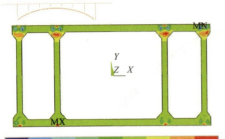
a）05:30时的温度场差值（℃）

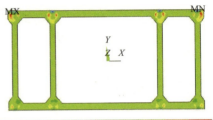
b）17:00时的温度场差值（℃）

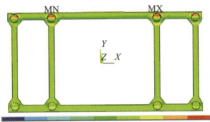
c）05:00时的横向应力差值（MDa）

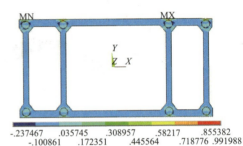
d）17:00时的横向应力差值（MDa）

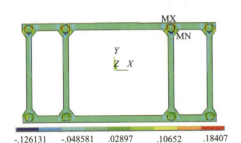
e）05:00时的竖向应力差值（MDa）

f）17:00时的竖向应力差值（MDa）

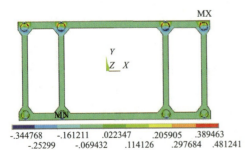
g）05:00时的纵向应力差值（MDa）

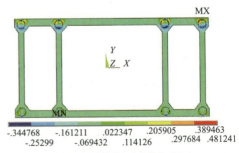
h）17:00时的纵向应力差值（MDa）

图 8.3.24　两种模型温度场及温度应力差值云图

在紧靠近钢管的混凝土单元处，存在最大为 3.89MPa 的应力差值，其他绝大多数区域的应力差值都在 0.1MPa 以内。

因此，钢管劲性骨架几乎不影响拱圈截面上混凝土区域的温度场和温度应力的分布，在研究钢管混凝土劲性骨架拱桥的温度效应时，可以忽略钢管劲性骨架的影响。需要注意的是，在研究混凝土箱形拱圈的抗裂性时，可采用上述结论，但在研究温度对钢管应力的影响时，仍需要考虑钢管引起的应力重分布。

8.4 施工阶段温度效应分析

采用劲性骨架法浇筑混凝土拱圈时，仅靠劲性骨架本身难以承受全部拱圈混凝土重量。通常采用横向分环、纵向分段、自身平衡的渐进浇筑方法。重庆万州长江公路大桥就是采用这样的方法，浇筑混凝土拱圈时按照先中箱，后边箱；先底板，后侧板，再顶板的横向分环顺序施工。北盘江大桥也采用横向分环、纵向分段的方法施工。

北盘江大桥拱圈分为中部等截面段和拱脚变截面段。拱脚变截面段按照"边箱下 U 形→边箱上 U 形→中箱顶底板"的顺序，分三环浇筑。跨中等截面段拱肋按照"边箱底板→边箱腹板→边箱顶板→中箱顶底板"的顺序，分成四环来浇筑。后期浇筑的混凝土重量可由前期浇筑的混凝土和钢管劲性骨架共同承受。

设计计算中，温度荷载通常于拱圈施工完成后施加，且温度分布模式均以成形的箱形截面为基准。由于日照引起的局部温度，拱圈箱形截面浇筑过程中，引起拱圈开裂的日照模式与结构体系均与成桥后不同。因此，仅仅对拱圈施工完成成形后的箱形截面进行温度效应分析是不够的。需要按照施工步骤，逐步计算箱形截面形成中的温度场分布，并据此分析温度应力分布，预测结构抗裂性，为施工过程中采取降温措施、防止拱圈开裂提供依据。

8.4.1 计算模型和计算理论

利用 ANSYS 软件，分别建立平面模型，确定温度场分布，分析各施工阶段截面上的应力，预测混凝土板的抗裂性。拱圈的横向分环施工阶段如表 8.4.1 所示。

拱圈的横向分环施工阶段　　　　　　　表 8.4.1

编号	施 工 阶 段	对应截面示意图
CS1	浇筑等宽段拱肋边箱底板	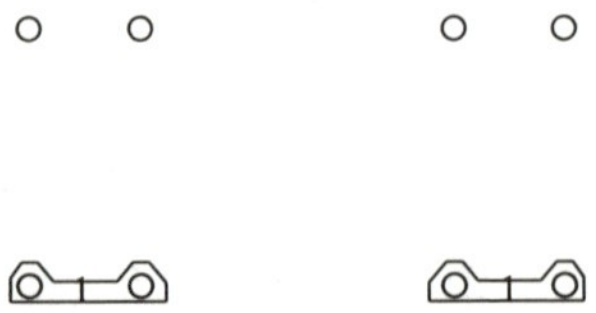
CS2	浇筑等宽段拱肋边箱腹板	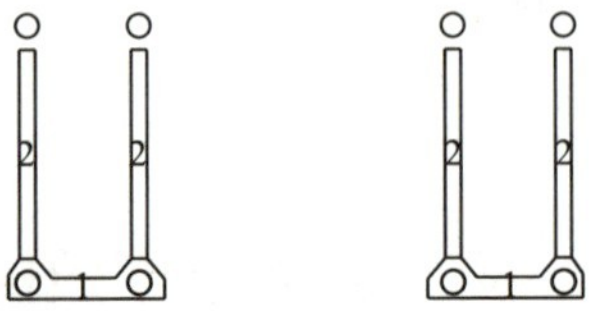
CS3	浇筑等宽段拱肋边箱顶板	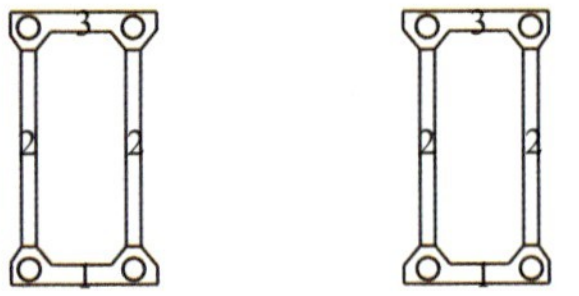
CS4	浇筑等宽段拱肋中箱顶底板	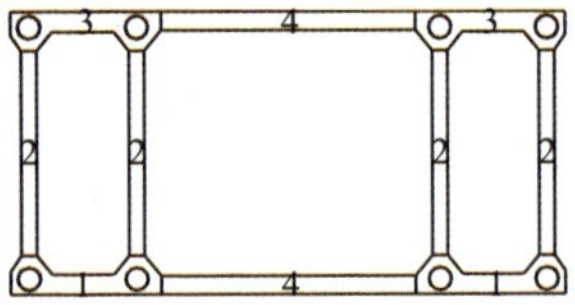
CS5	浇筑变宽段拱肋下U段	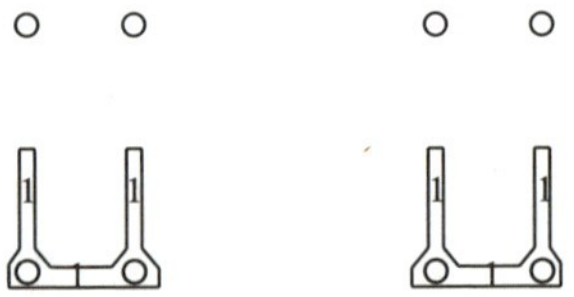
CS6	浇筑变宽段拱肋上U段	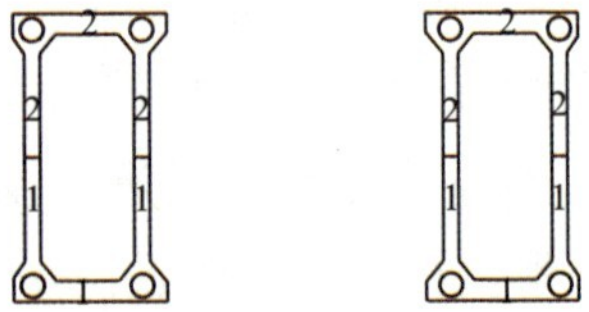
CS7	浇筑变宽段拱肋顶底板	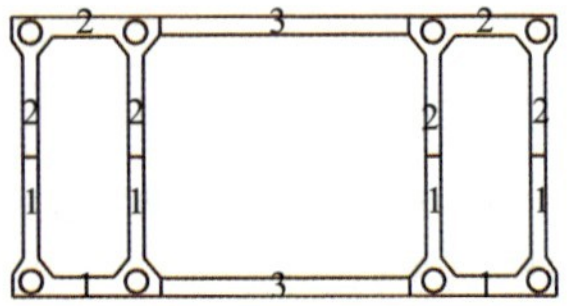

注：表内各示意图中的数字代表拱圈浇筑顺序。

8.4.2 计算分析

各施工阶段顶板和底板的横向应力，腹板的竖向应力，以及顶板、底板和腹板的主应力如表 8.4.2 所示。考虑到拱圈是以受压为主的结构，虽然在温度荷载的单独作用下，拱圈可能会出现纵向拉应力，但在活载和自重作用下拱圈内会出现较大的压应力，从而抵消部分拉应力，主要关注的是拱圈横向应力。

各施工阶段应力分量最大值（单位：MPa） 表 8.4.2

施工阶段		顶板			底板			腹板		
		应力	数值	位置	应力	数值	位置	应力	数值	位置
CS1	负温差	σ_x	—	—	σ_x	3.71	底板外侧	σ_y	—	—
		σ_1	—	—	σ_1	3.81	底板外侧	σ_1	—	—
	正温差	σ_x	—	—	σ_x	2.12	底板中部	σ_y	—	—
		σ_1	—	—	σ_1	2.17	底板中部	σ_1	—	—
CS2	负温差	σ_x	—	—	σ_x	2.73	底板外侧	σ_y	2.45	腹板外侧
		σ_1	—	—	σ_1	3.10	底板内侧	σ_1	2.45	腹板内侧
	正温差	σ_x	—	—	σ_x	2.03	底板中部	σ_y	1.4	腹板外侧
		σ_1	—	—	σ_1	2.03	底板中部	σ_1	1.43	腹板内侧
CS3	负温差	σ_x	3.99	顶板外侧	σ_x	2.60	底板外侧	σ_y	3.16	腹板外侧
		σ_1	4.00	顶板外侧	σ_1	3.43	底板外侧	σ_1	3.16	腹板外侧
	正温差	σ_x	1.97	顶板中部	σ_x	0.98	底板中部	σ_y	2.92	上部内侧
		σ_1	2.66	顶板中部	σ_1	1.26	底板中部	σ_1	2.92	上部内侧
CS4	负温差	σ_x	4.47	顶板外侧	σ_x	3.23	底板外侧	σ_y	3.62	腹板外侧
		σ_1	4.47	顶板外侧	σ_1	3.23	底板外侧	σ_1	3.63	腹板外侧
	正温差	σ_x	3.34	顶板内侧	σ_x	0.91	底板中部	σ_y	2.55	腹板内侧
		σ_1	3.34	顶板内侧	σ_1	1.21	底板中部	σ_1	2.55	腹板内侧

注：表中应力拉为正，压为负。

拱圈顶板和底板横向应力，以及腹板竖向应力沿板厚方向的分布情况如图 8.4.1 所示。

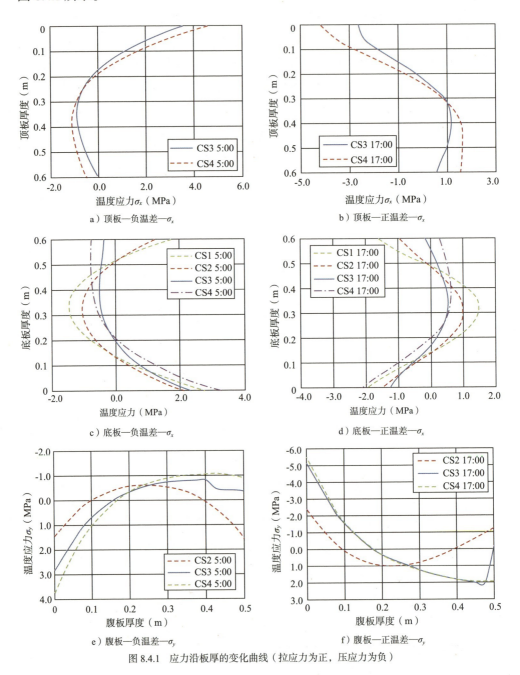

图 8.4.1 应力沿板厚的变化曲线（拉应力为正，压应力为负）

从表 8.4.2 和图 8.4.1 可以发现，各施工阶段均存在较为显著的拉应力，且负温差下的拉应力始终大于正温差下的拉应力，因此，需要特别关注针对负温差温度应力的防开裂措施。拱圈箱形截面形成前，在负温差作用下，各板内、外侧均会出现拉应力。而拱圈箱形截面形成后，在负温差作用下，拉应力只出现在外侧。正温差作用下，顶板和腹板拉应力始终出现在内侧，而底板拉应力出现在中部。边箱封闭后，底板负温差拉应力略有减小，腹板负温差拉应力有所增大，底板正温差拉应力减小，腹板正温差拉应力增大。

发生应力变化的原因，一是边箱封闭后，箱内温度有所升高；二是边箱封闭后，横向自约束发生了变化。CS4 施工阶段及拱圈箱形截面形成后，顶板和腹板的温度应力最大。CS1 施工阶段，底板温度应力最大。出现在顶板、底板和腹板内、外侧的拉应力，其主要分布在距离板边缘 0.1m 范围内，超过 0.1m 范围后，拉应力显著减小。需要说明的是，计算出的温度拉应力数值较大，一方面是由于缺乏施工阶段相关实测数据，在选取边界条件的相关系数时均选取最不利值，对工程实际来讲偏于保守。另一方面，计算未考虑拱上结构（如立柱、桥面等）对拱圈的遮蔽效应，也会使计算的温度应力偏大。

避免温度裂缝的一个有效的方法就是布置抗裂表面钢筋。由于温度拉应力主要分布在距离边缘 0.1m 的范围内，可以考虑密布小直径钢筋在各板的内外侧表面，从而提高混凝土的强度，并约束开裂。提高混凝土的性能也是预防开裂的一个重要措施，如优化混凝土的水灰比，调整混凝土的骨料，以及采用低水化热混凝土等。对于较大的正温差应力，可以考虑在施工过程中在拱圈上部安装遮阳凉棚，降低太阳直接辐射对拱圈的影响，从而降低温度应力。此外，一旦部分区域产生温度裂缝，会在一定程度上减缓混凝土结构的内、外约束，从而会适当地减小温度应力。

CHAPTER 9
第 9 章

劲性骨架抗风性能分析试验

WIND RESISTANCE TEST OF STIFFENED SKELETON

DESIGN PRINCIPLES OF
LONG SPAN
REINFORCED CONCRETE ARCH BRIDGE ON HIGH SPEED RAILWAY

CHAPTER 9

9.1 概述

北盘江大桥钢管骨架拱拼装施工中,最大悬臂跨度达222m,如图9.1.1所示。结构跨度大,刚度小,重量轻,是抗风的薄弱环节。利用钢管混凝土劲性骨架浇筑拱圈混凝土施工中,在形成拱圈整体结构前,结构刚度小,阻风面积大,也是抗风的薄弱环节。另外,桥位所在地区为典型的西部山区,地形地貌导致气象条件十分复杂。因此,需要通过一系列的模型风洞试验及计算分析,对北盘江大桥抗风性能进行检验及评估,并为可能存在的抗风问题提出有效、经济的对策,从而确保大桥施工架设阶段和运营期间的抗风安全和运营舒适性。

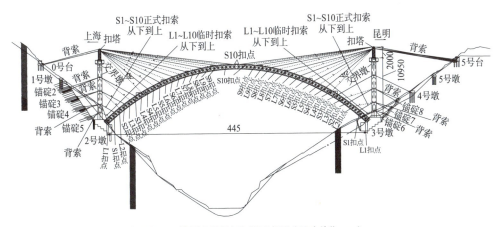

图9.1.1 拱圈劲性骨架架设示意图(尺寸单位:m)

试验及计算分析主要包括:桥址处风场特性分析,成桥和拱肋典型施工状态结构动力特性计算,主梁节段模型试验,成桥和施工状态拱肋节段模型试验,拱肋最大悬臂状态全桥气动弹性模型试验,典型施工状态风致抖振响应计算,抗风性能综合评价7个方面。

9.2 桥址处风速参数

北盘江大桥为铁路特大桥,其设计风速标准为百年一遇10min平均风速,需取得桥址处 25 年以上的测风资料的年最大值统计求得。但北盘江大桥桥址地处偏远的深山峡谷地带，不可能有长系列的测风资料，参照《公路桥梁抗风设计规范》（JTG/T 3360-01—2018）附录 A 的全国基本风速值和基本风速分布图，查得兴仁地区百年一遇 10min 平均风速值 U_{10}=25.6m/s。

考虑到北盘江在北盘江大桥桥位段呈从西北到东南的走向，受两岸海拔高于 500m 或 1000m 的高原相夹，形成深达数百米的峡谷型河流，所以必须考虑峡谷效应对风速增大的影响。

目前，在风工程应用中，山区峡谷对风速的影响还没有明确和具体的量化规定。我国《建筑结构荷载规范》（GB 50009—2012）参照加拿大、澳大利亚和英国的有关规范以及欧洲钢结构协会 ECCS 的有关规定，对于与风向一致的谷口、山口的建筑物，给出风速地形修正系数为 1.20~1.50。

《公路桥涵设计通用规范》（JTG D60—2015）给出位于峡谷口或山口的桥梁抗风设计时，风速地形地理修正系数为 1.20~1.40。《公路桥梁抗风设计规范》（JTG/T 3360-01—2018）在附录说明指出关于山区地形对风速、风压影响主要包括以下情况：一是山间盆地、谷地等封闭地形受周围山岭的屏障作用，经实际对比观测证实，一般比平坦地区风速小约 10%~25%，相应风压减小 20%~40%；二是峡谷、山口地区，由于两岸山高气流受阻，在峡谷、山口处形成加速区，通常风速增大 10%~20%，相应的风压增大 20%~45%，这里的峡谷和山口是指两岸山高大于 1.5 倍谷宽的情况，最大风速的方向与山谷所成的夹角不超过 22.5º，且沿峡谷、山谷的上风向，距桥址 10 倍山高范围内没有屏障；三是对特殊的风口地区应按实际调查或观测资料做深入研究，并建议"较窄的海峡或者峡谷或者地形特殊时，可通过模拟地形的风洞试验、实地风速观测或者参照有关风速资料确定设计基准风速。"

《铁路桥涵设计规范》（TB 10002—2017）采用工业与民用建筑结构荷载规范的资料，说明了峡谷、垭口和风口区等风速增大的原因是两岸山较高，气流由较大的流区流到较小的流区，形成所谓"狭管效应"，给出风速地形修正系数为 1.15~1.30。并指出，我国幅员广阔，各地气候条件和地形地理的变化因素很多，目前国内虽进行过一些山区对比观测工作，但局限性比较大，因此在使用规范条文时，应结合当地的实际情况加强调查访问工作，以求得更恰当的数值。对于特殊风口区，如新疆天山等处，则更为复杂，应进行观测深入研究，慎重对待。

各种规范条文对山区峡谷桥梁设计风速的地形修正,给出了一些地形地理修正系数,但是相对较笼统,具体进行风速的地形修正时,较难操作,随意性较大。量化山区峡谷处桥梁设计风速的地形修正仍是一个亟待解决的课题。

假设峡谷大桥桥址"虚拟"标准气象站的基本风速为峡谷进口风速,对于建于峡谷上口处的桥梁,可以借用以下经验关系式获得设计基准风速:

$$U = U_{10}\left[1.0 + \frac{\pi H}{5(B_1 + B_2)}\right] = U_{10}\kappa \quad (9.2.1)$$

式中,U 为建于峡谷上口处桥梁的设计基准风速(m/s);U_{10} 为峡谷大桥桥址"虚拟"标准气象站的基本风速,即设为峡谷进口风速极小值(m/s)。H 为峡谷深度,一般桥梁建于峡谷上口处,可取桥面至峡谷下底面高度(m);B_1 为峡谷上口处宽度,一般为桥梁桥面长度(m);B_2 为峡谷下底面宽度(m);κ 为山谷效应修正系数。

北盘江大桥 $B_1 = 710$m,$B_2 = 56$m,$H = 350$m,$U_{10} = 25.6$m/s,代入式(9.2.1)可得 $\kappa = 1.2868$,因此,北盘江大桥桥面高度处的设计基准风速 $U = 25.6 \times 1.2868 = 32.95$m/s。

另外 2003 年建成的关兴公路北盘江大桥,与沪昆高速铁路北盘江大桥同样跨越北盘江,且两座桥梁相距不足 50km,所以关兴公路北盘江大桥的基准风速取值具有重要的参考意义。刘峰等针对关兴公路北盘江大桥抗风分析,在《北盘江大桥设计风速及脉动风频率的确定》一文中采用极值 I 型分布函数法、矩法参数估计法和全国基本风压分压图查取法三种方法确定的关兴公路北盘江大桥的基准设计风速为 28.3m/s,与基准风速基本一致。

由于钢管骨架最大悬臂状态和拱圈外包混凝土完成状态是北盘江大桥的典型施工阶段,根据《公路桥梁抗风设计规范》(JTG/T 3360-01—2018),设计风速按下式计算:

$$U_{sd} = \eta U_d \quad (9.2.2)$$

式中,U_{sd} 为施工态桥面高度设计基准风速(m/s);U_d 为成桥态桥面高速设计基准风速(m/s);η 为风速重现期系数。将 $\eta = 0.84$(施工期取 10 年重现期)代入式(9.2.2)$U_{sd} = 0.84 \times 32.95 = 27.7$m/s。

根据《公路桥梁抗风设计规范》(JTG/T 3360-01—2018)的规定,桥梁的各类风速设计参数如表 9.2.1 所示。

北盘江大桥设计风参数　　　　表 9.2.1

风 速 类 型	风速（m/s）	备　　注
成桥态桥面高度设计基准风速	33.0	
施工态桥面高度设计基准风速	27.7	10 年重现期
成桥态拱肋驰振检验风速	39.6	
施工态拱肋驰振检验风速	33.2	
成桥态静风稳定检验风速	66.0	
施工态静风稳定检验风速	55.4	

9.3　结构动力特性

通过对北盘江大桥典型施工阶段，即钢管骨架最大悬臂状态、钢管骨架合龙完成形成钢管骨架拱状态、外包拱圈混凝土完成形成混凝土拱圈状态的动力特性分析，得出了其典型施工阶段前 30 阶的振动频率和振动质量。

钢管骨架最大悬臂状态约束为：钢管骨架底部与地面固结，交界墩底部与地面固结，背索与地面锚固。按照实际条件，全部限定其 6 个自由度。其典型施工阶段前 10 阶的振动频率如表 9.3.1 所示。

钢管骨架最大悬臂状态结构动力特性　　　　表 9.3.1

振型阶次	频率（Hz）	振型特点
1	0.2115	1 阶横向弯曲
2	0.6961	1 阶竖向弯曲
3	0.9320	1 阶横向弯曲
4	1.0708	1 阶竖向弯曲
5	1.1011	1 阶扭转
6	1.5485	2 阶竖向弯曲
7	1.8111	2 阶横向弯曲

续上表

振型阶次	频率（Hz）	振型特点
8	2.4505	2阶竖向弯曲
9	2.6307	2阶扭转
10	2.8590	3阶扭转

形成钢管骨架拱状态约束为：钢管骨架拱两端端部与地面固结。按照实际条件，两端均是限定6个自由度。其典型施工阶段前10阶的振动频率如表9.3.2所示。

形成钢管骨架拱状态结构动力特性　　　　　　　　　　　表9.3.2

振型阶次	频率（Hz）	振型特点
1	0.39755	1阶横向正对称弯曲
2	0.67575	1阶竖向反对称弯曲
3	1.0465	1阶横向反对称弯曲
4	1.3425	1阶竖向正对称弯曲
5	1.958	2阶横向正对称弯曲
6	2.24	3阶横向正对称弯曲
7	2.3354	2阶竖向反对称弯曲
8	2.7385	4阶横向正对称弯曲
9	3.0712	2阶横向反对称弯曲
10	3.4301	2阶竖向正对称弯曲

形成混凝土拱圈状态约束为：混凝土拱圈两端端部与地面固结。按照实际条件，两端均限定6个自由度。其典型施工阶段前10阶的振动频率如表9.3.3所示。

形成混凝土拱圈状态结构动力特性　　　　　　　　　　　表9.3.3

振型阶次	频率（Hz）	振型特点
1	0.3652	1阶横向正对称弯曲

续上表

振型阶次	频率（Hz）	振型特点
2	0.4984	1阶竖向反对称弯曲
3	0.8749	1阶竖向正对称弯曲
4	0.9926	1阶横向反对称弯曲
5	1.3783	2阶竖向正对称弯曲
6	1.6754	2阶竖向反对称弯曲
7	1.9160	2阶横向正对称弯曲
8	2.4426	3阶竖向反对称弯曲
9	2.6966	3阶竖向正对称弯曲
10	3.0885	2阶横向反对称弯曲

9.4 静力节段模型风洞试验

9.4.1 试验模型

通过北盘江大桥两个典型施工阶段静力节段模型试验，测试该桥的施工态在不同攻角下的三分力系数，为静风响应计算、抖振响应计算、静风稳定性计算及施工监控等提供计算参数，并可初步评价该桥在施工期发生驰振的可能性。

钢管骨架和混凝土拱圈节段模型均采用1∶40的几何缩尺比，模型长 $L=2.095\text{m}$，宽 $B=0.45\text{m}$，高 $H=0.225\text{m}$。钢管骨架模型用红松木和PVC制作，混凝土拱圈模型采用红松木制作。试验在西南交通大学单回流串联双试验段工业风洞（XNJD—1）第二试验段中进行。钢管骨架最大悬臂状态三分力测试模型如图9.4.1所示。

试验在均匀流条件下进行，试验攻角为 $\alpha=-10°\sim+10°$，$\Delta\alpha=1°$。对北盘江大桥在施工期的钢管骨架和混凝土拱圈进行试验，测试不同的施工期在不同攻角下的三分力系数，测试风速分别为15m/s和25m/s，测试结果取两种不同风速下的平均值。试验结果分别以体轴系和风轴系下的静力三分力系数曲线及数据列表的形式给出。

图 9.4.1 钢管骨架最大悬臂态静力节段模型

9.4.2 试验结果曲线

在 15m/s 和 25m/s 两种测试风速下的三分力试验结果接近，说明试验可靠度较高，试验结果取三次试验结果的平均值。体轴系和风轴系下的三分力系数随风攻角变化的关系曲线如图 9.4.2~图 9.4.5 所示，图中，C_H 为阻力系数、C_V 为升力系数、C_M 为力矩系数。

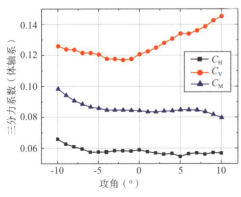

图 9.4.2 钢管骨架最大悬臂状态体轴系三分力系数曲线

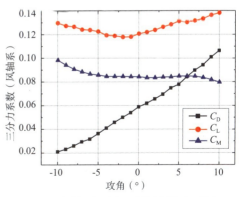

图 9.4.3 钢管骨架最大悬臂状态风轴系三分力系数曲线

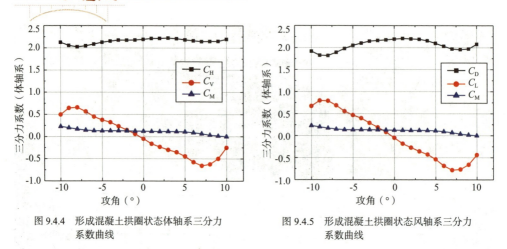

图 9.4.4　形成混凝土拱圈状态体轴系三分力系数曲线

图 9.4.5　形成混凝土拱圈状态风轴系三分力系数曲线

9.5　拱肋节段模型驰振试验

驰振属于发散性的自激发散振动，当来流达到临界风速时，振动的桥梁通过气流的反馈作用不断从风中吸取能量，从而使振幅逐步增大，直至结构破坏。抗风设计要求桥梁的驰振风速必须高于相应的检验风速。为此，通过施工状态动力节段模型风洞试验，直接测试拱肋在不同攻角下发生驰振的临界风速，从而对桥梁的动力抗风稳定性进行初步评估，必要时提出改善气动性能措施的建议。

9.5.1　动力节段模型系统

试验在西南交通大学 XNJD—1 工业风洞第二试验段中进行。XNJD—1 工业风洞第二试验段设有专门进行桥梁节段模型动力试验的装置。动力试验采用 1∶40 的节段模型，制作材料和工艺与静力节段模型相同，并由 8 根拉伸弹簧悬挂在支架上，形成可竖向运动和绕模型轴线转动的二自由度振动系统。试验支架置于洞壁外，以免干扰流场。安装在风洞中的动力节段模型如图 9.5.1 和图 9.5.2 所示。

9.5.2　系统参数设计

采用直接测量法进行颤振试验时，要求模型系统满足动力节段模型的相似律，即要求模型与原型（实桥）之间保持三组无量纲参数一致，即：

弹性参数：$\dfrac{U}{f_h B}$、$\dfrac{U}{f_\alpha B}$

惯性参数：$\dfrac{m}{\rho B^2}$、$\dfrac{I_m}{\rho B^4}$

阻尼参数：ζ_h、ζ_α

其中，U 为风速；B 为桥面宽度；f_h、f_α 分别为竖向振动频率和扭转振动频率；m 为单位长度质量；I_m 为单位长度质量惯矩；ζ_h、ζ_α 为阻尼比；ρ 为空气密度。下标 h 和 α 分别代表竖向运动和扭转运动。

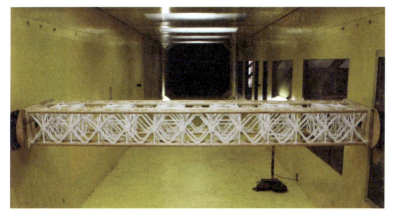

图 9.5.1　钢管骨架最大悬臂状态动力节段模型

图 9.5.2　形成混凝土拱圈状态动力节段模型

驰振试验的几何模型采用和静力三分力试验相同的节段模型，按几何缩尺比严格模拟主梁的几何外形，并在模型两端设置端板，以保证主梁断面气动绕流的二维特性。

动力节段模型试验将桥梁三维风致振动近似简化为弯扭耦合的二维振动问题处理。为考虑全桥的整体运动及不同方向振动间可能的耦合，试验时模型系统更精确地采用了主梁的等效质量及等效质量惯矩。

根据《公路桥梁抗风设计规范》（JTG/T 3360-01—2018），对于大跨度的钢管骨架，其阻尼比建议取 0.5%；钢管混凝土劲性骨架混凝土拱，其阻尼比取 1.0%。模型系统设计参数如表 9.5.1 和表 9.5.2 所示，模型系统较好地满足了相似准则的要求。

钢管骨架最大悬臂状态驰振试验模型设计参数 表 9.5.1

参数名称	符号	单位	缩尺比	实桥值	模型要求值	模型实现值
主梁高	H	m	1/40	9	0.225	0.225
主梁宽	B	m	1/40	18	0.45	0.45
单位长度质量	m	kg/m	$1/40^2$	8765	6.1594	6.19
单位长度质量惯矩	I_m	kg·m²/m	$1/40^4$	116865	0.9136	0.90
竖弯频率	f_h	Hz	—	0.6961	—	3.9296
竖弯阻尼比	ζ_h	%	1	—	0.5	0.4782
风速比			实桥风速/模型风速 =7.09			

形成混凝土拱圈状态驰振试验模型设计参数 表 9.5.2

参数名称	符号	单位	缩尺比	实桥值	模型要求值	模型实现值
主梁高	H	m	1/40	9	0.225	0.225
主梁宽	B	m	1/40	18	0.45	0.45
单位长度质量	m	kg/m	$1/40^2$	60908	38.4656	38.4248
单位长度质量惯矩	m	kg·m²/m	$1/40^4$	1544056	0.6958	0.6892
竖弯频率	f_h	Hz	—	0.8749	—	4.86

续上表

参数名称	符号	单位	缩尺比	实桥值	模型要求值	模型实现值
竖弯阻尼比	ζ_h	%	1	—	1.0	0.98
风速比	实桥风速 / 模型风速 =7.2					

9.5.3 颤振临界风速的测定

通过直接测量法测定主梁节段模型在不同工况下的颤振临界风速，并通过典型施工阶段的风速比（模型试验风速与实桥自然风速之比）推算出实桥的颤振临界风速。

针对北盘江大桥的典型施工阶段标准断面分别进行了 $\alpha=0°$，$\pm 3°$，$\pm 5°$ 五种攻角的试验，来流均为均匀流。两种典型施工阶段各种攻角下的颤振临界风速测试结果如表 9.5.3 所示，对于其典型施工阶段，在五种攻角下，颤振临界风速均远大于颤振检验风速，并且有较大的安全储备。

不同状态主梁颤振临界风速　　表 9.5.3

施工阶段	攻角	模型临界风速（m/s）	实桥临界风速（m/s）	驰振检验风速（m/s）
钢管骨架最大悬臂状态	−5°	>11.1	>79.92	33.2
	−3°	>11.1	>79.92	
	0°	>11.1	>79.92	
	+3°	>11.1	>79.92	
	+5°	>11.1	>79.92	
形成混凝土拱圈状态	−5°	8.47	60.96	33.2
	−3°	8.63	62.14	
	0°	8.83	63.54	
	+3°	8.67	62.42	
	+5°	8.54	61.52	

注：表中风速仅为试验时测试的最大风速，并不表示结构所能承受的最大风速。

9.6 拱肋节段模型涡振试验

当气流绕过物体时在物体两侧及尾流中会产生周期性脱落的漩涡，这种周期性的激励会使物体发生周期性的限幅振动，这种振动称为涡激振动，它通常发生在较低的风速下，对于主梁，振动形式通常为竖向振动和扭转振动。通过主梁节段模型试验测定涡激振动的发振风速、振幅以及主梁截面的斯脱罗哈数，并根据我国《公路桥梁抗风设计规范》（JTG/T 3360-01—2018）以及英国相关抗风规范对主梁的涡激振动特性做出评价。

9.6.1 系统参数设计

试验在西南交通大学 XNJD—1 工业风洞第二试验段中进行。涡激振动试验所用的节段模型与驰振试验的模型相同，由 8 根拉伸弹簧悬挂在支架上。由于涡激振的发生不依赖于弯扭耦合机制，因而对模型系统无扭弯频率比的要求，主要研究模型的竖向涡激共振。因涡激振动通常发振风速较低，为降低模型风速比，采用较为刚性的弹簧以提高模型的振动频率，模型实测频率、阻尼比及按弯、扭基频换算为实桥不同状态的风速比，见表 9.6.1。

模型涡激振动系统频率、阻尼比及风速比　　　　表 9.6.1

钢管骨架最大悬臂状态			形成混凝土拱圈状态		
频率/阻尼比		风速比	频率/阻尼比		风速比
竖向频率	4.7982	竖向：7.27	竖向频率	4.86	竖向：7.2
竖向阻尼比	0.4782%		竖向阻尼比	0.98%	

注：表中风速比均按各状态弯曲振动基频换算。

试验中采用和颤振试验相同的质量配置。根据《公路桥梁抗风设计规范》（JTG/T 3360-01—2018），钢结构桥梁的阻尼比可取 0.5%，混凝土结构桥梁的阻尼比可取 1.0%。因此，试验时钢管骨架最大悬臂状态阻尼比按 0.5% 设置，形成拱圈混凝土状态阻尼比按 1.0% 设置。

9.6.2 试验结果

涡激振动节段模型风洞试验分别在 $\alpha = 0°$、$+3°$、$-3°$、$+5°$、$-5°$ 五种攻角条件下进行。试验在均匀流场中进行。典型施工阶段试验风速为 0~12m/s，控制风速步长为 0.1~0.2m/s，试验中采用激光位移传感器测试桥底正中及边缘处的位移响应。试验结果按不同的风速比换算到实桥。

钢管骨架最大悬臂状态竖向风致振动响应如图 9.6.1 所示。

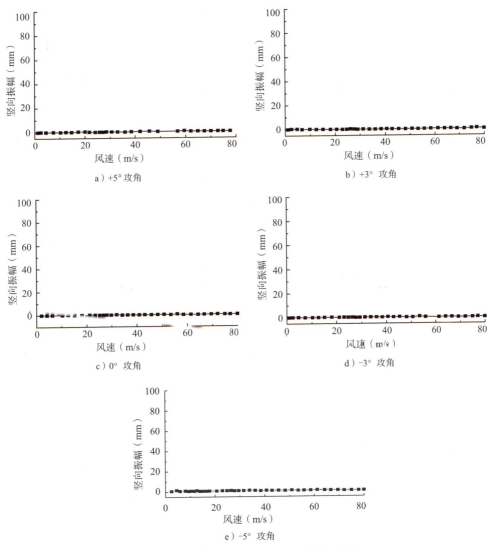

图 9.6.1 钢管骨架最大悬臂阶段竖向风致振动响应

从图 9.6.1 可以发现,钢管骨架最大悬臂状态,在 α=0°、+3°、–3°、+5°、–5° 五种攻角下的试验,均没有观测到明显的竖向涡激振动现象,竖向涡激振动振幅均较小,满足规范的要求,涡激振动不会造成在典型施工阶段的安全性问题。

形成混凝土拱圈状态竖向风致振动响应如图 9.6.2 所示。

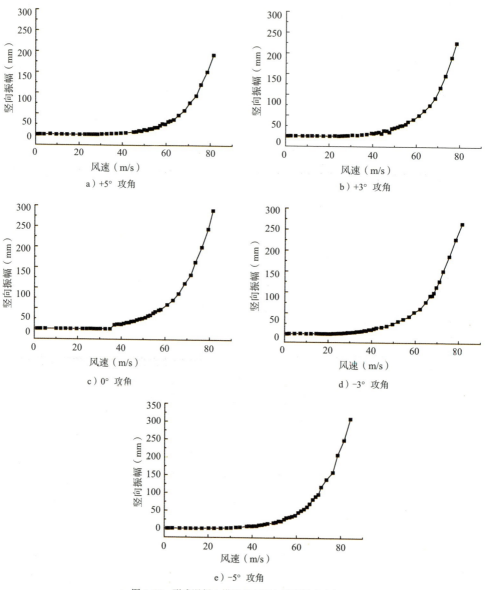

图 9.6.2 形成混凝土拱圈状态竖向风致振动响应

从图 9.6.2 可以看出，对于形成混凝土拱圈状态，在 α=0°、+3°、−3°、+5°、−5° 五种攻角下的试验，均没有观测到明显的竖向涡激振动现象，竖向涡激振动振幅均较小，满足规范的要求，故涡激振动不会造成在典型施工阶段的安全性问题。

9.6.3 主要结论

（1）由于铁路桥梁对于涡激振动没有具体规定，参考《公路桥梁抗风设计规范》(JTG/T 3360-01—2018) 相关内容，施工阶段竖弯涡激共振的竖向振幅容许值分别为：

$$[h_\alpha] = \frac{0.04}{f_h}$$

（2）钢管骨架最大悬臂状态 $f_h = 0.6961Hz$，形成混凝土拱圈状态 $f_h = 0.8749Hz$，北盘江大桥典型施工阶段的一阶对称竖弯模态及一阶对称扭转模态下的涡激振动振幅容许值如表 9.6.2 所示。

规范容许振幅值　　　　　　　　　　表 9.6.2

结构状态	规范容许竖向振幅（mm）
钢管骨架最大悬臂状态	57.46
形成混凝土拱圈状态	45.72

对于典型施工阶段，设计基准风速以下，α=0°、+3°、−3°、+5°、−5° 五种攻角下的试验没有出现明显的涡激振动，满足规范要求。

9.7 施工状态全桥气弹性模型风洞试验

9.7.1 试验设备与模型

考虑到北盘江大桥钢管骨架最大悬臂态的全长和 XNJD—3 大型低速风洞试验段的尺寸，将模型的几何比尺取为 $CL = 1/60$，模型长 3.75m。安装模型后模型在风洞中的空气阻塞度小于 3%。

按照风洞试验中气弹模型设计的一般方法，桁架结构的刚度由弹簧片来提供，由外模提供气动外形，质量根据选用的材料以及弹簧片来提供。采用位移计测量模型的位移响应，利用贴在扣塔上的加速度计测量扣塔上横桥向和顺桥向加速度。

根据力学相似理论，用于风洞试验的全桥气动弹性模型应遵循下述相似准则进行设计，即在原型（实桥）和模型之间保持下列无量纲参数的一致性。

弹性参数：$\dfrac{EA}{\rho V^2 b^2}$、$\dfrac{EI}{\rho V^2 b^4}$、$\dfrac{GK}{\rho V^2 b^4}$

质量参数：$\dfrac{m}{\rho b^2}$、$\dfrac{I_m}{\rho b^4}$

阻尼参数：ζ

重力参数：$\dfrac{gb}{U^2}$

黏性参数：$\dfrac{\rho b U}{\mu}$

其中，ρ 为空气密度；U 为平均风速；b 为结构特征尺度；g 为重力加速度；μ 为气动黏性系数；EA、EI 和 GK 分别为拉压刚度、弯曲刚度和自由扭转刚度；m 和 I_m 分别为单位长度的质量和质量惯矩；ζ 为结构模态阻尼比；V 为平均风速和阵风风速。

在全桥气动弹性模型设计中，弹性参数、质量参数和重力参数一致性条件均需严格满足，这样才能保证模型的结构动力特性，以及模型的位移、加速度、内力等力学参量与原型相似。同其他风洞试验一样，目前还没有办法在模型试验中精确模拟雷诺数，然而对于桥梁断面这样的钝体，雷诺数的影响较小，不会显著影响试验结果。

根据模型的相似律可以得出以下相似参数：

风速比（模型试验风速与原型实际风速之比）$C_u = \dfrac{1}{\sqrt{60}} = \dfrac{1}{7.746}$，加速度比 $C_a = \dfrac{1}{1}$，频率比 $C_f = \dfrac{\sqrt{60}}{1} = \dfrac{7.746}{1}$。

钢管骨架最大悬臂施工状态全桥气动弹性模型由悬臂骨架拱、桥墩、临时拉索和底座等构成。其中悬臂骨架拱、桥墩中的各部件等各自由弹簧片、芯梁和气动外形组成，扣索由没有剪切刚度但拉伸刚度很大的电线和弹簧组成。

1）悬臂骨架拱

由于北盘江大桥钢管骨架采用桁架结构，为提供相似的刚度，用弹簧片来模拟。为保证质量的相似性，模型采用弹簧片模拟刚度，外形采用高质量的塑料板模拟。为了避免外形提供刚度，用弹簧片将每个桁架节段连接起来，每段之间留有 3mm 缝隙。为了保持质量相似，在设计全桥气弹模型时原有的钢管分别采用了铝管和木头管道来替代，以使质量达到设计要求。

2）桥墩

为保证质量的相似性，钢管骨架悬臂模型采用钢芯梁模拟刚度，外形采用高质量的木材。为了避免外形提供刚度，在模型全长范围内将外形分割为 10 段，每段之间留有 1mm 缝隙。为了保持质量相似，采用铅对模型进行配重，配重置于外模的内壁处，以使质量及质量惯矩达到设计要求。

9.7.2 动态测试布置

气弹模型考虑了北盘江大桥施工期钢管骨架最大悬臂状态，如图 9.7.1 所示。

图 9.7.1 气弹模型

对于这一状态，静风稳定性和涡激振动的检验在均匀流条件下进行，抖振在紊流条件下进行。试验中用激光位移传感器测量跨中 1/4 处和最大悬臂端的横向和竖向位移，用加速度计测量临时扣塔顶部顺桥向和横桥向的加速度。试验风速用热线风速仪测量，风速仪探头置于模型前方相当于桥面高度位置。

9.7.3 模态测试

模态测试的目的是检验模型的结构动力特性是否与原型计算值之间满足相似关系。模型的动力特性（振型，频率，阻尼）用强迫振动法测量。加速度传感器用来获取模型的振动信号。

对于一个给定模态，其频率和阻尼可以从输入的振动信号和结构反应的振动信号之间的机械导纳计算出来。模态测试所得成桥状态和各施工状态气动弹性模型的横向和竖向模态测试结果列于表9.7.1所示。

钢管骨架最大悬臂状态模态测试结果　　　　表 9.7.1

频率（Hz）			结构阻尼比（%）	振型特点	误差（%）
实桥计算频率	模型要求值	模型实测值			
0.2029	1.5716	1.5523	0.57	L-S-1	1.23
0.8926	6.9140	6.2448	0.53	V-S-1	9.68
1.8758	14.5294	12.9976	0.60	T-S-1	10.5

从表9.7.1可以看出，模型重要模态的频率实测值与要求值吻合良好，结构阻尼也在合理范围内，从而保证了模型结构动力特性与原型相似。

9.7.4 试验工况和流程

试验分别在均匀流场和模拟大气边界层的紊流流场中进行，均匀流场试验主要考查桥梁的抗风稳定性及涡激振动特性，紊流流场试验主要考查桥梁的抖振响应。考虑到实际桥梁可能承受不同方向的来风，试验设置了两种不同来流风偏角β（来流风向与横桥向的夹角）。

试验工况如表9.7.2所示。各工况的最大试验风速为8~9m/s，换算成实桥风速大于62m/s，已远高于实桥施工态的设计基准风速27.7m/s，因而所设定的风速范围满足各项抗风安全性能检验的要求。

全桥模型风洞试验工况　　　　　表 9.7.2

试验模型	钢管骨架最大悬臂状态													
流场条件	均匀流场							紊流流场						
风偏角 β（°）	0	15	30	45	60	75	90	0	15	30	45	60	75	90

9.7.5　试验结果

经对各工况试验数据进行分析处理，得到模型在不同流场（即均匀流场或紊流流场）中的气动响应。

1）均匀流场试验

均匀流条件下模型悬臂端和 1/4 拱跨处的竖向位移均方根、横向位移均方根及扭转位移均方根与风速的关系曲线如图 9.7.2～图 9.7.17 所示。

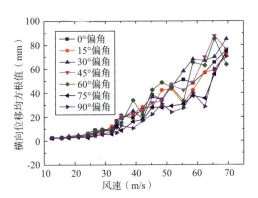

图 9.7.2　最大悬臂状态悬臂端横向位移均方根值与风速的关系曲线（均匀流）

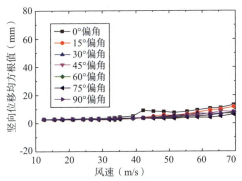

图 9.7.3　最大悬臂状态悬臂端竖向位移均方根值与风速的关系曲线（均匀流）

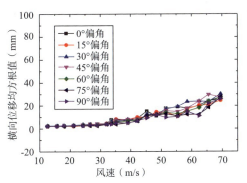

图 9.7.4　最大悬臂状态跨中 1/4 处横向位移均方根值与风速的关系曲线（均匀流）

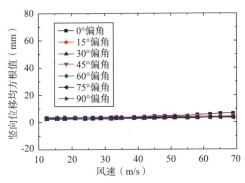

图 9.7.5　最大悬臂状态跨中 1/4 处竖向位移均方根值与风速的关系曲线（均匀流）

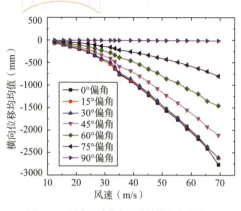

图 9.7.6 最大悬臂状态悬臂端横向位移均值与风速的关系曲线（均匀流）

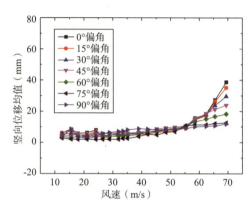

图 9.7.7 最大悬臂状态悬臂端竖向位移均值与风速的关系曲线（均匀流）

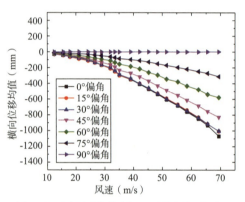

图 9.7.8 最大悬臂状态跨中 1/4 处横向位移均值与风速的关系曲线（均匀流）

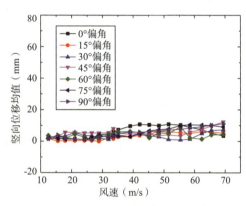

图 9.7.9 最大悬臂状态跨中 1/4 处竖向位移均值与风速的关系曲线（均匀流）

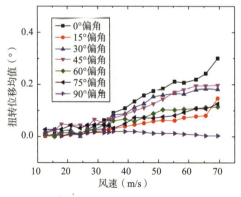

图 9.7.10 最大悬臂状态悬臂端扭转位移均值与风速的关系曲线（均匀流）

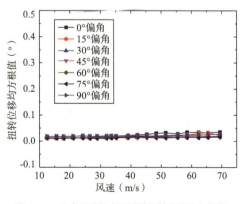

图 9.7.11 最大悬臂状态悬臂端扭转位移均方根值与风速的关系曲线（均匀流）

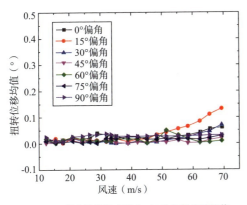

图 9.7.12 最大悬臂状态跨中 1/4 处扭转位移均值与风速的关系曲线（均匀流）

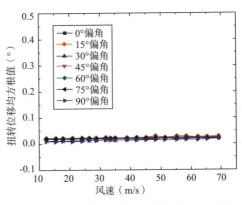

图 9.7.13 最大悬臂状态跨中 1/4 处扭转位移均方根值与风速的关系曲线（均匀流）

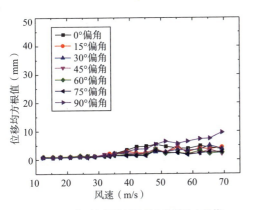

图 9.7.14 临时扣塔塔顶横桥向位移均方根值与风速的关系曲线（均匀流）

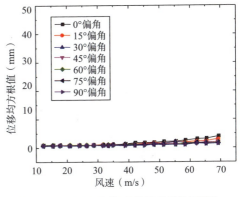

图 9.7.15 临时扣塔塔顶顺桥向位移均方根值与风速的关系曲线（均匀流）

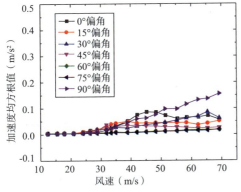

图 9.7.16 临时扣塔塔顶横桥向加速度均方根值与风速的关系曲线（均匀流）

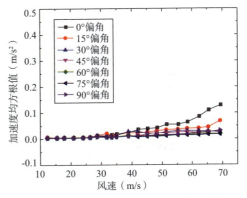

图 9.7.17 临时扣塔塔顶顺桥向加速度均方根值与风速的关系曲线（均匀流）

从上面的图中可以发现，7种风偏角情况下，在实桥风速小于70m/s的范围内，钢管骨架未发生发散的颤振振动、明显的涡激振动，以及钢管骨架横向屈曲、扭转发散等静力失稳现象。

2）紊流流场试验

根据风洞试验得出的振动响应，可以推算出实桥的振动响应，从而可以计算钢管骨架内力以及弯矩等。

紊流条件下钢管骨架悬臂端和1/4拱跨处的竖向位移均方根、横向位移均方根及扭转位移均方根与风速的关系曲线如图9.7.18~图9.7.33所示。

从图9.7.18~图9.7.33中可以发现，7种风偏角情况下，在实桥风速小于70m/s的范围内，拱肋未发生发散的颤振振动、明显的涡激振动，以及钢管骨架横向屈曲、扭转发散等静力失稳现象。

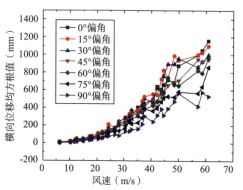

图9.7.18 最大悬臂状态悬臂端横向位移均方根值与风速的关系曲线（紊流）

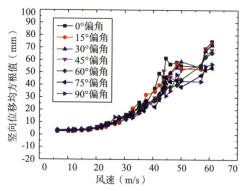

图9.7.19 最大悬臂状态悬臂端竖向位移均方根值与风速的关系曲线（紊流）

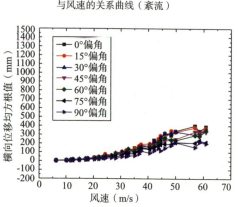

图9.7.20 最大悬臂状态跨中1/4处横向位移均方根值与风速的关系曲线（紊流）

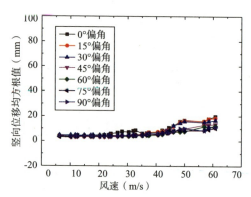

图9.7.21 最大悬臂状态跨中1/4处竖向位移均方根值与风速的关系曲线（紊流）

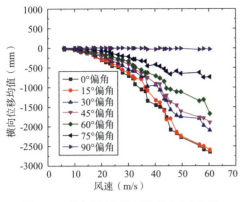

图 9.7.22 最大悬臂状态悬臂端横向位移均值与风速的关系曲线（紊流）

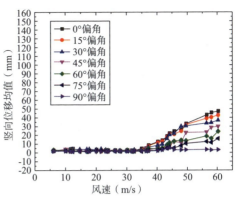

图 9.7.23 最大悬臂状态悬臂端竖向位移均值与风速的关系曲线（紊流）

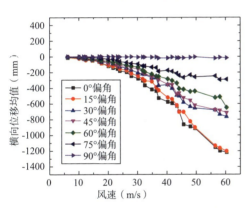

图 9.7.24 最大悬臂状态跨中 1/4 处横向位移均值与风速的关系曲线（紊流）

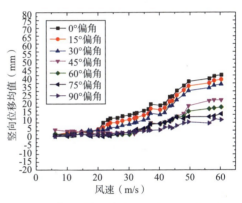

图 9.7.25 最大悬臂状态跨中 1/4 处竖向位移均值与风速的关系曲线（紊流）

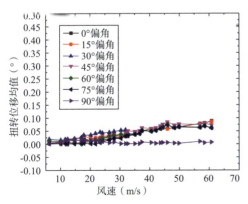

图 9.7.26 最大悬臂状态悬臂端扭转位移均值与风速的关系曲线（紊流）

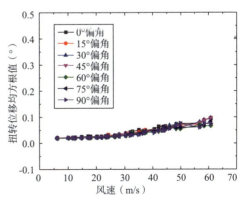

图 9.7.27 最大悬臂状态悬臂端扭转位移均方根值与风速的关系曲线（紊流）

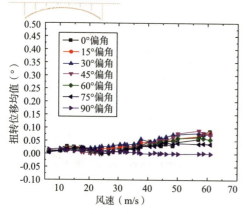

图 9.7.28　最大悬臂状态跨中 1/4 处扭转位移均值与风速的关系曲线（紊流）

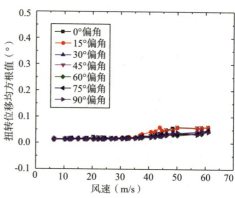

图 9.7.29　最大悬臂状态跨中 1/4 处扭转位移均方根值与风速的关系曲线（紊流）

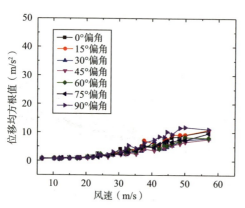

图 9.7.30　临时扣塔塔顶横桥向位移均方根值与风速的关系曲线（紊流）

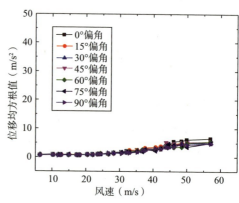

图 9.7.31　临时扣塔塔顶顺桥向位移均方根值与风速的关系曲线（紊流）

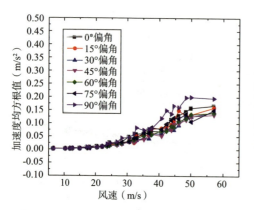

图 9.7.32　临时扣塔塔顶横桥向加速度均方根值与风速的关系曲线（紊流）

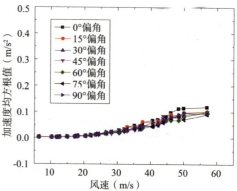

图 9.7.33　临时扣塔塔顶顺桥向加速度均方根值与风速的关系曲线（紊流）

9.8 抖振响应分析

运用有限元软件 ANSYS 对北盘江大桥的两个典型施工态进行了 0° 风攻角的抖振分析。对于钢管骨架最大悬臂状态，计算结果显示悬臂端的横向抖振位移响应最大，如表 9.8.1 所示。

悬臂端抖振位移响应　　　　　　　　　　　　　　　　表 9.8.1

关键截面	横向位移（m）	竖向位移（m）	扭转位移（m）
悬臂端	0.702	0.075	0.0031

对于形成混凝土拱圈状态，拱顶处的抖振位移响应和拱脚处的抖振内力响应最大，分别如表 9.8.2 和表 9.8.3 所示。

拱顶处抖振位移响应　　　　　　　　　　　　　　　　表 9.8.2

关键截面	横向位移（m）	竖向位移（m）	扭转位移（rad）
拱顶	0.1955	0.3574	0.005

抖振内力响应　　　　　　　　　　　　　　　　　　　表 9.8.3

关键截面	轴力（kN）	弯矩 M_y（kN·m）	弯矩 M_z（kN·m）
拱顶处	68.52	130841.00	810.91
拱脚处	88.47	394190.89	3454.69

考虑到钢管骨架最大悬臂状态下悬臂端的抖振横向位移较大，可能影响施工安全，为了分析风缆对最大悬臂施工状态的抖振控制效果，分别在 1/4 拱跨处、3/8 拱跨处沿顺桥向方向左右两边对称加设斜向抗风缆进行抖振位移计算，考虑了四种基本方案。

方案一：1/4 拱跨处加上抗风缆，另一端锚固在交界墩底部。
方案二：3/8 拱跨处加上抗风缆，另一端锚固在交界墩底部。
方案三：1/4 拱跨处加上抗风缆，方向与水平面大致呈 45°。
方案四：3/8 拱跨处加上抗风缆，方向与水平面大致呈 45°。

施工中抗风缆虽为临时风缆，考虑到北盘江大桥所处的特殊地形，施加的抗风缆长度较大，故风缆截面积大小与 S1 的拉索的面积相同，取为 22.3cm²。设置风缆具体方案如图 9.8.1 所示。

a）方案一

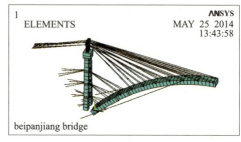

b）方案二

c）方案三

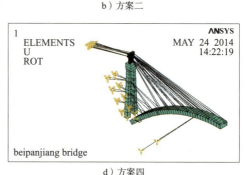

d）方案四

图 9.8.1 风缆方案

原结构和加风缆后最大悬臂端横向抖振位移响应随风速变化的情况如图 9.8.2 所示。

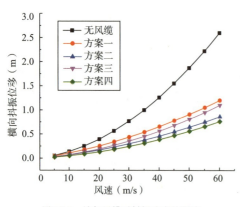

图 9.8.2 施加风缆对抖振响应的影响

从图 9.8.2 可以发现，抗风缆锚固在交接墩底部和斜向与水平面呈 45°对该施工状态一阶横向频率的提高效果明显，但两者提高的比例差别不大。从整体上看，施加抗风缆对抑制抖振横向位移的效果明显，各种方案中提高幅度最小也达 46.4%，方案四的抑振效果最好。施加抗风缆后，拱脚处的抖振内力响应值变大，相对而言，四种方案的抖振响应值差别不大。

CHAPTER 10
第 10 章

减少峡谷风对高速运行影响的措施

MEASURES TO REDUCE THE IMPACT OF CANYON WINDS ON HIGH-SPEED OPERATION

DESIGN PRINCIPLES OF
LONG SPAN
**REINFORCED CONCRETE ARCH BRIDGE
ON HIGH SPEED RAILWAY**

CHAPTER 10

10.1　概述

峡谷风是因经过山区而形成的地方性风。当空气由开阔地区进入山地峡谷口时，气流的横截面积减小，由于空气质量不可能在这里堆积，于是气流加速前进，从而形成强风效应。

列车过桥时，由于列车的阻风面积较大，在风荷载作用下结构的气动性能与无车时可能有较大的变化，这一方面可能导致桥梁在一定的风速下发生明显影响的抖振响应；另一方面，又影响列车过桥时的车桥动力响应，或者说，列车过桥时由于风的脉动效应产生的车桥动力响应往往有可能对列车运行安全造成重大影响。

要准确考虑风－车－桥之间的相互耦合作用是非常困难的，因为风荷载和列车荷载共同作用下的车桥系统振动分析是一个非常复杂的问题。一方面，列车过桥时列车–桥梁系统本身的振动分析就是一个复杂时变力学系统；另一方面，风对桥梁与列车的作用，以及作用在桥梁和列车上的风荷载的计算也是非常复杂的空气动力学问题。

与普速铁路相比，风对高速铁路的运营影响更大。为避免峡谷风效应对高速列车运营安全的影响，桥梁设计时，需要采用仿真计算分析峡谷风对列车运行速度的影响。为减小峡谷风对列车运行速度的影响，可以采用在桥面两侧安装风屏障、导风栏杆等措施。风屏障的功能主要是阻挡侧向风对高速运行的列车的作用，防止列车倾覆。导风栏杆的功能主要是将易引起列车倾覆的侧向风大部分转为不会引起列车倾覆的逆车向或顺车向风。

北盘江大桥采用在桥面两侧安装导风栏杆，减少峡谷风对列车运行的影响。

10.2　导风栏杆设计

北盘江大桥导风栏杆由一排竖向布置的栅栏式叶片构成，遮挡一部分横向风的同时，可使大部分横向风通过斜向叶片转成纵向风，从而达到减少风对列车横向作用的目的；竖向栅栏式叶片上部用一根水平钢管串联在一起，又能起到人行栏杆的作用。由于该装置既是栏杆，又能使风转向，故取名为导风栏杆。安装时如果让导风栏杆斜向布置叶片与列车的行进方向一致，车上的乘客可以透过栅栏看见窗外景色，避免了采用风屏障对乘客视线的遮挡，提高了乘客的舒适性。导风栏杆用高强度镀锌钢板制成，造型整齐优美，坚固耐用，在高速铁路上具有很好的推广应用前景。

北盘江大桥导风栏杆由上、下两部分构成。上部为高强度镀锌钢板结构，高度2.0m，下部为钢筋混凝土基座，高度1.0m。上、下结构均以10°外倾角向外倾斜，如图10.2.1所示。

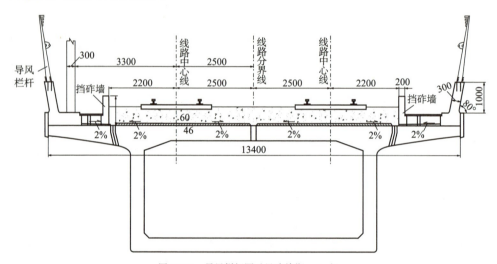

图10.2.1　导风栏杆图（尺寸单位：mm）

钢筋混凝土基座与人行道竖墙（或接触网立柱基座）一起浇筑，与梁体固结。浇筑基座混凝土时，预埋高强度镀锌钢片的连接件，高强度镀锌钢片采用螺栓与基座连接。高强度镀锌钢片沿桥面纵向的间距为0.5m，安装时将高强度镀锌钢板插入预埋的耳板内，拧紧螺栓即可，如图10.2.2所示。

导风栏杆主要技术参数如表10.2.1所示。

导风栏杆主要技术参数表　　　　表10.2.1

栏杆间距（mm）	类型	高度（mm）	透风孔直径（mm）	上部倒角（°）	导风面宽度（mm）
600	1	3000	25	30	420

续上表

栏杆间距（mm）	类型	高度（mm）	透风孔直径（mm）	上部倒角（°）	导风面宽度（mm）
600	2	3000	30	40	420
	3		30	30	420
	4		30	30	480
800	1	3000	25	30	420
	2		30	40	420
	3		30	30	420
	4		30	30	480

图 10.2.2　桥上导风栏杆

10.3　风洞试验

10.3.1　第一组导风栏杆

主梁节段模型采用 1∶30 的几何缩尺比，模型长 $L=2.095$m，宽 $B=0.4467$m，高 $H=0.1333$m，用红松木和层板制作，如图 10.3.1 所示；风障按 1∶30 的比例采用塑料板整体雕刻制作。

a）无导风栏杆模型　　　　　　　　　b）有导风栏杆模型

图 10.3.1　第一阶段导风栏杆风洞试验模型

试验在西南交通大学单回流串联双试验段工业风洞（XNJD—1）第二试验段中进行，该试验段断面为 2.4m（宽）×2.0m（高）的矩形，最大来流风速为 45m/s，最小来流风速为 0.5m/s。试验段中设有专为桥梁节段模型静力三分力试验用的侧壁支撑及测力天平系统，由计算机控制的模型姿态角 α（来流相对于模型的攻角）调整机构的角度变化的范围为 ±20°，变化间隔最小为 0.1°；用于测量静力三分力的三分量应变式天平其设计荷载为：阻力 $F_D=500N$，升力 $F_L=1200N$，俯仰力矩 $M_Z=120N\cdot m$。数据采集由美国 PSI 公司生产的 780B 数据采集系统完成。节段模型端部直接安装在三分力测试天平上，为了保证二元流动，在主梁模型两端设置端板，并将试验支架置于洞壁外，以避免流场受到干扰。在模型前方不干扰流场处设置风速仪，用来监控风洞内的风速。

试验在均匀流条件下进行，试验攻角为 $\alpha=0°$。对北盘江大桥主跨标准梁段在不同风障下进行试验，测试整体主梁在 0° 攻角下的三分力系数，测试风速分别为 15m/s 和 18m/s，并考虑了迎风侧列车的影响。

设置导风栏杆和不设置导风栏杆时主梁和列车的静力三分力系数实测值如表 10.3.1 所示。

第一组导风栏杆主梁和列车的静力三分力系数实测值　　　　表 10.3.1

导风栏杆设置	列车状况	三分力测试内容	阻力系数	升力系数	力矩系数
无导风栏杆	无列车	主梁	1.3589	1.0160	0.2486

续上表

导风栏杆设置		列车状况	三分力测试内容	阻力系数	升力系数	力矩系数
无导风栏杆		有列车	主梁+列车	3.0147	−0.0305	−0.0191
			主梁	1.6463	−0.1411	−0.0193
			列车	1.3819	0.5317	0.0047
间隔0.6m	类型1	无列车	主梁	2.6047	0.6747	0.3310
		有列车	主梁+列车	3.5416	−0.2265	0.0692
			主梁	2.4129	−0.3165	0.0787
			列车	1.1398	0.4327	−0.2202
	类型2	无列车	主梁	2.6826	0.6860	0.3418
		有列车	主梁+列车	2.9622	−0.3750	0.0212
			主梁	1.8117	−0.4633	0.0332
			列车	1.1618	0.4241	−0.2761
	类型3	无列车	主梁	2.8286	0.6145	0.3272
		有列车	主梁+列车	3.4850	0.2850	0.0916
			主梁	2.4932	0.1866	0.1092
			列车	1.0015	0.4728	−0.4064
	类型4	无列车	主梁	2.4666	0.6991	0.3279
		有列车	主梁+列车	2.9737	−0.0333	0.0334
			主梁	1.7305	−0.1235	0.0414
			列车	1.2554	0.4335	−0.1862
间隔0.8m	类型1	无列车	主梁	2.2728	0.8103	0.3118
		有列车	主梁+列车	3.4039	0.2374	0.0461
			主梁	2.0982	0.1338	0.0519
			列车	1.3186	0.4978	−0.1345

续上表

导风栏杆设置		列车状况	三分力测试内容	阻力系数	升力系数	力矩系数
间隔 0.8m	类型 2	无列车	主梁	2.2684	0.7704	0.3175
		有列车	主梁 + 列车	2.6114	0.3845	−0.0245
			主梁	1.4046	0.2802	−0.0162
			列车	1.2186	0.5014	−0.1935
	类型 3	无列车	主梁	2.3344	0.7536	0.3177
		有列车	主梁 + 列车	3.2385	0.0839	0.0469
			主梁	2.0825	−0.0171	0.0562
			列车	1.1674	0.4853	−0.2154
	类型 4	无列车	主梁	2.1270	0.8018	0.3119
		有列车	主梁 + 列车	2.8000	0.3402	−0.0215
			主梁	1.4956	0.2565	−0.0156
			列车	1.3172	0.4026	−0.1373

从表 10.3.1 可以发现，安装桥面导风栏杆后，在相同风场作用下，由于导风栏杆的遮挡，使得主梁和列车的三分力系数发生改变。总体而言，导风栏杆使主梁的阻力系数增大，列车的阻力系数减小，因而对桥梁受力不利，但对列车受力有利。安装导风栏杆后车辆的阻力系数下降幅度较小，无导风栏杆时，车辆阻力系数为 1.3819，设导风栏杆后，车辆阻力系数为 1.1398~1.3186，因而车辆的动力响应仅略有改善。设置导风栏杆，列车上受到的风力最大可以减小 28% 左右。但随着挡风栏杆的间距变大，挡风屏的挡风效果下降，即间距 0.6m 的效果优于间距 0.8m 的。

10.3.2 第二组导风栏杆

针对第一组导风栏杆使车辆的阻力系数下降幅度不大的情况，在导风栏杆下部设置高 1.0m 的实体护墙和不设置实体护墙的风洞对比试验，并将导风栏杆间距减小为 0.5m，如图 10.3.2 所示。

减少峡谷风对高速运行影响的措施 第 10 章

a）下部封闭

b）下部不封闭

图 10.3.2　第二阶段导风栏杆风洞试验模型

导风栏杆间距减小为 0.5m 且下部设置高 1.0m 的实体护墙与不设置实体护墙时主梁静力三分力系数值如表 10.3.2 所示。

第二组导风栏杆主梁和列车的静力三分力系数实测值　　表 10.3.2

导风栏杆状态	列车状况		三分力测试	阻力系数	升力系数	力矩系数
设置实体护墙	单侧有车	迎风向	主梁	2.5454	0.3566	0.2305
			列车	0.3848	0.5201	−0.0381
		下风向	主梁	2.5047	0.3883	0.2462
			列车	0.1054	0.1117	0.0470
	双侧有车	迎风向	列车	0.4382	0.5232	−0.0451
		下风向	列车	0.1085	0.1474	0.0057
		主梁	主梁	2.5240	0.3300	0.2313
不设置实体护墙	单侧有车	迎风向	主梁	2.3225	0.2331	0.1691
			列车	1.2265	0.4332	−0.2639
		下风向	主梁	2.3765	0.2870	0.2338
			列车	0.5605	0.4520	−0.0995
	双侧有车	迎风向	列车	1.2396	0.4537	−0.2736
		下风向	列车	0.3140	0.2825	−0.1122
		主梁	主梁	2.3883	0.2199	0.1848

由表 10.3.2 与表 10.3.1 对比可以发现，导风栏杆不设置实体护墙时，间距由 0.6m 改为 0.5m，对列车的挡风效果差别不大，没有明显改善。与导风栏杆下部不设置高 1.0m 的实体护墙相比，设置实体护墙后，主梁的阻力系数由 2.4129 增大为 2.5454，列车的阻力系数由 1.1398 减小为 0.3848，列车所受风荷载明显降低，因而车辆的动力响应较优化前明显改善。

10.4 风-车-桥耦合动力分析

北盘江大桥为上承式混凝土拱桥，建成后桥梁刚度很大，分析风的作用主要考虑风对列车运行的影响，而不是对桥梁结构的影响。因此，参考公路桥梁抗风设计指南及风洞试验结果，拟定作用于桥梁的平均风速和结构的气动参数，分别按桥面风速为 15m/s、20m/s、22.5m/s 和 25m/s 计算。根据桥址处风速谱密度函数，通过数字模拟方法获得考虑了空间相关性的作用于主梁的脉动风速场。根据结构的气动参数，计算作用于桥梁和列车上的风荷载。把静风荷载作为桥梁外荷载，计算桥面变形，进而确定相应的轨面变形，将此轨面变形与线路不平顺叠加形成新的复合不平顺作为风车桥耦合振动分析的激励源。分析风荷载和列车荷载共同作用下风-车-桥耦合振动响应，其中桥梁受脉动风荷载，静风荷载的影响通过对桥梁施加初始变形实现，列车车体受稳态风荷载。

10.4.1 第一组导风栏杆

根据静力三分力系数实测值，选用间距 0.6m 和 0.8m 的类型 1 和类型 4 进行风-车-桥耦合振动分析。

风-车-桥耦合动力分析表明：

（1）所有计算工况下，因桥梁跨度和自重均较大，桥梁竖、横向振动加速度远小于限值，均满足要求。不考虑脉动风影响时，北盘江大桥设计方案能够保证 CRH2 动车组以车速 160~260km/h、ICE3 动车组以车速 250~420km/h 通过时的安全性和舒适性。

（2）风场作用下，车辆响应超限主要体现在车体加速度和轮重减载率两项指标上，其中，不设导风栏杆时，桥面平均风速 20m/s 条件下，CRH2 动车组建议限速 200km/h，ICE3 动车组则不限速；桥面平均风速超出 20m/s 后，计算车速范围内行车安全和乘坐舒适指标均超限。设导风栏杆后，在相同风场作用下，由于导风栏杆的遮挡，使得主梁和列车的三分力系数发生改变，导风栏杆使主梁的阻力系数增大，列车的阻力系数减小，因而对桥梁受力不利，但对列车受力有利；设置导风栏杆后车辆的阻力系数下降幅度较小，其中，无导风栏杆时，车辆阻力系数为 1.3819，设导风栏杆后，车辆阻力系数为 1.1398~1.3186，因而车辆的动力响应仅略有改善。

对不同导风栏杆间距和方案的对比分析可以知道，间距 0.6m 导风栏杆方案，桥面平均风速 22.5m/s 时 CRH2 建议限速 160km/h，ICE3 不限速；桥面平均风速 25m/s 时，计算车速范围内行车安全和乘坐舒适指标均超限。其他导风栏杆设置方案在桥面平均风速 22.5m/s 时，计算车速范围内行车安全和乘坐舒适指标均超限。建议采用间距 0.6m 导风栏杆。

10.4.2　第二组导风栏杆

鉴于第一组间距 0.6m 导风栏杆方案已经能够满足桥面风速 15m/s 和 20m/s 条件下的行车安全和乘坐舒适，因此，仅分析导风栏杆下部设置高 1.0m 的实体护墙后桥面风速 22.5m/s 和 25m/s 条件下的桥梁和车辆动力响应。

导风栏杆下部设置高 1.0m 的实体护墙后，在桥面平均风速 22.5m/s 和 25m/s 时，桥梁最大动挠度为 14.551mm，拱上连续梁最大横向位移为 40.586mm，所有工况下桥梁振动加速度均满足要求。根据车辆动力响应计算，所有工况下车体竖向加速度最大值为 $1.15m/s^2$，满足 $1.3m/s^2$ 的限值要求；车体横向加速度最大值为 $0.962m/s^2$，满足 $1.0m/s^2$ 的限值要求；脱轨系数最大值为 0.560，减载率最大值为 0.472，满足脱轨系数 0.8 和减载率 0.6 的行车安全性要求。当桥面平均风速大于等于 22.5m/s 且车速大于等于 220km/h 时，横向乘坐舒适度为合格，其余所有工况旅客乘坐舒适度均达到优或良。列车受到的气动力与不设置实体护墙相比下降 25%~34%，列车受到的横风力仅为第一组其他几种导风栏杆时的 50%。综上所述，导风栏杆下部设置高 1.0m 的实体护墙后桥梁和车辆动力性能在桥面平均风速 25m/s 及以下时均满足规范要求，能够保证列车安全舒适运行。

CHAPTER 11
第 11 章

现场缩尺模型试验
FIELD SCALE MOOEL TEST

DESIGN PRINCIPLES OF
LONG SPAN
REINFORCED CONCRETE ARCH BRIDGE ON HIGH SPEED RAILWAY

CHAPTER 11

11.1 概况

北盘江大桥钢筋混凝土拱圈采用劲性骨架法进行施工。先悬臂架设钢管骨架，钢管骨架合龙形成钢管骨架拱后，顶升压注钢管内 C80 混凝土形成钢管混凝土劲性骨架，以钢管混凝土劲性骨架为支撑浇筑其外包 C60 混凝土形成混凝土箱形拱圈。

混凝土箱形拱圈采用纵向分段、横向分环逐步浇筑成形，结构体系转换次数多，结构的刚度与强度是逐步形成的。加之北盘江大桥跨度大、施工周期长、施工阶段多、混凝土龄期差别大，在施工过程中结构的内力、应力不断发生变化，使得拱圈结构的受力行为极其复杂，可供参考的工程实例很少。为此，在现场进行了拱圈施工模型试验，模拟拱圈施工关键工序，准确和深入地研究拱圈结构在施工过程中的受力特点及变形规律，验证结构设计及施工方案的合理性，确保拱圈在施工过程中的安全性。

11.2 模型设计与材料

11.2.1 相似比的确定

若采用大比例的相似比（如 1/3~1/2）来进行模型设计无疑可以更真实地反映实际结构的受力状态。但模型比例大，材料用量大，试验费用高，还要考虑现场试验场地的限制。采用较小比例的相似比（1/10），模型的尺寸小，材料用量小。但模型尺寸过小，不仅给模型制作带来很大的困难，受材料尺寸效应影响，也难模拟实际结构的受力状态。综合多方面因素考虑，模型试验采用 1/7.5 的相似比，遵循材料相同、应力等效原则进行模型设计。

11.2.2 模型设计

采用与原型结构相同材料的情况下，原则上模型的几何尺寸应该严格按照相似比 1/7.5 进行缩小。模型净跨度为 59.333m，净矢高 13.413m，拱轴系数 $m=1.612$。

考虑到拱箱的结构形式，拱肋断面若按照 1/7.5 进行缩小，缩小后的局部构造几何尺寸太小，在模型制作和施工上有困难。考察到钢管混凝劲性骨架外包混凝土施工过程中结构的受力安全性及拱肋的变形，将钢管骨架简化为钢管直径 102mm、壁厚 3.5mm，采用 20mm×20mm×4mm 角钢作为钢管骨架连接系，并将设计的每一根连接杆件的 4 根角钢简化为 2 根。

除合龙段以外，钢管骨架每半跨分 21 个阶段，三大段分别整体制作拼装。外包混凝土截面为等高变宽单箱三室结构，高 1.2m，其中：等宽段宽 2.4m，腹板厚度 0.075m，中箱顶底板厚度 0.08m，边箱底板厚度 0.087~0.107m；变宽段宽 2.400~3.730m，腹板厚度 0.075m，中箱顶底板厚度 0.080m，边箱底板厚度 0.12~0.147m，边箱顶板厚度 0.107~0.120m。

拱箱宽度从拱脚到等宽段为线性变化。模型与实际结构的几何尺寸相似常数 $C_L \approx 1/7.5$。模型采用与实际结构相同的材料（混凝土和钢材），因而材料的物理相似常数为 $C_E = 1.0$，$C_\mu = 1.0$。按相似理论可推导出材料容重相似常数 $C_r \approx 7.5$，即模型材料的容重应为原型的 7.5 倍。为了解决这一问题，试验采用了恒载补偿办法，即每次浇筑混凝土时施加 6.5 倍混凝土重力的附加荷载。模型与实际结构间存在如下关系：模型上测得的应力与实际结构的应力几乎相同，实际结构的位移约为模型测试位移的 7.5 倍。

模型拱肋混凝土材料采用与原桥力学性能相同的材料，钢筋的布置以配筋率等效为原则进行设计。由于实际结构的横隔板较多，使模型施工难度大，考虑到横隔板对结构总体的受力行为影响不大，为了方便模型制作，模型只在箱形梁等宽和变宽交界处设置横隔板，其他截面不设横隔板。

缩尺后外包混凝土局部尺寸偏小，难以施工，对截面局部构造进行了调整。主要有：为确保混凝土保护层厚度，拱顶 59.333m 段中箱顶、底板均向拱箱内偏移 1cm，拱顶 21.672m 段边箱顶、底板均向拱箱内偏移 1cm；受模型外包混凝土尺寸限制，除拱脚 2.700m 段部分截面采用双层配筋外，其余拱圈顶板、底板、腹板及横隔板均采用单层配筋；拱圈拱脚 2.700m 段中箱顶板和边箱底板采用双层钢筋，为保证混凝土保护层厚度，中箱顶板、底板均向箱内侧增厚 1cm；拱圈腹板按照 1/7.5 的相似比缩尺后，厚度过小，不能满足钢筋保护层厚度的要求，调整腹板最小厚度为 7.5cm，并横向调整腹板位置以使腹板中心与"角钢＋纵向主筋＋竖向主筋"中心一致，即腹板两侧混凝土保护层厚度相同。经计算，上述调整引起的截面惯性矩及面积的变化可忽略不计。

在外包混凝土的浇筑过程中，需要对拱圈结构张拉扣索以抵消拱圈结构的不平衡力。实际桥梁的交界墩在拱圈施工过程中可作为扣塔使用，模型试验不涉及交界墩的模拟，因此，扣塔需根据扣索力重新设计，以保证扣塔结构安全为主。模型扣塔由两根 H 型钢和一根钢管组成，H 型钢与钢管之间采用槽钢连接形成稳定的三角形结构，在两根 H 型钢之间架设锚梁。通过索力优化和等效，将模型一侧扣塔的扣索简化为 4 根 2-7ϕ5 高强度低松弛钢绞线，扣索 K1 和 K2 左右各一根。扣索下端锚固在拱圈下方的扣索分配梁上，其中，扣索 K1 锚点位于钢管骨架 9 号扣点处，扣索 K2 锚点位于钢管骨架 15 号扣点处，各扣索分别与对应锚点处的拱轴线垂直。为了防止扣塔因扣索力产生较大的变形而发生失稳破坏或对扣塔底部固定结构造成破坏，每根扣索相应设置一根锚索以抵消水平分力，锚索为 4 根 2-7ϕ5 高强度低松弛钢绞线，其下端埋入重力式锚碇中。锚索力与扣索力分别会使扣塔产生方向相反的水平位移，在模型的施工与加载过程中，扣塔会不断向拱圈一侧偏移，因此，需要在试验过程中控制扣索力与锚索力，使扣塔的变形处于允许范围内，保证扣塔结构在试验中的安全。

11.2.3 模型材料

根据模型设计原则和试验研究，需要采用与实际结构相同的材料进行模型制作，即满足 $C_E=1$ 和 $C_\mu=1$。但受材料、加工以及现场施工条件等因素的限制，部分材料有所调整，模型与实桥主要材料对照如表 11.2.1 所示。

模型与实桥主要材料对比　　　　　　　　　　　表 11.2.1

分部工程	模　型	实　桥
劲性骨架钢管	Q345B	Q370qC
连接系角钢、节点板、加劲肋	Q235B	Q345B
管内混凝土	CGM 桥梁专用高强自密实砂浆	C80 混凝土
外包混凝土	C60 细石混凝土	C60 混凝土
拱圈钢筋	主筋：HRB335 分布筋：HPB235	主筋：HRB335 分布筋：HPB235

由于无法购买到与实桥强度等级一致的制作模型钢管骨架的钢材,因此分别采用Q345B和Q235B钢材代替。由于模型试验并非破坏性试验,通过模型计算分析,在拱圈结构的施工过程中这一部分材料的受力远未达到其屈服强度,并且钢材在弹性变形阶段内弹性模量E、泊松比μ均为常数,对模型试验的结果不会产生影响。

实桥劲性骨架的钢管内混凝土强度等级为C80,其粗集料粒径为5~20mm,且流动性较差。根据几何相似比缩尺后,钢管骨架的钢管内径仅为94mm,如采用实桥混凝土材料无法实现钢管内混凝土压注施工。

试验最初拟选用细石混凝土,若能实现施工,可获得良好的试验效果。为防止在灌注过程中发生堵管现象,提出了两种施工方案:第一种方案为"泵送顶升法",即利用混凝土输送泵将混凝土从拱脚处向拱顶灌注,但考虑到钢管内径较小,极易在泵送过程中产生爆裂,为确保劲性骨架的安全放弃了此种方案;第二种方案为"位能法",即利用混凝土自身的重力势能从拱脚处压入钢管内,为验证方案可行性进行了灌注试验,试验结果为混凝土大量堆积在拱脚处而无法进入管内。两种方案均被否定。

因此,改用砂浆替代细石混凝土,通过搜集资料和比选,砂浆型号确定为CGM桥梁专用高强自密实砂浆(以下简称"CGM砂浆")。CGM砂浆以水泥为基础结合剂,以石英砂或金刚砂作为集料,辅以高流态、微膨胀、防离析等材料配制形成,具有自流、自密、高强、无收缩等特点。砂浆材料性能试验结果如表11.2.2所示。由于CGM砂浆中不含有粗集料,其立方体抗压强度与弹性模量均低于规范给出的C80混凝土规定值,但其强度与工作性能仍可满足模型设计与施工要求。

CGM桥梁专用高强度自密实砂浆材料试验结果 表11.2.2

材料	立方体抗压强度(MPa)		弹性模量(MPa)	初始流动度(mm)	30min流动度保留值(mm)
	3d	28d	28d		
CGM砂浆	43.6	66.6	3.52×10^4	373	263

模型外包混凝土各部分尺寸较小,钢管骨架的连接系角钢与拱圈钢筋排布密集,给混凝土浇筑施工造成极大困难。为满足外包混凝土浇筑施工要求,在实桥C60混凝土用料的基础上,保持水胶比不变,修改了粗集料的级配,级配

组成由 5~20mm 调整至 5~10mm，最大粒径为 9.5mm，调整前后的混凝土配合比如表 11.2.3 所示，二者的材料性能测试结果对比如表 11.2.4 所示。

混凝土每方用料量　　　　　　　　　　　　　　　表 11.2.3

类　别	水泥 (kg/m³)	砂 (kg/m³)	碎石 (kg/m³)	水 (kg/m³)	掺合料 (kg/m³)	外加剂 (kg/m³)	砂率 (%)	水胶比
模型外包混凝土	430	709	979	160	122	8.3	42	0.29
实桥外包混凝土	350	667	1088	145	150	6.0	38	0.29

注：掺合料为矿渣粉和硅粉，外加剂为减水剂

外包混凝土材料性能测试结果　　　　　　　　　　表 11.2.4

类　别	强度等级	立方体抗压强度（MPa）			弹性模量（MPa）
		3d	7d	28d	28d
模型外包混凝土	C60	48.3	62.1	73.4	3.72×10^4
实桥外包混凝土	C60	37.2	54.8	75.5	4.10×10^4

由表 11.2.4 可见，由于模型外包混凝土粗集料粒径减小，其弹性模量相比实桥外包混凝土有所降低，二者比值约为 0.91。两者的立方体抗压强度相差并不明显。

拱圈钢筋的强度等级与实桥保持一致。拱圈顶底板、外侧腹板纵向主筋采用 ϕ12mm 的 HRB335 钢筋。拱圈内侧腹板纵向主筋、横隔板主筋采用 ϕ10mm 的 HRB335 钢筋；拱圈分布筋以及拱脚实心段钢筋采用 ϕ8mm 的 HPB235 钢筋。

11.3　模型施工顺序和试验工况

根据实桥的施工过程，并简化处理得到表 11.3.1 所示模型荷载工况划分。

模型施工顺序及荷载工况划分　　　　　　　　　　表 11.3.1

荷载工况号	内　容	施工时间	测试内容
1	劲性骨架合龙	2013/9/5	各个截面竖向位移

续上表

荷载工况号	内　　容	施工时间	测试内容
2	浇筑拱脚实心段	2013/9/8	各个截面竖向位移、1号和7号钢管和混凝土应力
3	管内混凝土配重	2013/10/29	
4	灌注管内混凝土	2013/12/11	
5	浇筑边箱底板	2013/12/19	各个截面竖向位移、1号和7号钢管和混凝土应力以及2~5号截面边箱底板混凝土应力
6	边箱底板第一次配重	2013/12/30	
7	第一次张拉扣索与锚索	2014/1/26	
8	边箱底板第二次配重	2014/2/19	
9	第二次张拉扣索与锚索	2014/2/25	
10	拱脚全断面外包段-1配重	2014/3/4	
11	浇筑拱脚全断面外包段-1	2014/3/17	
12	第三次张拉扣索与锚索	2014/3/19	
13	拱脚全断面外包段-2配重	2014/3/21	
14	浇筑拱脚全断面外包段-2	2014/3/23	
15	腹板配重	2014/3/25	各个截面竖向位移、1号和7号钢管和混凝土应力以及2~5号截面腹板和边箱底板混凝土应力
16	浇筑腹板	2014/3/28	
17	边箱顶板配重	2014/3/29	各个截面竖向位移、1号和7号钢管和混凝土应力以及2~5号截面腹板和边箱顶底板混凝土应力
18	浇筑边箱顶板	2014/4/1	
19	拆除第一批扣索与锚索	2014/4/3	各个截面竖向位移、1号和7号钢管和混凝土应力以及2~5号截面腹板、边箱顶底板及中箱底板混凝土应力
20	中箱底板配重	2014/4/5	
21	浇筑中箱底板	2014/4/7	

续上表

荷载工况号	内　容	施工时间	测试内容
22	拆除第二批扣索与锚索	2014/4/8	各个截面竖向位移、1号和7号钢管和混凝土应力
23	中箱顶板配重	2014/4/10	
24	浇筑中箱顶板	2014/4/12	

北盘江大桥模型试验现场情况如图 11.3.1 所示。

a）

b）

图 11.3.1　模型试验现场照片

11.4　模型施工过程测试及控制

11.4.1　有限元模型

采用 Midas /Civil 软件建立试验模型的施工阶段有限元分析模型。钢管和钢管内混凝土单元采用共节点单元，施工阶段钢管内混凝土受到的压应力较小，钢管的紧箍力尚未发挥作用，因此不考虑钢管和钢管内混凝土的相互作用，不考虑几何非线性和材料非线性的影响。有限元模型中包含 11122 个空间梁单元，模拟拱圈中钢管、钢管骨架连接系角钢、钢管内混凝土和外包混凝土，不考虑钢管骨架节点板、拱圈加劲肋和拱圈横隔板的作用。采用 24 个受拉桁架单元模拟施工阶段中的扣背索。

按照模型试验工况划分，采用 MIDAS /Civil 软件进行施工阶段分析，按顺序依次激活或钝化相关单元组、边界条件组与荷载组。

11.4.2 模型试验配重块加载

为保证原型和模型桥的应力相似，需要对模型桥施加其自重 6.5 倍的荷载进行补偿，采用配重块加载方式实现。配重块采用底面积为 1m×2m 的素混凝土试块，高度根据配重块的质量变化而变化。考虑到试验可行性，模型以分布的集中力形式代替均布荷载。模型分为 24 段，每段设置 2 个节点施加配重块，共计 48 个配重加载节点。模型半跨共设 13 个配重块，模型结构的配重由其两侧的加载点按距离比例承担，如图 11.4.1 所示。

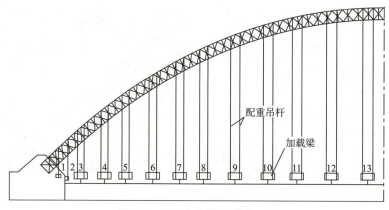

图 11.4.1　配重加载装置整体布置图
1~13 加载点编号

由于拱脚段空间的限制，1 号与 2 号加载点采用张拉精轧螺纹钢和预应力钢绞线的形式进行加载，每个加载点包含一套加载装置，施工时严格控制加载力大小，保证张拉的预应力满足设计要求。剩余加载点通过在拱肋上安装加载梁，用精轧螺纹钢筋连接拱肋加载梁和配重块加载，配重块加载梁运用杠杆原理实施加载，每个加载点左右对称各有一套加载装置。模型共计 48 套加载装置，3~13 号加载点的加载装置如图 11.4.2 所示，1 号和 2 号加载点的加载装置如图 11.4.3 所示。

模型试验配重加载分为 8 个阶段，依次为：边箱底板第一次配重→边箱底板第二次配重→拱脚全断面外包段 -1 配重→拱脚全断面外包段 -2 配重→腹板配重→边箱底板配重→中箱底板配重→中箱顶板配重。其中，边箱底板的两次配重在浇筑边箱底板混凝土后加载，其余各阶段配重均在对应混凝土浇筑前进行加载。

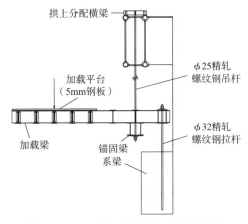

图 11.4.2　3~13 号加载点配重加载装置布置图

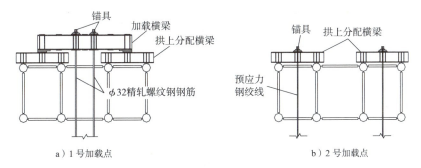

a）1号加载点　　　　　　　　　　　　b）2号加载点

图 11.4.3　1 号和 2 号加载点配重加载装置布置图

模型实际加载过程中，将钢管内混凝土的配重加载分配到边箱底板第一次配重中，即边箱底板第一次配重为钢管骨架配重＋钢管内混凝土配重＋边箱底板配重的一半—加载装置自重，边箱底板第二次配重为剩余的边箱底板配重的一半。

根据荷载等效的原则，计算得到 1 号点和 2 号加载点采用预应力加载值为 400.7kN，其余的各个加载点在不同的加载阶段的配重块的质量换算的混凝土配重块的高度如表 11.4.1 所示。

各加载点配重块在各个施工阶段高度（单位：cm）　　表 11.4.1

加载点编号	3	4	5	6	7	8	9	10	11	12	13
边箱底板第一次配重	32.6	19.4	13.0	17.4	9.5	9.2	17.1	9.8	9.8	17.2	10.8
边箱底板第二次配重	26.4	17.3	10.2	9.8	6.7	6.0	8.2	5.8	5.8	7.6	5.8

续上表

加载点编号	3	4	5	6	7	8	9	10	11	12	13
拱脚全断面外包段-1配重	44.5	—	—	—	—	—	—	—	—	—	—
拱脚全断面外包段-2配重	43.0	61.6	—	—	—	—	—	—	—	—	—
腹板配重	—	—	31.5	41.1	30.1	31.1	44.1	33.2	33.3	45.9	35.7
边箱底板配重	—	—	16.9	17.4	12.3	12.0	16.9	12.0	11.9	15.6	11.9
中箱底板配重	—	—	10.9	14.5	10.7	11.1	15.7	11.8	11.8	16.3	12.7
中箱顶板配重	—	—	11.1	14.9	11.0	11.4	16.1	12.2	12.2	16.8	13.1
合计	146.5	98.2	93.5	115.0	80.3	80.7	118.3	84.9	84.8	119.3	89.9

11.5 钢管和外包混凝土应力与位移测试

11.5.1 测试截面及测点布置

模型测试分为关键断面的应变测试和位移测试。应变测试包括劲性骨架钢管和外包混凝土应变测量，位移测试主要包括关键截面拱圈的竖向位移测试。由于模型桥钢管尺寸较小，不便于安装管内传感器，因此，应变测量不考虑钢管内混凝土的应变测量。

1) 应变和位移测点沿拱轴线布置方式

模型共设置7个应变测试截面，分别为左侧拱脚、$L/8$、$L/4$、$L/2$、$3L/4$、$7L/8$ 和右侧拱脚，应变测试截面沿拱轴线方向的布置如图11.5.1所示。

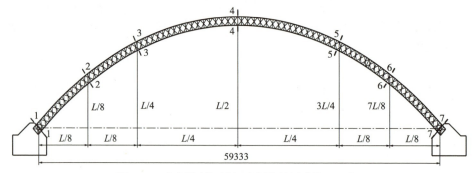

图11.5.1 应变测试截面布置示意图（尺寸单位：mm）

拱脚截面的应力较大，但是竖向位移几乎为零，因此位移测量的关键断面布置不同于应变测量断面。模型共设置 7 个位移测试截面，分别为 $L/8$、$L/4$、$3L/8$、$L/2$、$5L/8$、$3L/4$ 和 $7L/8$ 截面。位移测试截面沿拱轴线方向的布置如图 11.5.2 所示。

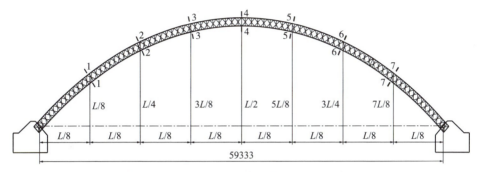

图 11.5.2　位移测试截面布置示意图（尺寸单位：mm）

2）应变测点横断面布置

各测试截面的测点横向位置分布如图 11.5.3 所示，其中 G1~G8 为钢管应变测点，H1~H14 为混凝土应变测点。每个测试截面共计 22 个应变测点，模型共计 154 个应变测点。

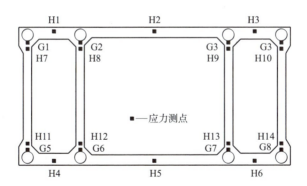

图 11.5.3　应变测试截面测点位置分布示意图

11.5.2　主要测试结果及分析

1）钢管应力测试结果及分析

第 1 荷载工况和第 2 荷载工况是对拱脚段的混凝土进行浇筑，配重及荷载对劲性骨架钢管的应力影响较小，钢管的应力在10MPa以内，其应力水平较小，由于配重的增大，从第2种荷载工况到第3种荷载工况，钢管的应力水平变化较大。为了在曲线图中能够清晰地表示第3种荷载工况以后的实测的钢管应力与理论钢管应力的对比情况，在图中省略第1荷载工况和第2荷载工况的变化，如图11.5.4~图11.5.10所示。以下图、表及文中所述"试验值"为模型试验试验值，"理论值"为模型试验有限元计算值。

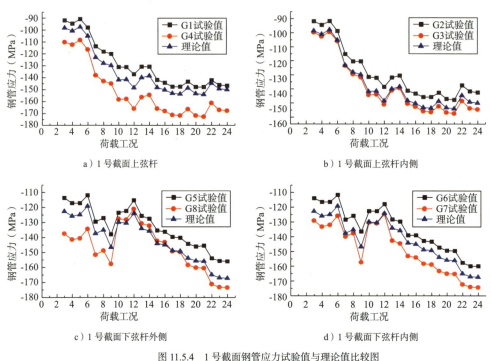

图11.5.4 1号截面钢管应力试验值与理论值比较图

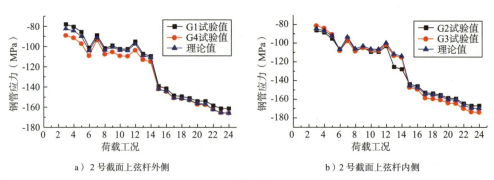

图 11.5.5

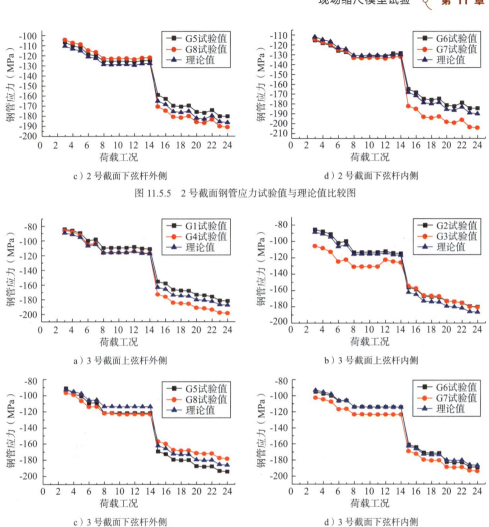

c）2号截面下弦杆外侧　　　　　　　　　　d）2号截面下弦杆内侧

图 11.5.5　2号截面钢管应力试验值与理论值比较图

a）3号截面上弦杆外侧　　　　　　　　　　b）3号截面上弦杆内侧

c）3号截面下弦杆外侧　　　　　　　　　　d）3号截面下弦杆内侧

图 11.5.6　3号截面钢管应力试验值与理论值比较图

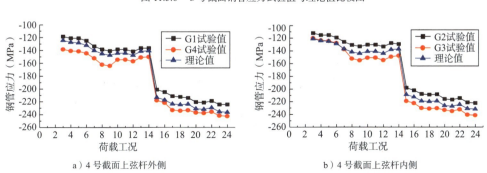

a）4号截面上弦杆外侧　　　　　　　　　　b）4号截面上弦杆内侧

图　11.5.7

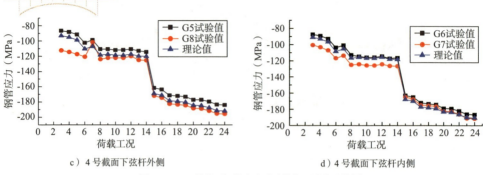

c) 4号截面下弦杆外侧

d) 4号截面下弦杆内侧

图 11.5.7　4号截面钢管应力试验值与理论值比较图

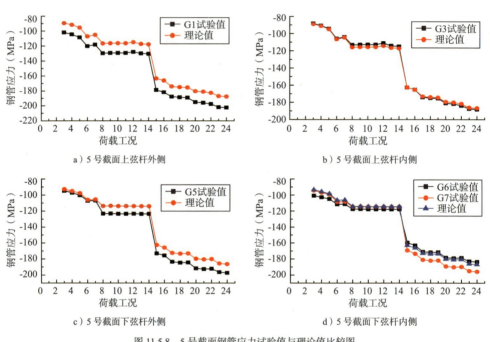

a) 5号截面上弦杆外侧

b) 5号截面上弦杆内侧

c) 5号截面下弦杆外侧

d) 5号截面下弦杆内侧

图 11.5.8　5号截面钢管应力试验值与理论值比较图

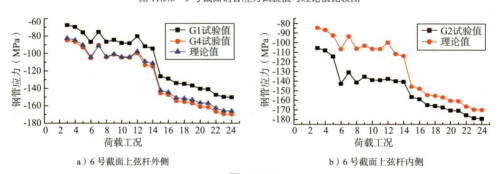

a) 6号截面上弦杆外侧

b) 6号截面上弦杆内侧

图　11.5.9

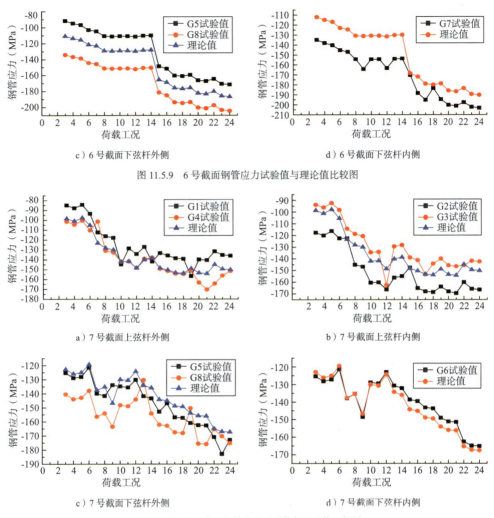

c) 6号截面下弦杆外侧　　　　　d) 6号截面下弦杆内侧

图 11.5.9　6号截面钢管应力试验值与理论值比较图

a) 7号截面上弦杆外侧　　　　　b) 7号截面上弦杆内侧

c) 7号截面下弦杆外侧　　　　　d) 7号截面下弦杆内侧

图 11.5.10　7号截面钢管应力试验值与理论值比较图

从图 11.5.4~图 11.5.10 可以看出，在整个施工过程中，1 号截面弦杆的左侧试验值大于理论值，右侧试验值小于理论值，究其原因是受到施工条件的限制，配重块加载不能满足沿垂直拱轴线方向左右同时加载，左侧先加载，右侧配重后加载，导致左侧钢管先受力，其应力比右侧大。除上弦杆外侧试验值与理论值差别较大，为理论值的 75% 外，其余工况两者相符率都在 90% 以上，吻合较好。2 号截面除下弦杆外侧在第 15 荷载工况以后弦杆左侧应力试验值大于理论值以外，其余各根弦杆钢管应力试验值和理论值相符率都在 90% 以上。

3号截面钢管应力试验值和理论值的情况与2号截面钢管应力情况类似，除3号截面上弦杆内侧右侧钢管应力试验值与理论值差别较大外，其余各根弦杆钢管应力试验值和理论值相符率都在85%以上。4号截面在第14荷载工况以前各根弦杆钢管应力试验值和理论值相符率都在80%以上，出现差异的主要原因在第3荷载工况一次性施加的配重较大，导致各个弦杆钢管的应力增加较大，但增加的速率不同，导致部分弦杆的应力试验值大于理论值，另一部分弦杆的应力试验值小于理论值，而在此后的荷载工况中施加的外界荷载较小，应力变化不大，即第3荷载工况增加的部分在后续的施工过程中被抵消的数值较小。在第14荷载工况以后各根弦杆钢管应力试验值和理论值相符率都在90%以上。5号截面除G2、G4、G8测点由于施工原因传感器被损坏不能读数外，剩余测点各根弦杆钢管应力试验值和理论值相符率都在90%以上。6号截面除G3、G8测点由于施工原因传感器被损坏不能读数外，剩余测点读数良好，但是在第14荷载工况以前各根弦杆钢管应力试验值和理论值相符率较低，在70%以上，主要原因与4号截面相同。7号截面除G7测点由于施工原因传感器被损坏不能读数外，剩余测点读数良好，各根弦杆钢管应力试验值和理论值相符率都在85%以上，吻合较好。

从图11.5.4~图11.5.10还可以看出，2~6号截面在第14荷载工况到第15荷载工况钢管的应力有较大的增幅，各个截面由-120.0~-151.0MPa增加到-150.0~-223.0MPa，增幅为-30.0~-71.0MPa。其中，跨中截面（4号截面）上弦杆的应力增幅最大，达到了-71.0MPa。1/8截面（2号截面和6号截面）上弦杆的应力增幅最小，为-30.0MPa。分析认为，可能是第15荷载工况为腹板配重阶段，模型试验中为了简化计算，没有将腹板分阶段浇筑，而是一次成型，故在第15阶段施加的配重也较大，导致2~6号截面的钢管应力增加较快，而拱脚截面此时早已经形成了全断面，混凝土已经开始受力，钢管的应力增幅不明显。考虑到第15荷载工况跨中截面（4号截面）上弦杆钢管应力增幅较大，需要特别关注钢管灌注混凝土后以及浇筑腹板阶段的钢管应力，防止钢管由于施工的不对称性产生超过设计计算的应力增幅。

由测试结果可以发现，模型桥配重块较大的荷载工况对于钢管的应力影响较大，且由于施工误差会导致各个弦杆的应力增长没有按照计算的理想状态变化，会导致同一个截面上左右两侧对称弦杆的受力不均匀，进而影响后续的施工过程，而且这种应力差别在以后施工过程中很难被消除，因此，在原型桥的施工过程中要重点监控一次混凝土浇筑量较大工况时钢管的应力变化情况。

2）混凝土应力的测试结果及分析

整个施工过程中 1~7 号截面箱梁边箱底板，腹板上、下缘，中箱底板，中箱顶板混凝土应力试验值与理论值以及实测平均值与理论值比值的比较结果如图 11.5.11~ 图 11.5.14 所示。混凝土应力的试验值和理论值均以受拉为正、受压为负，单位为 MPa。

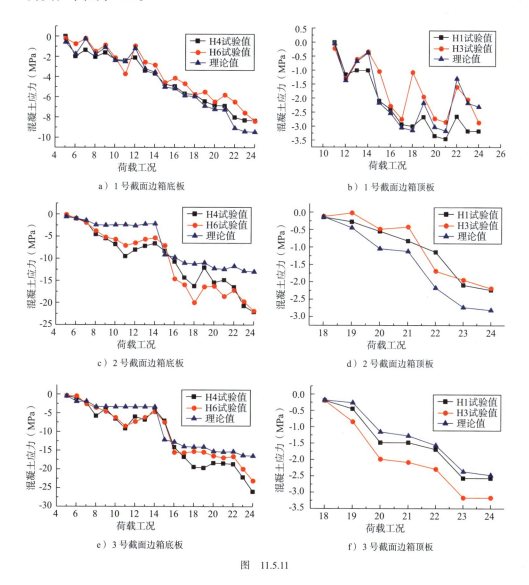

图 11.5.11

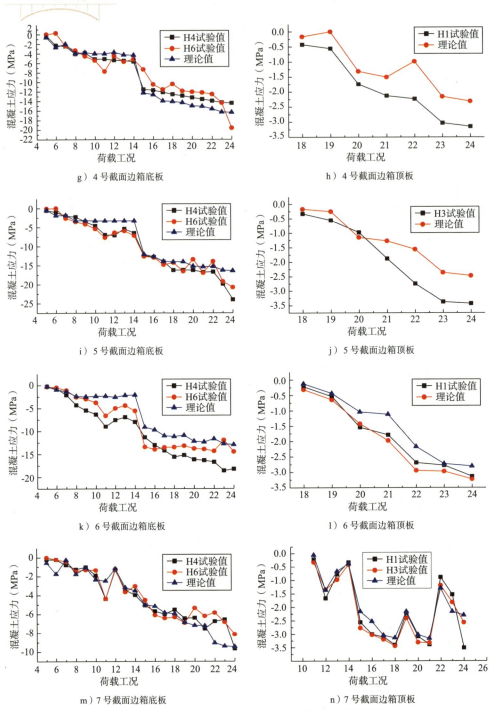

图11.5.11 边箱顶板、底板混凝土应力试验值与理论值比较图

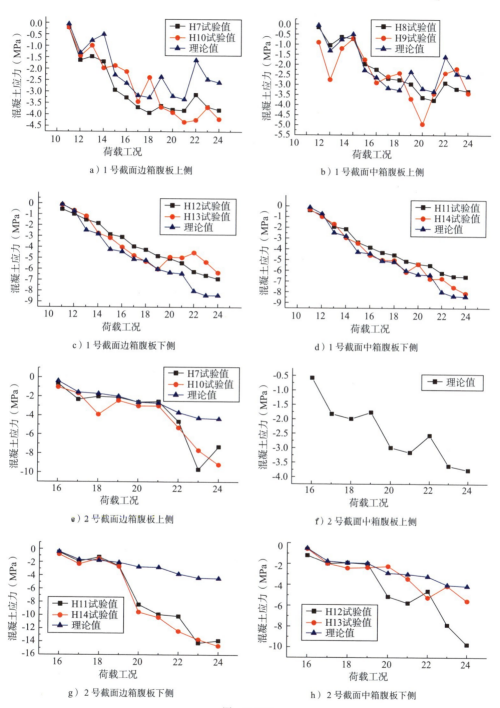

图 11.5.12

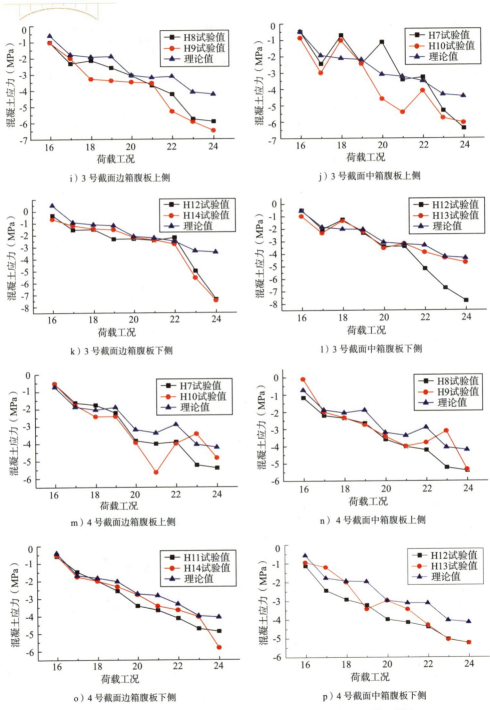

图 11.5.12 边箱、中箱腹板 1~4 号截面混凝土应力试验值与理论值比较图

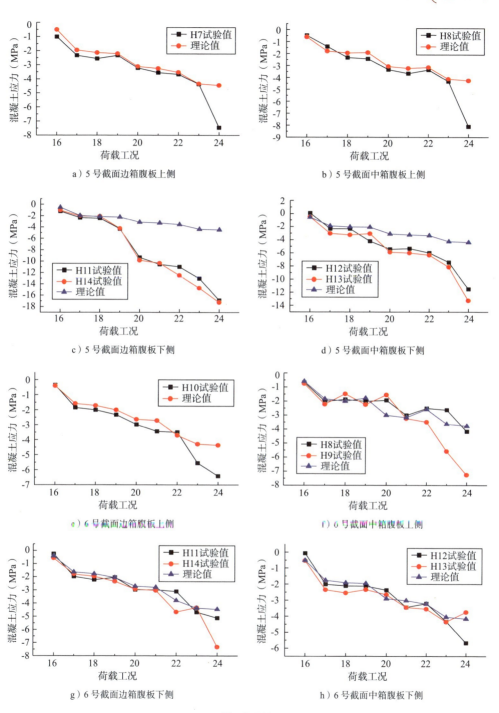

图 11.5.13

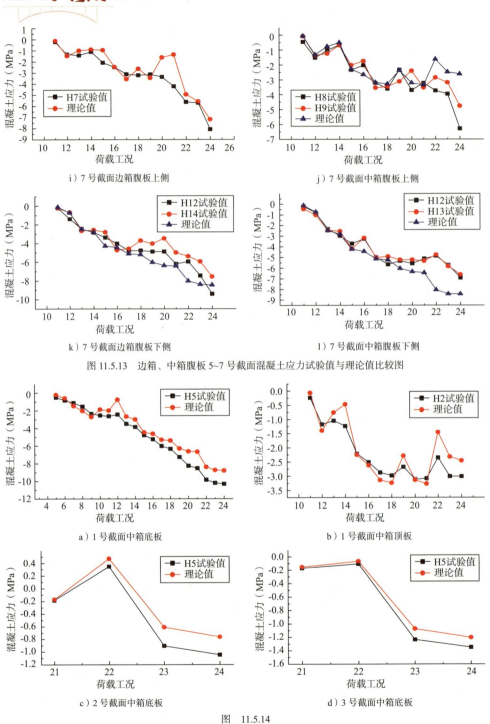

i) 7号截面边箱腹板上侧

j) 7号截面中箱腹板上侧

k) 7号截面边箱腹板下侧

l) 7号截面中箱腹板下侧

图 11.5.13　边箱、中箱腹板 5~7 号截面混凝土应力试验值与理论值比较图

a) 1号截面中箱底板

b) 1号截面中箱顶板

c) 2号截面中箱底板

d) 3号截面中箱底板

图　11.5.14

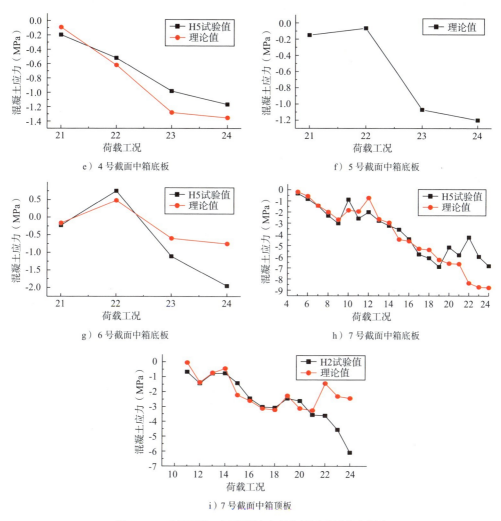

图 11.5.14 中箱顶板、底板混凝土应力试验值与理论值比较图

由图 11.5.11 可以发现，各个截面边箱底板混凝土应力从第 21 个荷载工况开始试验值大于理论值，且试验的混凝土应变呈现出较大的增长速度，在 21 个荷载工况以前，试验值与理论值相差不大，而混凝土的应变值较大的点较少。其中，最后荷载工况，试验的边箱底板混凝土应力最大，2 号截面最大值为 –22.09MPa，6 号截面最大值为 –18.22MPa，分别比理论值 –12.95MPa 大 70.6% 和 40.7%。3 号截面试验边箱底板混凝土应力最大值为 –26.02MPa，5 号为 –23.99MPa，比理论值 –16.44MPa 大 58.2% 和 45.9%。4 号试验边箱底板应力最大值为 –19.64MPa，

比理论值 –16.37MPa 大 46.9%。分析其主要原因可能是后期施工速度较快造成的，一般是上一次混凝土浇筑完毕以后 3d 左右施加配重块并浇筑下一阶段的混凝土，虽然高强度混凝土其强度随时间的增长速度较快，但是其弹性模量与理论值相比较低，且早期混凝土的收缩徐变较大，实际试验数据中没有考虑早期混凝土的收缩徐变对其应力的影响，所以其试验应变增加较快，换算得到的混凝土应力值也比理论值大。还有可能是第 22 个荷载工况测量时刻应变传感器的温度为 18.94~22.32℃，第 23 个荷载工况测量时刻应变传感器的温度为 21.16~27.12℃，第 24 个荷载工况测量时刻应变传感器的温度为 25.36~33.62℃，拱脚截面测点的温度比 1/4 截面和拱顶截面低。第 22~24 荷载工况测量时刻应变传感器的温度相对于其他测量阶段的温度高，更比参考温度 15.00℃高得多，而温度传感器自身的应变值随温度变化的修正公式不明确，测量时刻的温度值与标准温度相差越大，温度修正后结果与实际的受力差别越大。因此，进行传感器本身的温度修正时误差增大，导致试验的混凝土应变值比理论值大，由此换算的应力值也比弹性理论计算值大。

从图 11.5.12、图 11.5.13 可以发现，在第 22 荷载工况以前，试验值与理论值相差不大，理论值能够较为准确地反应荷载工况的受力情况。在第 22 荷载工况以后，由于施工速度较快，以及测试施工温度的升高对测试结果影响，导致试验值大于理论值。总体而言，除了第 22 荷载工况以后的荷载工况外，大部分测点试验值与理论值吻合较好，有限元计算结果能够正确反应外包混凝土荷载工况混凝土应力及其受力安全性。

从图 11.5.14 可以发现，中箱顶底板混凝土浇筑较晚，本身承受的外界荷载较小，除浇筑较早的拱脚截面（1 号和 7 号截面）试验最大应力值为 –10.31MPa 外，其余测点混凝土的应力都小于 –2.00MPa。试验值与理论值相差不大，且中箱顶底板混凝土的应力在整个设计阶段不起控制作用。

3）关键截面测点位移的测试结果及分析

各个荷载工况的实测竖向位移值和理论竖向位移值如图 11.5.15 所示。以钢管骨架合龙作为初始阶段，即钢管骨架合龙阶段的竖向位移为零。

从图 11.5.15 可以发现，除少数施工工况外，各关键截面位移测点的试验值和理论值的相符率一般都在 80% 左右。实测竖向位移值与理论值变化趋势相同，随着荷载工况的增加，竖向位移逐渐增大，当施加的外部荷载较大时，其竖向位移变化也较大。

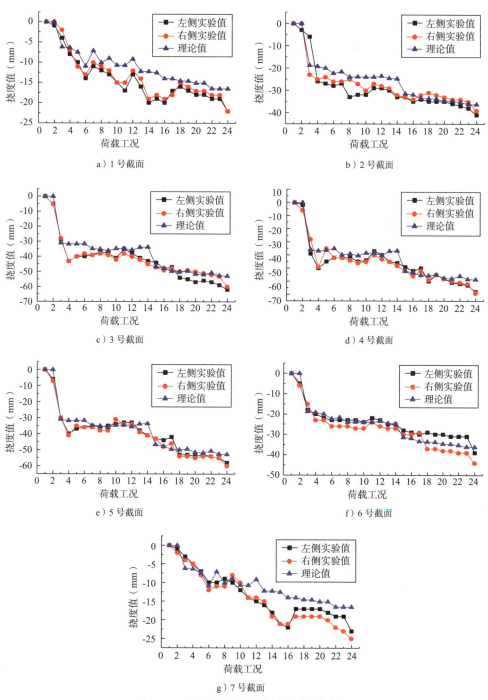

图 11.5.15 各截面竖向位移试验值与理论值比较

各截面左右两侧竖向位移变化比较一致，说明模型横桥向左右两侧没有发生扭转，该类拱的横向稳定性较好，正常施工情况下不会产生扭转效应。

大部分荷载工况下，1号截面和7号截面的试验位移值大于理论位移值，在第14和15荷载工况，试验值是理论值的1.6倍左右。分析原因是在浇筑第2段全断面外包混凝土后，配重块在混凝土强度尚未达到设计强度时施加，导致试验值大于理论值。总体来看，竖向位移试验值与理论值相符率都在80%以上，吻合较好。

2号截面和6号截面理论值和试验值总体上相差较小。其中，2号截面在第3荷载工况到第16荷载工况试验值大于理论值，第16荷载工况以后理论值和试验值差别不大。6号截面在第3荷载工况到第16荷载工况试验值和竖向位移理论值差别不大，第16荷载工况以后右侧的试验值大于理论值，左侧的试验值小于理论值，在第20荷载工况，左右侧竖向位移差别最大为8mm。分析原因是施工现场只有一辆起重机，配重只能一侧一侧地施加，不能完全按照设计要求的两侧同时对称加载，导致施工出现一定的偏差。而1号截面和7号截面离拱脚比较近，此时已经形成全断面，左右侧竖向位移相差较小。总体来看，竖向位移试验值与理论值相符率都在90%以上，吻合较好。

3号截面和5号截面竖向位移试验值和理论值相符率在90%以上，吻合较好。

4号截面在第2荷载工况到第3荷载工况实测的竖向位移突变值大于理论突变值。从第14荷载工况到第15荷载工况试验结果基本上没有突变值，而理论计算有较大突变值，但理论值和试验值相差并不大，竖向位移试验值和理论值相符率都在90%以上，吻合较好。

11.6　形成拱圈后控制截面应力和位移测试及分析

施工过程中外包混凝土控制截面的钢管和混凝土应力基本上在允许范围内，施工过程中整个拱圈受力合理，没有出现混凝土裂缝以及拱圈较大的竖向位移，说明劲性骨架外包混凝土的施工工序合理。但是由于拱圈为劲性骨架钢筋混凝土箱型拱，混凝土的收缩徐变等时变效应会引起结构的长期变形和钢管与混凝土之间的应力重分布，随着时间的推移结构的受力是否合理，以及成桥后安装无砟轨道是否安全等一系列问题还需要进一步的试验和理论验证。为了分析成桥阶段混凝土收缩、徐变以及温度效应对结构长期变形的影响，进行了长达半年的位移和应力测试，并按照实际测量时间进行了混凝土收缩徐变理论计算，以验证成桥阶段拱圈竖向位移以及钢管和混凝土之间发生应力重分布后的应力值是否在设计允许的范围内。

为验证混凝土收缩徐变对模型桥长期变形和应力重分布的影响，在弹性有限元模型的基础上，添加了外包混凝土和钢管内混凝土收缩徐变特征随时间的发展关系，按照实际测量时间间隔进行了模型桥长期收缩徐变分析。

11.6.1 长期荷载作用下钢管应力测试及分析

1~7号截面钢管应力测试结果及考虑混凝土收缩徐变后钢管应力的有限元计算结果随时间的变化如图11.6.1所示。钢管的应变仅进行了应变传感器本身的温度修正，有限元模型考虑了混凝土材料随时间变化的特性，没有考虑整体温度荷载对结构受力的影响，荷载工况的时间间隔按照实际施工过程施加。

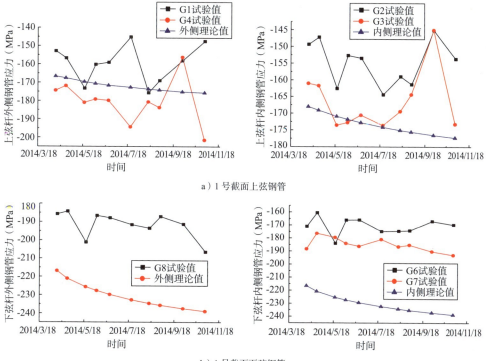

a）1号截面上弦钢管

b）1号截面下弦钢管

图 11.6.1

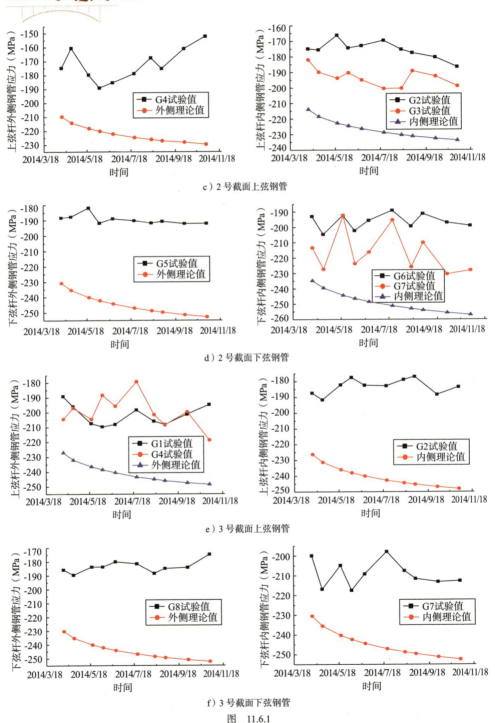

图 11.6.1

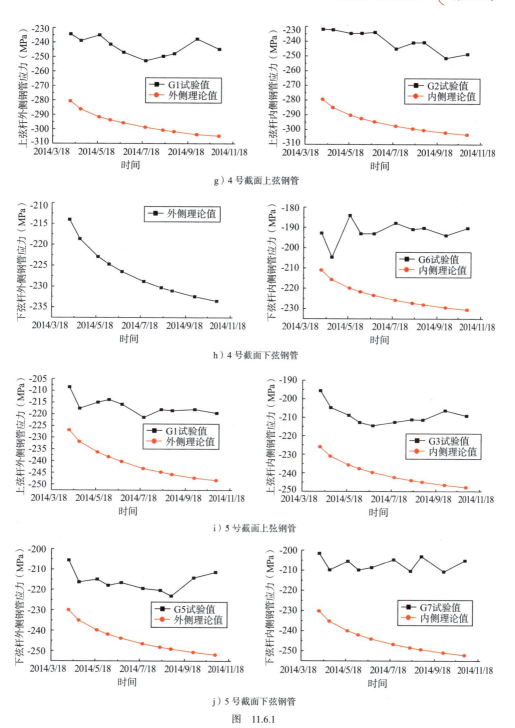

g) 4号截面上弦钢管

h) 4号截面下弦钢管

i) 5号截面上弦钢管

j) 5号截面下弦钢管

图 11.6.1

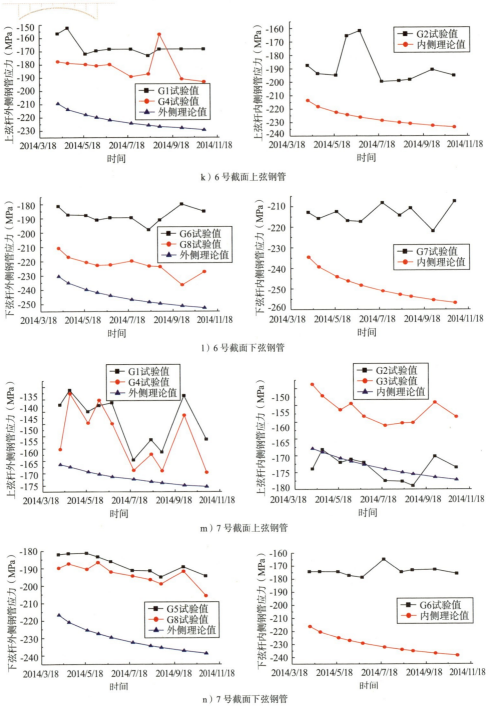

图 11.6.1 钢管应力随时间变化

从图 11.6.1 可以看出，除拱脚截面（1号截面和7号截面）试验值与理论值相差不大外，其余截面的理论值均大于试验值。其原因可能是计算采用的混凝土收缩徐变预测模型高估了模型桥混凝土的收缩徐变，由于应力重分布导致计算的钢管应力值偏大。随着时间的推移，混凝土发生收缩徐变，钢管实测应力值和理论值理论值都呈现出增加的趋势，实测的钢管应力呈现出较小的波动趋势，而理论值没有波动现象，可能是实际模型桥受外界温度变化产生的不均匀温度场引起钢管和混凝土之间产生内力重分布，而理论计算时没有考虑混凝土的温度作用。实测的钢管最大应力发生在跨中截面上弦杆内侧（4号截面），最大应力为 –248.71MPa，比考虑收缩徐变后的理论值 –303.68MPa 小 –55MPa，表明成桥后钢管的应力未达到屈服，结构受力是安全的。考虑混凝土的收缩徐变效应后理论上钢管的应力最大波动幅度发生在跨中截面，最大变化为 24MPa，实测的钢管应力最大波动幅度发生在拱脚截面（1号截面）上弦杆外侧，最大变化为 45MPa，但是，总体而言钢管应力都在屈服范围内，结构受力安全。

11.6.2 长期荷载作用下混凝土应变增量测试及分析

长期荷载作用下 1~7 号截面混凝土应变增量随时间的变化值如图 11.6.2 所示。所有的测试均是以外包混凝土浇筑完成后的测量值为初始状态，测量结果中的正值增量代表相对初始状态产生拉应变，负值增量表示相对初始状态产生压应变。

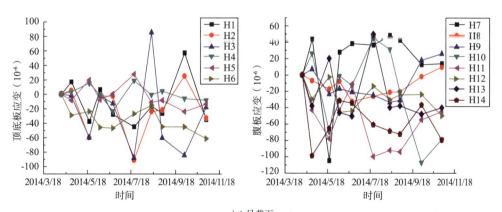

a) 1号截面

图 11.6.2

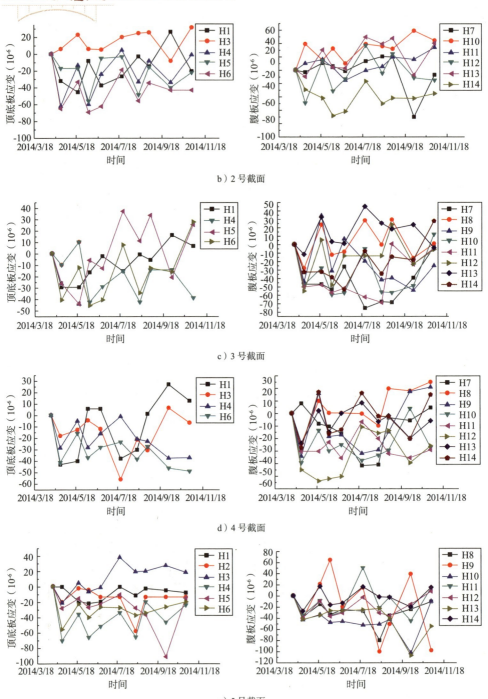

b）2号截面

c）3号截面

d）4号截面

e）5号截面

图 11.6.2

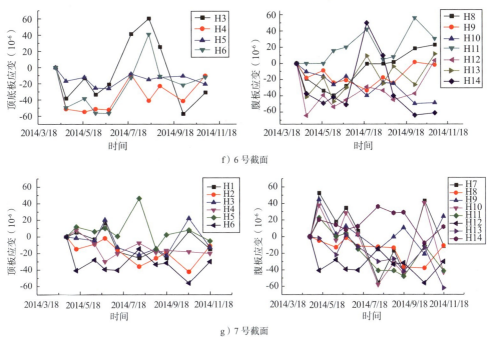

图 11.6.2 混凝土应变增量随时间变化

从图 11.6.2 可以发现，整个拱桥受到外界温度影响和混凝土收缩徐变以及收缩徐变产生的次应力和自应力的影响，混凝土的应变增量在 ±100με（即应力增量约为 ±3.72MPa）范围内波动，相对于混凝土的初始弹性应变波动幅度较小，即在外包混凝土浇筑完成后，混凝土的收缩徐变应变发展较为缓慢，可能是由于劲性骨架的施工周期较长，早期收缩徐变已经发生，后期发展相对缓慢的缘故。除 3 号截面腹板出现较大的相对拉应变以外，多数测点的应变为相对压应变。混凝土的应变与钢管的应变值不同，并不是所有测点都呈现出总体的压应变的趋势，1 号截面、4 号截面、5 号截面和 7 号截面呈现总体的压应变增加的趋势，而其他截面的应变除了较大的波动外，基本维持稳定的应变值。混凝土的收缩徐变对成桥阶段的拱圈变形有一定的影响，但是影响幅度有限。

11.6.3 长期荷载作用下竖向位移测试及分析

控制截面竖向位移随时间变化的测试结果如图 11.6.3 所示。拱圈的位移理论值为考虑混凝土收缩徐变后的控制截面的竖向位移值，没有考虑整体温度荷载的影响。

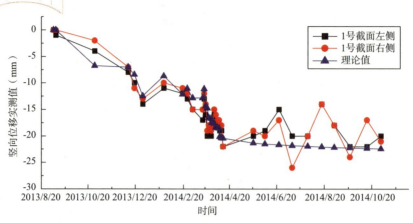

a) 1号截面

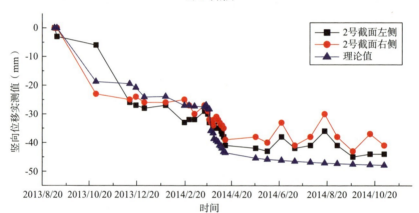

b) 2号截面

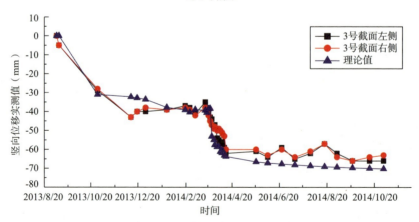

c) 3号截面

图 11.6.3

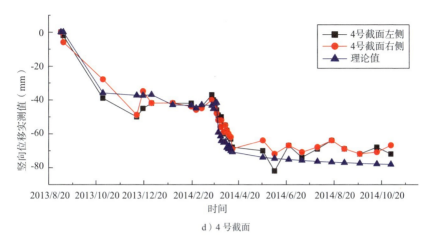

d) 4号截面

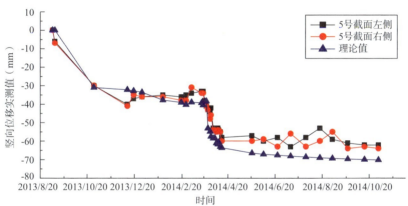

e) 5号截面

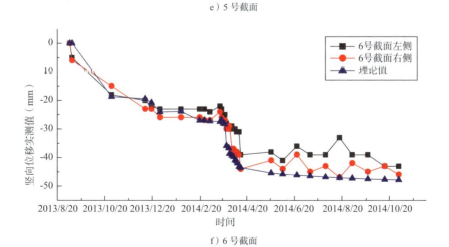

f) 6号截面

图 11.6.3

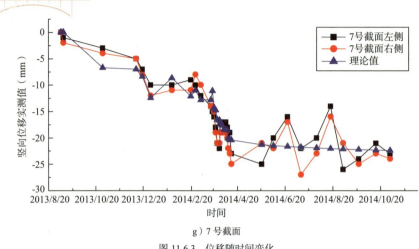

g）7号截面

图 11.6.3　位移随时间变化

从图 11.6.3 可以看出，各个截面的位移有一定的波动。拱脚附近截面（1/8 和 7/8 拱肋位置）的竖向位移波动幅度较大，成拱后的最大波动幅度约为弹性阶段的 44%；拱顶截面（4 号截面）成桥后的最大波动幅度约为弹性阶段的 22%。但是位移并没有随着时间增长而增长的趋势，位移的波动受测量误差的影响较大，主要原因是有限元计算结果显示混凝土的收缩徐变引起竖向位移的变化在 0.1mm 量级，而采用的全站仪的测量精度仅为 1mm，这势必会增大测量的误差。实测结果和有限元计算结果显示混凝土的收缩徐变对结构整体的竖向位移有一定影响，但是相对于整个弹性变形而言，影响较小。考虑混凝土收缩徐变后控制截面的竖向位移计算结果比按照弹性理论计算的结果大，实测的控制截面的竖向位移也比按弹性理论计算的结果大，因此，考虑混凝土收缩徐变后的理论计算结果与实际结果更相符。

控制截面的位移主要发生在外包混凝土的浇筑过程，成桥后的位移变化有一定幅度的波动，总体竖向位移在上下波动的同时有缓慢增加的趋势，但是增加幅度不大。各个截面左右两侧的变化趋势较为一致，证明成拱后结构整体受力一致，没有发生扭曲变形。相对于钢管应力和混凝土的应变而言，拱圈的竖向位移波动幅度较小，是外界所有因素的综合反映，测试结果受到不确定性因素的影响较小，测试结果较为准确，一定程度上能够真实反映外界温度和混凝土收缩徐变对模型结构的长期影响。

11.7 简化施工过程对试验模型结构受力的影响分析

由于模型试验将实际桥梁的施工步骤进行了合并和简化，使得模型桥的受力状态与实际桥梁存在一定差别。为从理论上验证模型试验时简化施工步骤的合理性，在考虑混凝土收缩徐变基础上，需要对简化施工步骤、非简化施工步骤模型的拱圈受力水平进行对比分析。由于整体温度荷载对模型桥的实际受力状态影响较小，只在一定程度上影响钢管和混凝土之间的内力分配，对结构整体受力影响不大，因此，以下分析不考虑整体温度荷载对模型桥拱圈受力的影响。

11.7.1 考虑收缩徐变后简化施工步骤的模型结构的受力分析

控制截面钢管和混凝土最大值应力按照考虑收缩徐变后简化施工步骤模型的计算值与理论值比较如图 11.7.1~ 图 11.7.4 所示。

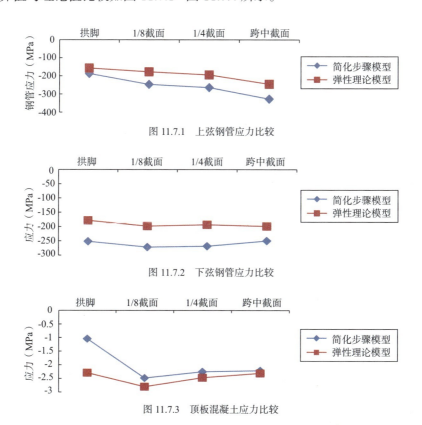

图 11.7.1 上弦钢管应力比较

图 11.7.2 下弦钢管应力比较

图 11.7.3 顶板混凝土应力比较

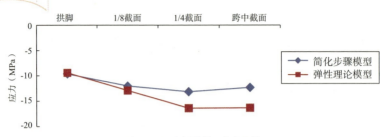

图 11.7.4 底板混凝土应力比较

考虑混凝土的收缩徐变后，混凝土的应变增加，以及拱圈截面上钢管与混凝土之间变形协调，必然导致钢管压应变增大，引起钢管的应力增加。由于整个截面上受到的外界荷载不变，混凝土的应力有所减少，即在钢管和混凝土之间产生应力重分布。施工过程中的弹性应力越大，引起的钢管应力增加越大。从图 11.7.1~ 图 11.7.4 可以发现，除拱脚截面上弦杆钢管产生的应力增量较小，为 −30MPa 以外，其他截面钢管的应力增量最大为 −70MPa 左右，约为钢管最大弹性应力的 28.5%，增幅较大。截面上发生应力重分布后，拱顶截面上弦杆钢管的应力最大，约为 328MPa，接近 Q345 钢材的屈服强度。考虑混凝土收缩徐变后，控制截面上混凝土的应力减小，混凝土收缩徐变在一定程度上有利于混凝土应力的降低，1/4 截面和拱顶截面边箱底板受到混凝土收缩徐变的影响最大，混凝土压应力最大减小量为 4.02MPa，约为混凝土弹性应力的 24.4%。

因此，考虑混凝土收缩徐变后各个截面钢管和混凝土之间将产生应力重分布，混凝土的应力减小，钢管的应力增加。钢管的应力增量较大，有接近屈服状态的趋势，但是混凝土材料在整个拱圈中占主要部分，承担主要荷载，混凝土自身应力不大且有减小的趋势，这在一定程度上能够减小混凝土的徐变，总体上说，钢管和混凝土的应力都在弹性范围内，结构整体受力合理。

11.7.2　考虑收缩徐变后未简化施工步骤的模型受力分析

在有限元模型分析时，首先按照原型桥的施工过程进行有限元计算，该有限元模型除对劲性骨架的架设过程进行了简化外，对外包混凝土的施工过程简化较少。未简化施工步骤的模型能够较为全面正确地反映原型桥的施工过程，具有较好的仿真效果。但是在实施过程中发现，未简化施工步骤的试验模型施工中困难大且施工周期长，不适合试验模型实际施工，且该模型没有考虑锚索和扣索的作用，对结构整体的受力比施加锚索和扣索后更为不利。

未简化施工步骤的模型共计施工步骤 90 个，如表 11.7.1 所示。

未简化施工步骤的模型施工步骤　　　　表 11.7.1

序号	施工步骤	序号	施工步骤	序号	施工步骤
1	钢骨架施工	23	边箱断面 1 湿重	45	边箱上腹板 2 湿重
2	钢骨架配重	24	边箱断面 1 成形	46	边箱上腹板 2 成形
3	上弦钢管混凝土湿重	25	边箱断面 2 湿重	47	边箱上腹板 3 湿重
4	上弦钢管混凝土成形	26	边箱断面 2 成形	48	边箱上腹板 3 成形
5	下弦钢管混凝土湿重	27	边箱断面 3 湿重	49	边箱上腹板 4 湿重
6	下弦钢管混凝土成形	28	边箱断面 3 成形	50	边箱上腹板 4 成形
7	拱脚实心段湿重	29	边箱断面 4 湿重	51	边箱上腹板 5 湿重
8	拱脚实心段成形	30	边箱断面 4 成形	52	边箱上腹板 5 成形
9	边箱底板 1 湿重	31	边箱断面 5 湿重	53	边箱顶板 1 湿重
10	边箱底板 1 成形	32	边箱断面 5 成形	54	边箱顶板 1 成形
11	边箱底板 2 湿重	33	边箱下腹板 1 湿重	55	边箱顶板 2 湿重
12	边箱底板 2 成形	34	边箱下腹板 1 成形	56	边箱顶板 2 成形
13	边箱底板 3 湿重	35	边箱下腹板 2 湿重	57	边箱顶板 3 湿重
14	边箱底板 3 成形	36	边箱下腹板 2 成形	58	边箱顶板 3 成形
15	边箱底板 4 湿重	37	边箱下腹板 3 湿重	59	边箱顶板 4 湿重
16	边箱底板 4 成形	38	边箱下腹板 3 成形	60	边箱顶板 4 成形
17	边箱底板 5 湿重	39	边箱下腹板 4 湿重	61	边箱顶板 5 湿重
18	边箱底板 5 成形	40	边箱下腹板 4 成形	62	边箱顶板 5 成形
19	边箱底板 6 湿重	41	边箱下腹板 5 湿重	63	中箱底板 1 湿重
20	边箱底板 6 成形	42	边箱下腹板 5 成形	64	中箱底板 1 成形
21	边箱底板 7 湿重	43	边箱上腹板 1 湿重	65	中箱底板 2 湿重
22	边箱底板 7 成形	44	边箱上腹板 1 成形	66	中箱底板 2 成形

续上表

序号	施工步骤	序号	施工步骤	序号	施工步骤
67	中箱底板3湿重	75	中箱底板7湿重	83	中箱顶板4湿重
68	中箱底板3成形	76	中箱底板7成形	84	中箱顶板4成形
69	中箱底板4湿重	77	中箱顶板1湿重	85	中箱顶板5湿重
70	中箱底板4成形	78	中箱顶板1成形	86	中箱顶板5成形
71	中箱底板5湿重	79	中箱顶板2湿重	87	中箱顶板6湿重
72	中箱底板5成形	80	中箱顶板2成形	88	中箱顶板6成形
73	中箱底板6湿重	81	中箱顶板3湿重	89	中箱顶板7湿重
74	中箱底板6成形	82	中箱顶板3成形	90	中箱顶板7成形

注：湿重表示此施工步骤只考虑混凝土的重量，没有考虑其结构作用；成形表示此施工步骤既考虑混凝土的重量也考虑其结构作用；1，2，3……等数字表示沿拱圈纵向划分的施工段。

从表11.7.1可以看出，除了对拱圈外包混凝土施工过程进行了横向分环外，还进行了纵向分段，将边箱、中箱底板和中箱顶板分为7段，腹板分为5段同时施工，该施工步骤划分与原型桥的受力状态更为相似。

考虑收缩徐变后，未简化施工步骤模型的有限元计算分析值与简化施工步骤模型的有限元计算值比较如图11.7.5~图11.7.8所示。

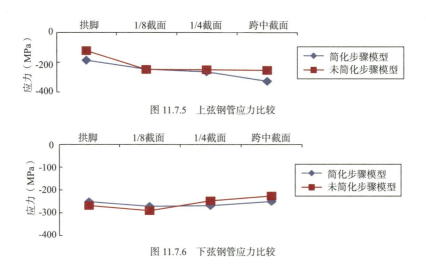

图11.7.5 上弦钢管应力比较

图11.7.6 下弦钢管应力比较

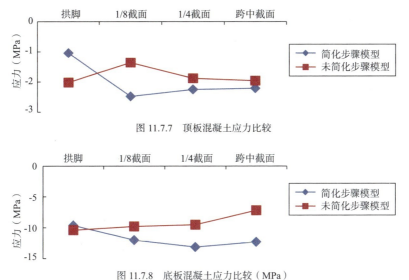

图 11.7.7 顶板混凝土应力比较

图 11.7.8 底板混凝土应力比较（MPa）

从图 11.7.5、图 11.7.6 可以发现，未进行施工步骤简化模型的拱脚和 1/8 截面下弦杆钢管最大应力为 –269MPa 和 –291MPa，比简化施工步骤模型相应位置的应力分别大 –17MPa 和 –19MPa，变化量分别为 6.3% 和 6.5%。简化施工步骤模型拱顶上下弦杆的应力比未简化施工步骤模型相应位置的应力也稍大，但是总体上相差不大。未简化施工步骤的模型拱脚截面上弦杆应力小于下弦杆，上弦杆钢管应力为 –123MPa，与下弦杆钢管应力之比为 46.0%，比简化施工步骤模型的比值（74%）小 28%。拱顶截面上弦杆应力大于下弦杆，上弦杆钢管应力为 –255MPa，与下弦杆钢管应力之比为 113%，比简化施工步骤模型的比值（131%）小 18%，表明简化施工步骤模型的钢管应力水平比未简化施工步骤模型的大，但是总体的应力趋势相同，能够较为全面地反映未简化施工步骤模型的受力状态。

从图 11.7.7、图 11.7.8 可以发现，除拱脚截面顶底板等少数点的混凝土应力外，未简化施工步骤模型的混凝土应力比简化施工模型小。简化施工步骤模型底板混凝土应力在 1/4 截面最大，为 –13.18MPa，拱脚截面最小，为 –9.67MPa。未简化施工步骤模型底板混凝土应力在拱脚截面最大，为 –10.45MPa，拱顶截面最小，为 –7.23MPa。除混凝土最大和最小应力出现的位置不同外，底板混凝土应力简化施工步骤模型总体上大于未简化施工步骤模型。简化施工步骤模型顶板混凝土最大应力在 1/8 截面，为 –2.49MPa，最小在拱脚截面，为 –1.05MPa。

未简化施工步骤模型顶板混凝土最大应力在拱脚截面，为 –2.03MPa，最小在 1/8 截面，为 –1.37MPa。顶板混凝土应力简化施工步骤模型总体上大于未简化施工步骤模型。

分析表明，将实际桥梁的施工步骤合并后，除了钢管和混凝土最大应力出现的截面不同外，简化施工步骤模型钢管和混凝土应力在大部分点上都大于未简化施工步骤模型，变化最大的为混凝土应力。因此，有理由推断，简化施工步骤模型的试验对于评估实际桥梁的安全性具有重要意义，通过施工步骤的简化，在验证原型桥安全性的同时，能够进一步简化施工过程，有利于施工的进行。

参 考 文 献

[1] 王序森，唐寰澄. 桥梁工程 [M]. 北京：中国铁道出版社，1995.

[2] 项海帆. 高等桥梁结构理论 [M]. 北京：人民交通出版社，2001.

[3] 赵人达. 大跨度铁路桥梁 [M]. 北京：中国铁道出版社，2012.

[4] 强士中. 桥梁工程 [M]. 北京：高等教育出版社，2004.

[5] 贺拴海. 桥梁结构理论与计算方法 [M]. 北京：人民交通出版社股份有限公司，2017.

[6] 钱立新. 世界高速铁路技术 [M]. 北京：人民交通出版社，2003.

[7] 四川省交通厅. 万县长江公路大桥技术总结 [M]. 成都：电子科技大学出版社，2001.

[8] Yin Zhu, Lie Chen. Modern Railway Engineering Consultation −Methods and Practices[M]. Singapore: World Scientific Publishing Company, 2018.

[9] 王其昌. 高速铁路土木工程 [M]. 成都：西南交通大学出版社，1999.

[10] 王应良，高宗余. 欧美桥梁设计思想 [M]. 北京：中国铁道出版社，2008.

[11] 范立础. 预应力混凝土连续梁桥 [M]. 北京：人民交通出版社，1988.

[12] 陈列，郭建勋，李小珍. 高速铁路钢系杆拱桥 [M]. 北京：中国铁道出版社，2010.

[13] 朱颖，许佑顶，林世金，等. 高速铁路建造技术设计卷 [M]. 北京：中国铁道出版社，2015.

[14] 李亚东. 亚东桥话 [M]. 北京：人民交通出版社股份有限公司，2018.

[15] Timoshenko. 工程中的振动问题 [M]. 胡人礼，译. 北京：中国铁道出版社，1978.

[16] 李国豪. 桥梁结构稳定与振动：修订版 [M]. 北京：中国铁道出版社，1996.

[17] 翟婉明,夏禾.列车—轨道—桥梁动力相互作用理论与工程应用[M].北京:科学出版社,2011.

[18] 夏禾,张楠.车辆与结构动力相互作用[M].北京:科学出版社,2005.

[19] 陈列,胡京涛,等.桥梁减隔震技术[M].北京:中国铁道出版社,2014.

[20] 项海帆,潘洪萱,张圣城,等.中国桥梁史纲[M].上海:同济大学出版社,2009.

[21] 陈宝春.钢管混凝土拱桥[M].北京:人民交通出版社,2009.

[22] 王俊,向中富.特大跨钢桁拱桥建造技术[M].北京:人民交通出版社,2014.

[23] 何广汉,车惠民,谢幼藩.铁路钢筋混凝土桥[M].北京:中国铁道出版社,1984.

[24] 秦顺全.武汉天兴洲公铁两用长江大桥关键技术研究[M].北京:人民交通出版社股份有限公司,2016.

[25] 小沃尔特·波多尔尼,J·M·米勒.预应力混凝土桥梁分段施工和设计[M].万国朝,黄邦本,译.北京:人民交通出版社,1986.

[26] 福瑞德·W·波费特.结构分析的基本概念[M].王恩惠,胡人礼,译.北京:中国铁道出版社,1980.

[27] 溪绍中,郑世瀛.应用弹性力学[M].北京:中国铁道出版社,1981.

[28] 葛耀君.大跨度拱式桥抗风[M].北京:人民交通出版社股份有限公司,2014.

[29] 中铁工程设计咨询集团有限公司.铁路桥涵混凝土结构设计规范:TB 10092—2017[S].北京:中国铁道出版社,2017.

[30] 中铁二院工程集团有限责任公司.铁路工程混凝土配筋设计规范:TB 10064—2019[S].北京:中国铁道出版社,2019.

[31] 中交公路规划设计院有限公司.公路钢筋混凝土及预应力混凝土桥涵设计规范:JTG 3362—2018[S].北京:人民交通出版社股份有限公司,2018.

[32] 中国铁路设计集团有限公司,中铁第四勘察设计院集团有限公司.高速铁路设计规范:TB 10621—2014[S].北京:中国铁道出版社,2014.

[33] 哈尔滨工业大学,中国建筑科学研究院.钢管混凝土结构技术规程:CECS 28—2012[S].北京:中国计划出版社,2012.

[34] 中华人民共和国住房和城乡建设部.钢结构设计标准:GB 50017—2017[S].

北京：中国建筑工业出版社，2018.

[35] 中铁大桥勘测设计院集团有限公司.铁路桥梁钢结构设计规范：TB 10091—2017 [S].北京：中国铁道出版社，2017.

[36] 同济大学.公路桥梁抗风设计规范：JTG/T 3360-01—2018 [S].北京：人民交通出版社股份有限公司，2019.

[37] 四川省交通运输厅公路规划勘察设计研究院.公路钢管混凝土拱桥设计规范：JTG/T D65-06—2015 [S].北京：人民交通出版社股份有限公司，2015.

[38] 中华人民共和国住房和城乡建设部.混凝土结构设计规范：GB 50010—2010 [S].中国建筑工业出版社，2015.

[39] 中交公路规划设计院有限公司.公路桥涵设计通用规范：JTG D60—2015 [S].北京：人民交通出版社股份有限公司，2015.

[40] 重庆交通科研设计院.公路斜拉桥设计细则：JTG/T 65-01—2007 [S].北京：人民交通出版社，2007.

[41] 徐勇，陈列，谢海清.一跨飞越天堑——沪昆客专北盘江特大桥技术创新运用[J].桥梁，2017, 5(79): 50–55.

[42] 朱颖，徐勇，陈列，等.沪昆客运专线北盘江特大桥桥位、线路高程及桥式方案比选[J].高速铁路技术，2013, 8:1–6.

[43] 谢海清，徐勇，陈列，等.沪昆高铁北盘江特大桥主拱结构形式及参数比选[J].桥梁建设，2019,49(2):97–102.

[44] 王永宝，赵人达，陈列，等.振弦式应变传感器温度修正试验[J].建筑科学与工程学报，2017, 34(1): 68–75.

[45] 杨永漪，徐勇，陈列.沪昆客专北盘江特大桥BIM应用研究[J].铁路技术创新，2014, 5: 54–58.

[46] 谢海清，徐勇，陈列.沪昆高铁北盘江特大桥铺设无砟轨道适应性研究[J].铁道标准设计，2018, 11: 93–96.

[47] 谢海清，徐勇，陈列，等.沪昆高铁北盘江特大桥合理结构形式研究[J].高速铁路技术，2018, 增刊:12–16.

[48] 谢海清，徐勇，梅仕伟，等.沪昆高铁北盘江特大桥检查通道及检查车设计[J].高速铁路技术，2018, 2: 36–40.

[49] 杨国静,陈列,谢海清,等.适用于拱桥扣挂施工的T(刚)构高墩结构设计[J]. 桥梁建设, 2018, 2: 94–98.

[50] 徐勇.拱桥的起源与发展[J].世界桥梁, 2013, 3: 85–92.

[51] 杨亚彬.钢管混凝土结构模型试验与分析设计[M].北京:中国环境出版社, 2014.

[52] 陈列,李小珍,刘德军,等.高速铁路下承式结合梁系杆拱桥桥面结合方式[J]. 中国铁道科学, 2007 (5): 37–42.

[53] Zhu Ying, Xu Yong, Chen Lie. Scheme comparison of Beipan River Bridge site, line height and bridge type on Shanghai–Kunming passenger dedicated railway[C]// ARCH'13, Proceedings of 7th International Conference on Arch Bridges. SECON-CSSE, 2013: 383–393.

[54] Yong Xu, Lie Chen, Haiqing Xie, Jingtao Hu.Design of Beipanjiang bridge on the high-speed railway between Shanghai and Kunming[C]// Sustainable Arch Bridges. SECON HDGK, 2011: 71–82.

[55] 杨永清,蒲黔辉.抛物线双肋拱在非保向力作用下的横向稳定性[J].西南交通大学学报, 2003, 3: 309–313.

[56] 程海根,强士中.钢管混凝土提篮拱动力特性分析[J].公路交通科技, 2002, 3: 63–65.

[57] Chang-Su Shim, Pil-Goo Lee, Sung-Pil Chang. Design of shear connection in composite steel and concrete bridges with precast decks[J]. Journal of Constructional Steel Research. 2001(57): 203–219.

[58] Jacques Brozzetti.Design development of steel-concrete composite bridges in France[J]. Journal of Construcational Steel Research 2000 (55): 229–243.

[59] 李小珍,强士中,沈锐利.高速列车—大跨径钢斜拉桥空间耦合振动响应研究[J].桥梁建设,1998,4:65–68.

[60] 陈列,段立华.连续曲梁空间分析的样条有限条法[J].西南交通大学学报, 1989, 3: 36–41.

[61] 谢峻,王国亮,郑晓华.大跨度预应力混凝土箱形梁桥长期下挠问题的研究现状[J].公路交通科技, 2007, 1: 47–50.

[62] 夏禾, 陈英俊. 风和列车荷载同时作用下车桥系统的动力可靠性 [J]. 土木工程学报, 1994, 27(2): 14–21.

[63] 埃米尔·希缪, 罗伯特·H·斯坎伦. 风对结构的作用 [M]. 刘尚培, 项海帆, 谢霁明, 译. 上海: 同济大学出版社, 1992.

[64] V·K·Garg. 铁道车辆系统动力学 [M]. 沈利人, 译. 成都: 西南交通大学出版社, 1998.

[65] 郑健. 中国高速铁路桥梁 [M]. 北京: 高等教育出版社, 2008.

[66] 朱颖. 高速铁路的规划与设计 [J]. 高速铁路技术, 2010, 2: 1–5.

[67] 于建华, 谢用九, 魏泳涛. 高等结构动力学 [M]. 成都: 四川大学出版社, 2001.

[68] Marioni, 陈列, 胡京涛. 橡胶减振支座在台湾高速铁路上的应用 [J]. 工程抗震与加固改造, 2011, 2(33): 63–66.

[69] 谢旭, 王炎, 陈列. 轨道约束对铁路减隔震桥梁地震响应的影响 [J]. 铁道学报, 2012, 6(34): 75–82.

[70] 张双洋, 赵人达, 占玉林, 等. 收缩徐变对高铁混凝土拱桥变形影响的模型试验研究 [J]. 铁道学报, 2016, 38(12): 102–110.

[71] 张双洋, 赵人达, 贾毅, 等. 大跨度高速铁路劲性骨架混凝土拱桥模型试验研究 [J]. 西南交通大学学报, 2017, 52(6): 1088–1096.

[72] 赵人达, 张正阳. 我国钢管混凝土劲性骨架拱桥发展综述 [J]. 桥梁建设, 2016, 46(6): 45–50.

[73] 马坤, 向天宇, 徐腾飞, 等. 收缩徐变对高速铁路钢筋混凝土拱桥时变应力影响的概率分析 [J]. 铁道学报, 2013, 35(9): 94–99.

[74] 王永宝, 廖平, 贾毅, 等. 循环温度对大跨混凝土拱桥长期变形行为的影响 [J]. 桥梁建设, 2019, 49(3): 57–62.

[75] 雷虎军, 李小珍. 非一致地震激励下列车—轨道—桥梁耦合振动及行车安全性研究 [J]. 中国铁道科学, 2014, 35(6): 138–140.

[76] 马坤, 向天宇, 赵人达, 等. 高速铁路钢筋混凝土拱桥长期变形的随机分析 [J]. 土木工程学报, 2012, 45(11): 141–146.

[77] 杨国静, 徐勇, 黄毅. 大跨度劲性骨架拱桥外包混凝土方案优化 [J]. 铁道工程学报, 2017, 34(10): 50–54.

[78] 王永宝, 贾毅, 赵人达. 基于 ANSYS 的混凝土内湿度场计算方法[J]. 西南交通大学学报, 2017, 52(1): 54–60.

[79] 雷虎军, 魏嫣, 朱艳, 等. 多点激励拟静力分量分离的响应矩阵法[J]. 土木工程学报, 2013, 46, S1: 75–80.

[80] Changjiang Shao, Jian-wenn Woody Ju, Guoqing Han, et. al. Seismic applicability of a long-span railway concrete upper-deck arch bridge with CFST rigid skeleton rib[J]. Structural Engineering and Mechanics, 2017, 5(61): 645–655.

[81] YongbaoWang, Yulin Zhan, Renda Zhao. Analysis of thermal behavior on concrete box-girder arch bridges under convection and solar radiation[J]. Advances in Structural Engineering, 2016, 7(19): 1043–1059.

[82] ChengYang, TianyuXiang, BingDu. Stochastic long-term behavior of a reinforced concrete arch bridge[J]. Advances in Structural Engineering, 2017, 20(10): 1560–1571.

[83] Yongbao Wang, Renda Zhao. Experimental Study On Time-depend Behavior of Concrete Filled Steel Tubes in Ambient Environment[J]. KSCE Journal of Civil Engineering, 2019, 23(1): 200–209.

[84] YongbaoWang, RendaZhao, YiJia, et. al. Time-dependent Behaviour Analysis of Long-span Concrete Arch Bridge[J]. Baltic Journal of Road and Bridge Engineering, 2019, 2(14): 227–248.

[85] YongbaoWang, RendaZhao, YiJia, et. al. Creep Characteristics of Concrete Used in Long-Span Arch Bridge[J]. Baltic Journal of Road and Bridge Engineering, 2019, 14(1): 18–36.

[86] 张正阳, 赵人达. 基于贝叶斯理论的钢管混凝土劲性骨架拱桥收缩徐变效应分析[J]. 铁道标准设计, 2017, 61(5): 86–90.

[87] 张正阳, 赵人达. 劲性骨架拱桥施工阶段应力不确定性及敏感性分析[J]. 铁道建筑, 2016, 12: 9–11.

[88] 张正阳, 赵人达. 高速铁路混凝土拱桥长期变形贝叶斯预测[J]. 铁道科学与工程学报, 2019, 16(8): 1875–1881.

[89] 陈列, 徐锡江, 谢海清, 等. 沪昆高铁北盘江特大桥导风栏杆防风效果风洞试验研究[J]. 铁道标准设计, 2019, 63(10): 1–5.

[90] 杨国静, 陈列, 王珣, 等. 铁路大跨桥梁桥面线形监测预警系统的设计与应用 [J]. 铁道勘察, 2017, 43(6): 13–17.

[91] 吕梁, 钟汉清, 辜友平, 等. 沪昆高铁北盘江特大桥主拱圈施工全过程非线性稳定性评估 [J]. 铁道标准设计, 2020,64(2): 101–105+111.

[92] 王晓刚, 谢海清. 浅析大跨度拱桥喷涂施工材料消耗及其损耗率 [J]. 铁路工程技术与经济, 2017, 32(3): 20–23.

[93] 高芒芒, 赵会东, 许兆军. 高速铁路大跨度桥梁基于服役状态的健康监测指标研究 [J]. 中国铁路, 2019, 1, 15–20.

[94] 赵人达, 刘海波, 徐腾飞, 等. 劲性骨架拱桥中混凝土收缩徐变试验研究 [C]. 北京: 中国力学学会工程力学编辑部, 2016.

[95] 王永宝, 赵人达. 混凝土箱梁温度梯度取值研究 [J]. 世界桥梁, 2016, 44(5): 43–47+6.

图书在版编目（CIP）数据

高速铁路大跨度钢筋混凝土拱桥设计原理/陈列等著. —北京：人民交通出版社股份有限公司，2020.5
ISBN 978-7-114-15943-5

Ⅰ.①高… Ⅱ.①陈… Ⅲ.①高速铁路—大跨度结构—钢筋混凝土桥—拱桥—铁路桥—桥梁设计 Ⅳ.① U448.135.7

中国版本图书馆 CIP 数据核字（2019）第 250990 号

Gaosu Tielu Dakuadu Gangjin Hunningtu Gongqiao Sheji Yuanli

书　　名：	高速铁路大跨度钢筋混凝土拱桥设计原理
著 作 者：	陈　列　徐　勇　谢海清　赵人达
责任编辑：	王　霞　张　晓
责任校对：	孙国靖　龙　雪
责任印制：	刘高彤
出版发行：	人民交通出版社股份有限公司
地　　址：	（100011）北京市朝阳区安定门外外馆斜街3号
网　　址：	http://www.ccpress.com.cn
销售电话：	（010）59757973
总 经 销：	人民交通出版社股份有限公司发行部
经　　销：	各地新华书店
印　　刷：	北京印匠彩色印刷有限公司
开　　本：	787×960　1/16
印　　张：	26.5
字　　数：	445千
版　　次：	2020年5月　第1版
印　　次：	2020年5月　第1次印刷
书　　号：	ISBN 978-7-114-15943-5
定　　价：	98.00元

（有印刷、装订质量问题的图书由本公司负责调换）